遇見我最愛的地方

遇見我最愛的地方

透過75位世界名人的眼睛，發現地球上最獨特的風景

小傑瑞‧卡馬利洛‧鄧恩 著　　韓絜光 譯

遇見我最愛的地方

作　　者：小傑瑞·卡馬利洛·鄧恩
翻　　譯：韓絜光
主　　編：黃正綱
責任編輯：許舒涵　蔡中凡　王湘俐
美術編輯：謝昕慈
行政編輯：秦郁涵

發 行 人：熊曉鴿
總 編 輯：李永適
印務經理：蔡佩欣
美術主任：吳思融
發行經理：吳坤霖
發行主任：吳雅馨
行銷企畫：汪其馨　鍾依娟
出 版 者：大石國際文化有限公司
地　　址：台北市內湖區堤頂大道二段 181 號 3 樓
電　　話：(02) 8797-1758
傳　　真：(02) 8797-1756
印　　刷：博創印藝文化事業有限公司

2016 年（民 105）7 月初版
定價：新臺幣 500 元／港幣 167 元
本書正體中文版由 National Geographic Society
授權大石國際文化有限公司出版

總代理：大和書報圖書股份有限公司
地址：新北市新莊區五工五路 2 號
電話：(02) 8990-2588
傳真：(02) 2299-7900

國家地理學會是全球最大的非營利科學與教育組織之一。在 1888 年以「增進與普及地理知識」為宗旨成立的國家地理學會，致力於激勵大眾關心地球。國家地理透過各種雜誌、電視節目、影片、音樂、無線電臺、圖書、DVD、地圖、展覽、活動、教育出版課程、互動式多媒體，以及商品來呈現我們的世界。《國家地理》雜誌是學會的官方刊物，以英文版及其他 40 種國際語言版本發行，每月有 6000 萬讀者閱讀。國家地理頻道以 38 種語言，在全球 171 個國家進入 4 億 4000 萬個家庭。國家地理數位媒體每月有超過 2500 萬個訪客。國家地理贊助了超過 1 萬個科學研究、保育，和探險計畫，並支持一項以增進地理知識為目的的教育計畫。

國家圖書館出版品預行編目（CIP）資料

遇見我最愛的地方 / 小傑瑞·卡馬利洛·
鄧恩作；韓絜光翻譯 . -- 初版 . -- 臺北市
：大石國際文化，民 105.7
272 面；17×21.5 公分
譯自：My favorite place on earth :
celebrated people share their travel
discoveries
ISBN　978-986-93203-9-9(平裝)
1. 遊記 2. 世界地理
719　　　　　　　　　　105011519

目錄

獻給瑪莉、洛克、葛拉漢和潔西卡
有你們在的地方就是我最愛的地方⋯⋯

前言

地球上你最愛的地方是哪裡？

為了回答這個問題，你可能會在腦海中踏上緩慢而曲折的旅程，搜尋這一生的記憶。但也說不定答案會馬上從你腦海中跳出來，就像一張照片顯示在數位相機螢幕上那樣。

我向75位男女名人提出了這個問題（剛剛你也成了我發問的對象），他們的答案既迷人又稀奇古怪。有人說是斯里蘭卡的一座失落之城，有人說是艾蜜莉‧白朗特式的英格蘭風光；還有帕沙第納的玫瑰花車遊行；加勒比海的一個私人島嶼；波札那的一處非洲野犬研究營地；莫斯科鄉村俱樂部；斐濟的衝浪天堂；巴黎左岸；紐約中央公園的壘球場；茂伊島上一條蜿蜒的道路。這本書就要帶你透過不凡人物的眼睛，發現許多不凡的地方。

我很樂於換個角度，從別人的眼睛看世界。畢竟我當了30年的旅遊作家，已經聽過太多自己的意見了。我的辦公室牆上釘了一幅漫畫，是一輛汽車正準備通過一片單調、荒蕪的沙漠，路標上寫著：

前方300公里
你自己的乏味念頭

多年前我在肯亞採訪的時候，學到了從別人的觀點來看一個地方的好處。有一天，我跟著一位名叫嘎羅嘎羅（Galogalo）的當地嚮導徒步進入叢林，離開營地15分鐘後，我們來到一大片平坦的草原，往四面八方綿延一百多公里，草原上看不到其他人。斑馬低著頭吃草，一頭長頸鹿邁著大步走過──完全就是一幅和平王國的景象。

然後，嘎羅嘎羅向下指了指泥土，地上有一個餐盤大小的腳印。「辛巴！」他用氣聲說道，「獅子！」附近地面上散落著新鮮的骸骨：一根碎裂的腿骨、一顆慘白的斑馬骷髏頭。我忽然意識到自己站在那裡，身高200公分，還穿著紅色T恤，活像是餐館外的霓虹燈招牌，寫著：「用餐請進！」

我聽到一聲低沉的咕噥⋯⋯好像是低吼。這時我才第一次注意到嘎羅嘎羅沒有帶武器──好吧，是有一張用樹枝做的弓，和兩支用鐵罐剪下來

的三角形鐵片做成箭頭的箭。看起來就像童子軍的勞作。

緊張的幾分鐘過去，那一聲低吼的主人並沒有跳出來攔我們的路。當天晚上平安返回營地之後，我才知道自己根本沒有遇上危險。很多人告訴我，嘎羅嘎羅是全東非最富傳奇性的獵人兼追蹤高手。他真的可以「聞到」躲在樹上的花豹，而且是在400公尺外。我在野外之所以會那麼緊張，是因為我沒有像嘎羅嘎羅一樣判讀景觀的能力。

不過在非洲待了幾個星期，我的感官也漸漸敏銳起來。看著鳥兒在象群頭上輕快飛翔，或沿著塞滿了河馬的河流散步的時候，我幾乎能解讀動物發出的信號，猶如解讀來自另一個世界的祕密，而這是嘎羅嘎羅每天生活的世界。我體會到用另外一個人的眼睛觀看一個地方的驚喜與滿足。

我想在這本書中創造的就是這種體驗。你會和各種出色的人物一起到世界各地去，用他們的方式去認識每個地方，了解他們為什麼喜愛那個地方。

你要怎麼選出一個你最愛的地方呢？它可能是某個世界奇觀，比方說艾菲爾鐵塔；也可能是一個和私人因素有關的地點，例如你小時候度過夏天的那座湖。可能是你的人生碰上意外轉折的十字路口，可能是獨自逃離喧囂人世的去處，也可能是你和心愛的人一起去過的地方。普天下有多少人，就有多少種答案和各自的理由。

但在繼續談論下去之前，我們應該問一問「地方」是什麼意思？它和這整個世界有什麼關係？著名的地理學家段義孚用基本需求的概念來回答這些問題：「地方代表安全，空間代表自由」，他說，「我們眷戀其中一個，卻又嚮往另外一個。」

這兩方的拉鋸由來已久。我們愛家，但又抵擋不了未知之地的呼喚；外面的世界變化無常、暗藏危險，但也充滿了探索與自由的可能。所以太空人巴茲・艾德林才會在1969年離開地球的故鄉，航行80萬公里抵達月球再折返——這是一趟壯闊的英雄之旅，不亞於奧德賽海上漂流的神話。

巴茲・艾德林這趟「一生僅此一次的旅程」，後來變成他最喜愛的地方；珍古德也一樣，她在26歲那年為了觀察黑猩猩而舉家搬到坦尚尼亞，那裡也成了她最愛的地方。

當然最愛的地方也可以是遁世之地，逃離日常生活的疲憊與淚水。演員摩根・費里曼就告訴我，他喜歡自己一個人在湛藍的加勒比海上駕著船，從一個小小的停泊處漂蕩到下一個。企業家理查・布蘭森則是用最簡

單的方式解決「遁世」的問題——直接買下一座島。

書中也有好幾個人選定自己的家作為他們最愛的地方。（這在我看來非常合理，畢竟梵谷有時也會選擇畫自己的臥房，而且證明選得很對。）有一個名人的家和燈塔連在一起（傑米・魏斯），另一個名人的家有一尊用主人的模樣做成的假人，會透過隱藏式麥克風發出聲音招呼登門的客人（克萊夫・卡斯勒），還有一個名人自己家裡就有一座滑板場（東尼・霍克）。

在選擇最愛地點的時候，有些人會回顧他們人生的成形階段。「潘尼斯之家」餐廳主廚愛麗絲・華特斯就想到她父母的「二戰勝利菜園」，園裡結實纍纍的成熟草莓和金黃玉米，影響了她日後只用最新鮮食材做菜的烹飪哲學。

藝術界的人觀看世界往往自有一套獨特的眼光。坦尚尼亞衣著鮮豔的馬賽族，看在時裝設計師凱文・克萊眼裡就別具特色，他讚嘆地說：「看看他們的身高！他們的臉龐！他們的時尚感！」他認為馬賽人在非洲草原上昂首闊步的樣子，根本就是在走伸展臺。

當然了，很多時候是人賦予一個地方獨特的意義——那個人甚至可能只是歷史或傳說中的某一個人。狄巴克・喬布拉在拜訪耶路撒冷時走過「苦路」，耶穌當年就走在這條路上，最後被釘上十字架。

在祕魯，海洋探險家尚米榭・庫斯托與阿秋爾族的一位酋長締結了一生的情誼，庫斯托告訴我：「庫庫司酋長對我的影響不亞於我的親生父親。」對他而言，單單一個人就讓一個地方變得重要。

一個地方當然也可以有它自己的個性和氣質。電影導演喬治・盧卡斯談起猶他州的紀念碑谷，學生時代他曾在那裡拍片。他告訴我：「我花了兩個月坐在沙漠中央，大多只有我一個人，看著日出日落，白雲飄過，影子落在平頂山尚。然後我就愛上了那裡。」

我想，我們愛上一個地方，和愛上某個人的情形是一樣的，可能是一見鍾情，也可能是日久生情，只是在某個神祕的過程中，我們認出了那個和我們產生共鳴的靈魂，從而感受到難以言喻的完滿和快樂。一個地方，像人一樣，是一份偉大的贈禮。

希望你能在這本書中，透過非凡人物的眼睛看見他們最愛的地方，並得到樂趣。但我更希望你在讀過之後心有所感，會想要往椅背上一靠、閉起眼睛想一想——地球上你最愛的地方是哪裡。

第一章

探險家、攝影師與運動員最愛的地方

巴茲・艾德林 飛上40萬公里外太空

卡林姆・阿布都－賈霸 島嶼家園

史提夫・麥凱瑞 叢林間的神殿

伊凡・修納德 到西部飛繩釣

伯納德・華納 船長的祖傳之島

克里斯・強斯 非洲野狗營地

亞瑟・佛洛姆 峇里島的藝術中心

尚米榭・庫斯托 6000公尺長河

東尼・惠勒 喜馬拉雅高山上

東尼・霍克 後院的滑板場

珍古德 黑猩猩之森

席薇亞・厄爾 海底「昏暗帶」

莎莉・萊德 離開地球400公里

凱利・史萊特 衝浪手的隱密天堂

瑞克・瑞基威 南美荒谷

巴茲・艾德林

月球，靜海基地

阿波羅11號任務帶我從佛羅里達海岸前往月球表面，單程40萬公里。我在這趟旅程中發覺，太空旅行和地球上的旅行有不少相同之處。第一，都有告訴家人你要遠行的那一刻。我是在休士頓一間乾洗店告訴我太太的，在那種地方跟她說我要去月球好像不大正常，但話說回來，宣布這種消息不管在哪裡都不太「正常」吧？

旅人動身之前，親朋好友往往會為他們送行，可能是在機場裡靜靜地說聲再見，或是在港邊拋撒紙彩帶目送輪船出航。至於我們的發射基地周圍，則有數以萬計汽車的車頭燈在黑暗中大放光明，照亮我們的道路。

農神五號火箭（Saturn V）有35層樓高，我的旅伴尼爾・阿姆斯壯（Neil Armstrong）和麥克・柯林斯（Mike Collins）已經登上駕駛艙，只剩我獨自站在半空中一座平臺上，手裡拿著可攜式的太空衣呼吸器，像個提著公事包要去通勤的上班族。放眼望去，海灘和公路邊滿滿都是人。我戴著頭盔聽不到任何聲音，但隨著太陽升起，我看到海浪在底下的沙灘靜靜地湧上岸又退去。這種時刻是很個人的，你會希望永遠記得。

把我們發射到太空去的推進器威力和一枚原子彈一樣大，但我們在艙內只覺得背景噪音稍微變大了，跟飛機起飛時在機艙裡的感覺差不多。不到一分鐘，我們的飛行速度已經超越音速，等到第三節火箭點燃，時速更高達4萬公里——名副其實的「比子彈還快」，就跟對超人的形容一樣。

雖然遠離地球表面，在無重力的太空中飛行，但我們還是有一些和一般飛機乘客相同的世俗雜念：不知道睡不睡得著？不知道餐點怎麼樣？我們在躺椅上打盹時，身上得用網子固定，才不會東飄西飄、撞得滿頭包。太空餐其實不難吃，菜色多半是一些冷凍脫水蝦肉冷盤和迷你小熱狗，只是因為怕食物散開，所以都必須做得黏糊糊的。例如太空船上供應的青豆一定得和白醬攪拌在一起，否則會在太空艙內到處飄。

我們降落在月球之後，尼爾簡短回報：「休士頓，這裡是靜海基地，老鷹號已登陸。」我們打開艙門，尼爾倒退著走出狹小的艙口（我還開玩

巴茲‧艾德林在月球表面。

笑說，我等一下出去的時候要小心別把艙門鎖上）。隨後我也跟著尼爾踏上月球表面，他和觀光客沒兩樣，早已準備好相機拍下我抵達的瞬間。

　　月球的重力只有地球的六分之一。我的體重加上大背包和太空衣，在地球上的重量是162公斤，但在月球上只有27公斤，我開心得像袋鼠一樣蹦蹦跳跳，並且發現到重力減少時移動起來更自由。在地球上，萬一不小心失去平衡，必須趕緊調整重心。但在月球上就不一樣了，一旦騰空，就算還保持著走路的姿勢，也不會馬上落回表面，只要往後一蹬，再把腳收回來就好了。很像慢動作前進。

　　我把美國國旗插上月球的時候，腦中忽然冒出一個奇怪的想法：照理來說當一個人到了很遠的地方去，和別人的關係應該會愈來愈疏離，可是現在居然有6億人正透過電視看著我們。人類從沒像我們一樣到過這麼遠的地方，也不曾有這麼多人在萬里之外惦記著他們。

　　我形容月球是「壯麗的荒蕪」，這兩個詞看似矛盾，但確實是並存的。月球一片荒蕪，沒有半點色彩、動靜和聲音。但因為我們出現在這

裡，在我們看來月球變得很壯麗。

　　月球上因為沒有空氣，景物看起來都非常清透明晰，土壤表面不是土灰色就是淺褐色，景象一成不變，只有一樣東西存在感非常強烈，就是我們停在那裡的登月小艇，外觀是黑色和銀色的，還有橘黃色的隔熱層閃爍著光芒，要不是它，這片地景就沒有色彩。我們還能看到地球在遙遠的天邊發光，像一片在向人招手的綠洲。

　　這趟月球之旅到了尾聲，我們完成所有程序準備返航，我說：「收到，休士頓！我們已經在跑道頭準備起飛。」返回地球的路上和降落在水面的過程都很順利。我登上回收船，沖了個澡，那是我這輩子洗過最舒服的一次澡。回到自己的星球上感覺實在太棒了。

　　旅行的人都喜歡帶些紀念品回家，可惜美國航太總署不讓太空人撿月球的石頭留念，不過我倒是在月球上替自己拍了幾張快照，這些照片我一直都帶在身上。

情報指南

地點：靜海基地，位在月球靜海（Sea of Tranquility）西南角。

背景：一般相信，距今約45億年前有一顆和火星差不多大的天體撞擊地球，雙方迸發的岩屑聚集形成月球。1998年，月球探勘者號（Lunar Prospector）在月球兩極發現水冰，這是彗星撞擊後積存在月球上的水。

旅遊資訊：太空探險公司（Space Adventures Ltd.）讓一般民眾也可以上太空。次軌道飛行要價10萬2000美元，遊客可以體驗無重力狀態，並從太空欣賞地球的圓弧輪廓。支付2500萬美元則可以登上國際太空站繞行地球一星期。巴茲．艾德林是該公司的諮詢委員（官方網站：www.spaceadventures.com）。

巴茲．艾德林（Buzz Aldrin）在太空中停留的總時數為290小時。1966年，他在雙子星12號任務（Gemini XII）的軌道飛行期間，進行了八個鐘頭的艙外活動（即太空漫步），創下紀錄。巴茲畢業於西點軍校，在麻省理工取得航太博士學位，創辦了非營利的「分享太空」（ShareSpace）基金會，致力於推廣實惠的太空旅遊業。巴茲的母親本姓穆恩（Moon，與月球是同一個字），他的本名則是小艾德溫．尤金．艾德林（Edwin Eugene Aldrin,Jr.），小時候因為他妹妹發音不準，把哥哥（brother）叫成巴茲（buzzer），所以巴茲就成了他的綽號，他並在1988年正式改名。至今全世界只有12個人踏上過月球，巴茲博士是難得的少數，因此本書特別允許他選擇地球以外的地點。

卡林姆・阿布都－賈霸

千里達

有一個地方讓我真正有家的感覺，那就是西印度群島的千里達。1912年，我的爺爺奶奶就是從這兒出發來到美國。

這座綠意盎然的島嶼融合了非洲、印尼、中國和美洲原住民文化，間雜有黎巴嫩、英國、西班牙和法國的影響。每個人都在基因庫留下一點痕跡，不難看到很多人長得像非洲人，卻有個中文名字。飲食方面也呈現出相同的特色，海納百川，令人驚豔。我在千里達吃過源自義大利麵、西非燉菜、印度咖哩和其他多種菜色的食物。

當地似乎人人都知道我是誰，他們會看電視轉播湖人隊的比賽。一得知我的家族來自千里達，大家就帶著我到島上四處參觀。由於千里達就在

千里達的西班牙港，反映出島上新舊交融的景觀。

委內瑞拉外海12公里多，所以島上滿是各種南美洲的繽紛花卉和鳥類。但這趟旅程的重頭戲在於我們家四代人，上自奶奶的堂哥，下至我兒子，終於團聚在一起。

我甚至有機會走了一趟爺爺出生的小鎮。19世紀與20世紀交替之際，他和奶奶花了一年半才抵達美國，中途先到巴拿馬，最後跳上開往阿拉巴馬州莫比爾（Mobile）的香蕉貨船，一路輾轉來到紐約。

見到家族的發源地，我才明白爺爺付出了多大心力，照顧我們這些日後出生在美國的子孫。我深深受到感動。建立起這一段連結，這份家族和心靈的牽絆，是我在旅行中收集到最珍貴的寶藏。

情報指南

地點：千里達島是加勒比海最南端的島嶼。

背景：千里達島是千里達及托巴哥共和國（Republic of Trinidad and Tobago）境內最大島，國鳥是美洲紅鸛（scarlet ibis）。凌波舞發源於千里達。

旅遊資訊：www.gotrinidadandtobago.com

卡林姆．阿布都－賈霸（Kareem Abdul-Jabbar）身高218公分，以左右開弓的「天勾」聞名全球，籃球場上幾乎沒人守得住他。他在NBA美國職籃的生涯一共拿下3萬8387分，至今仍是全聯盟的得分王。《運動畫刊》（Sports Illustrated）雜誌29次以他作為封面人物。曾任洛杉磯湖人隊的特別助理教練，也是暢銷歷史書作家，作品包括《戰火兄弟情》（Brother in Arms）以及《在巨人的肩膀上：哈林文藝復興回憶錄》（On the Shoulders of Giants:My Journey Through the Harlem Renaissance）。

史提夫・麥凱瑞

柬埔寨，吳哥窟

已經去過吳哥窟不下十次，最早一次在1988年。當時還沒有觀光客，「紅色高棉」（Khmer Rouge，即柬埔寨共產黨）仍潛伏在叢林，你無法百分之百確定那個地方沒有地雷。

吳哥（Angkor）給我的第一印象是它空空蕩蕩。曾經，這裡是輝煌的文明古國，寺廟完好無損，百姓在此敬拜神明。如今，這個地方已是失落的文明，盡成廢墟，滿是莊嚴建築，卻暗淡失色——遭人忽視、不受照顧，我不由得感到一陣寂寞和失落。

但我也有一種強烈的冒險感覺，被帶回另一個時空。廟牆刻著美麗的雕像——超然的臉孔、天神與國王、又名「飛天」（apsara）的翩翩仙女，還有眾多舞者，全雕刻在石頭上。

吳哥窟前雨中的佛僧。

所有驚人的遺跡和石像都藏在濃密、悶熱的叢林中，很多正被蔓生的植物吞沒。林葉之間，寺廟傾頹，整個地方瀰漫詩意，四處都是神明、英雄和舞者，但無人仰望，無人欣賞，也沒有人從中汲取靈感。

我領悟到吳哥窟雖然是由石頭所打造，它的美卻倏忽即逝。佛家有云，萬物無常，生命苦短——我們如此，世間所有事物也都是這樣，萬物生生死死。在吳哥，你看到一個地方誕生、興榮，而今步入衰亡。城市被叢林湮埋，那就是它的結局。

但即使所有的雕像都將消失，他們卻仍面露微笑。儘管受歲月侵蝕、不受重視、不被看見，他們依然一臉祥和、悲憫的神情。他們擁有無比的喜悅之情，他們早已超脫一切。

情報指南

地點：吳哥窟是吳哥境內一處廟宇群，位於柬埔寨北部的暹粒附近。
背景：12世紀，國王蘇利耶跋摩二世（King Suryavarman II）修建吳哥窟作為王朝的太廟及都城。吳哥窟的輪廓也出現在柬埔寨國旗上——層層迴廊堆疊成「廟山」，山頂使人想到印度神話中眾神居住的須彌山（Mount Meru）。外圍的城牆與護城河象徵四周環繞的山與海。吳哥窟已獲聯合國教科文組織列為世界文化遺產，廟宇修復工作正竭力進行中。
旅遊資訊：www.tourismcambodia.com

史提夫‧麥凱瑞（Steve McCurry）拍下許多歷久彌新的照片，包括1985年《國家地理》雜誌封面「阿富汗少女」，可能是當代最為人知的攝影作品。麥凱瑞的攝影生涯，始於1979年蘇聯入侵前的阿富汗，他換上當地人的打扮，穿越叛軍控制的土地，把拍下的底片縫在衣服裡夾帶出來。這些照片獲得羅伯‧卡帕金獎最佳海外攝影報導，他也獲頒年度最佳雜誌攝影師獎。麥凱瑞採訪過多起衝突動亂，從伊拉克、阿富汗、黎巴嫩，乃至911事件當日倒塌的世貿大樓遺址，攝影作品經常出現在《國家地理》雜誌，書作則包括《東南之南》（South Southeast）、《成佛之路：藏人的朝聖》（The Path to Buddha: A Tibetan Pilgrimage）、《史提夫麥凱瑞故事紀行》（Steve McCurry Untold）及《放眼東方》（Looking East）。他是「想像亞洲」董事會（ImagineAsia，網址：www.imagine-asia.org）成員，為阿富汗地區的學生提供基礎教育和醫療照護。

伊凡・修納德

美國懷俄明州，風河山脈

不是那種出外只為欣賞風景的旅人，我去每個地方都是要「做事情」，不是去釣魚，就是攀岩或者划船。我最喜歡的其中一個地方是風河山脈（Wind River Range），18歲就在那裡開始攀岩。

我自小在加州的柏本克（Burbank）長大，學會靠鷹和隼打獵。我們的小小馴鷹社團裡有個大人是攀岩好手，他教我們利用繩索垂降接近老鷹的巢。1956年，我們大夥兒決定約在懷俄明州碰頭，我一個人開著我的老車趕過去，再一起進入風河山脈，攀爬境內的最高峰甘尼特峰（Gannett Peak）。那是我第一次高山攀岩。

我在風河山脈度過了幾年，愛它更勝於內華達山脈（The Sierra）。這裡位置比較偏遠，而且想四處蹓躂也比較容易。在內華達山脈，想從一座山谷走到另一座山谷必須爬上爬下，但在風河山脈，只要登上一定高度，就可以一直待在海拔3000到3300公尺附近，不必通過隘口，就能在山峰之間來回走動，徜徉在高山草原間，四處是向上突起的山峰。

風河山脈和提頓山脈（The Tetons）走向平行，面積9100多萬公頃，奇大無比，我幾乎每次都是去新地方。我現在去多半是為了釣魚，山裡到處是湖泊和溪流，世界紀錄最大的金鱒就出現在這裡。引入金鱒的湖泊因為原本沒有別的魚，所以金鱒長得又快又大。這裡另外還有虹鱒（rainbow trout）、褐鱒（brown trout）、割喉鱒（cutthroat trout，又稱克拉克大麻哈魚）、河鱒（brook trout）等各種雜交魚種。

在風河山脈需要花幾天適應高度，然而一旦適應以後，在海拔3000公尺的高山上搭起帳棚，呼吸輕盈純淨的空氣，感覺舒暢極了。山上白天溫暖，夜晚涼爽。但要小心過早入山，因為夫錯了季節，蚊子多到無法想像。這就跟6月底跑去北極是一樣的道理，光是呼吸都會吸進一大山蚊子。7月上旬的風河山脈也是同樣情況，誰受得了——鹿蠅、牛虻、蚊子漫天飛舞，做任何事都沒辦法專心。不過，你也知道，世界上有些美景絕境

懷俄明州風河山脈間的瀑布。

正是由昆蟲在守護著。

　　假如9月上山，很可能會遇雪。有一次，雪來得措手不及，我必須踩著
30幾公分深的積雪走出來，腳上穿的還是慢跑鞋！

　　不像阿爾卑斯山般荒野，是全世界最適合攀岩的山區；風河山脈稱不
上崇山峻嶺，每座山峰都有可以輕鬆登頂的山徑。在這裡不難看到其他
人，不過十年前才更叫做人滿為患。我在想，遊客減少或許是因為美國人
不如以往熱愛戶外運動，如今到訪國家公園的人也少很多了。

　　同樣地，現在假如去爬提頓山脈——1956年第一次到甘尼特峰遠足之
後，我就在提頓山脈自學攀岩和繩結等等技巧——你會發現每個人都在爬
大提頓山（The Grand Teton），其他山嶺空無一人。這就跟聖母峰的情
況一樣，全然違背了登山攀岩真正的意義。登山重要的是攀爬的過程，可
這些人看重的只有結果。這和禪的精神恰恰相反，他們只想著要征服最高
峰，吹噓自己的成就而已。

不過，我也無所謂。我很高興現在進入風河山脈不用再看到一大堆人。對我而言，這片群山無非就是天堂樂園。

情報指南

地點：風河山脈位於懷俄明州西部，是洛磯山脈的支系。

背景：風河山脈的連綿峰巒組成了北美大分水嶺（Continental Divide）的一部分。懷俄明州的最高峰甘尼特峰，海拔高4207公尺；山脈境內另有35座已獲命名、海拔超過3900公尺的山峰。山脈中的花崗岩形成於十億多年前，湖泊與谷地則是冰河時期受冰河刻蝕而成。

旅遊資訊：www.wyomingtourism.org

伊凡‧修納德（Yvon Chouinard）是登山家、衝浪客及環保人士，創辦了戶外服飾裝備品牌「巴塔哥尼亞」（Patagonia）。他是1960年代優勝美地攀岩熱潮的領頭羊，為了省錢，自製攀岩用具。他的第一家公司所製造的鋼製岩釘，使大岩壁攀登在優勝美地從此成為可能。但當修納德發現，鋼釘會對優勝美地的岩石造成有害的裂縫，他就推出新的工具，開始「無痕攀岩」。1978年他所出版的《攀冰》（Climbing Ice）一書催生了現代的攀冰運動。「巴塔哥尼亞」如今是有名的社會責任公司，捐出營收的1%給環境組織，至今總額已超過3000萬美元。修納德支持大西洋鮭魚聯盟（Atlantic Salmon Federation，網址：www.asf.ca）。

伯納德・華納

西印度群島，聖基茨島

在 2006年4月11日，天剛破曉，瑪麗皇后二號（Queen Mary II）郵輪緩緩駛近聖基茨島（St. Kitts）。利未加山（Mount Liamuiga）的雙子連峰矗立在地平線上，翠綠的草原與英格蘭起伏的原野非常相似，一路綿延到碧藍的加勒比海邊。

透過望遠鏡，我認得出位於西邊8公里的老路灣（Old Road Bay）和那片海灘；1623年我的一位祖先，年輕的海軍上校湯瑪士・華納（Thomas Warner），就是在那片海灘靠岸，偕同妻子蕾貝卡、兒子愛德華和14名船員，走下雙桅帆船馬馬杜克號（Marmaduke），建立了西印度群島第一個英屬殖民地。

我心底揚起一絲驕傲。我即將追隨湯瑪士・華納早年的航海事蹟，駕著世界最大的遠洋郵輪停泊在祖先的海島故鄉。巧合的是，我也同樣帶著妻子和兩名幼子同行。

聖基茨島是瑪麗皇后二號冬季的固定停靠處，船會停泊在島上的主要港口暨首都巴士地（Basseterre）。往內陸再走8公里，就會來到中島村（Middle Island village），村中的聖湯瑪士教堂（St. Thomas Church）對我有特殊的意義。教堂的墓園內有一座墳墓，刻著我的家族紋章，那是華納家族的盾徽，要我不能忘記，我是埋葬在這裡的男人湯瑪士・華納爵士的直系後代。

湯瑪士爵士來自英國薩弗克（Suffolk）一個傳承悠久的務農家族。他之所以選中聖基茨島，是因為這裡土壤肥沃、降雨適中，既可以種植玉米作為糧食，也可以種植菸草作為有價值的出口貨物帶回英國。後來，島上的農業以甘蔗為最大宗。

今天，有幾座老甘蔗園已改建為小旅館，在自然環境下舒適宜人。聖基茨島相對未受人為破壞，島嶼內陸保有崎嶇的火山山地和雨林，海岸

> 島民的說話方式令人驚奇。
> 因為與外界少有接觸，
> 他們的英語基本上還停留在
> 布萊船長和克里斯提安
> 那個年代。

從聖基茨島上的硫磺山要塞（Brimstone Hill Fort）遠眺對岸的尼維斯島。

線上都是珊瑚礁和沙灘，有的地方還是黑沙。

我喜歡想像湯瑪士爵士駕著他的雙桅縱帆船駛向這座島的情景，一邊推想他只靠最簡陋的航海技術和輔助工具航行了多少公里。拿這一切與我今天指揮的瑪麗皇后二號相比，我這艘船的科技實在令人震驚，船身有344公尺長，但操縱起來卻是這麼靈活。有了螺旋槳和船首推進器，把船停靠在聖基茨島幾乎和路邊停車一樣容易。

每當想起聖基茨島，我總是會想像湯瑪士華納爵士將近400年前上岸時的模樣。這層關聯吸引我來到這座島，如今，我已經踏上了我的航海祖先的腳步。

情報指南

地點：聖基茨島屬於西印度群島，位於佛羅里達州邁阿密東南方2092公里。
背景：聖基茨島東側鄰接大西洋，西側面對加勒比海，正式名稱是聖克里多福島。官方語言為英語，居民98%識字。聖基茨島與3.2公里外的尼維斯島（Nevis）共同構成

聖克里斯多福及尼維斯（Saint Christopher and Nevis），是美洲面積最小、人口最少的國家。湯瑪士‧華納爵士1625年受命出任聖基茨島首任總督，累積的財富在今日價值近2億美元。島上的製糖業數百年來都是聖基茨的經濟支柱，但2005年已關廠。瑪麗皇后二號於2004年展開處女航，船上有五座游泳池、海上唯一的天文館與最大的舞池、3000具電話及超過5000件藝術品。令人吃驚的是這樣一艘大船，舵輪直徑卻僅僅15公分。乘客每年要消耗23萬瓶紅酒，喝掉的啤酒量多得足以供應英國南安普頓市（Southampton）一年。2005年，瑪麗皇后二號載了一口上鎖的行李箱，裡面裝著美國首刷、有J.K.羅琳親筆簽名的《哈利波特：混血王子的背叛》（Harry Potter and the Half-Blood Prince）。
旅遊資訊：www.stkittstourism.com

海軍准將**伯納德‧華納**（Commodore Bernard Warner）是英國冠達郵輪（Cunard Line）的資深船長，已有40年航海資歷。少年時代在英國，他看著初代的瑪麗皇后號（Queen Mary）和伊莉莎白皇后號（Queen Elizabeth）郵輪航經自己就讀的南安普敦大學航海學院，心中備受鼓舞，盼望有朝一日也能駕駛冠達郵輪的船隻橫渡大西洋。他先任職於P&O郵輪和公主郵輪，1970年代起在太平洋公主號（Pacific Princess）擔任大副，這艘船也是美國電視劇《愛之船》（Love Boat）的拍攝地點。華納後來在皇家公主號（Royal Princess）上遇見黛安娜王妃，以及他未來的妻子蒂娜。他在2005年實現了生涯志向，獲派擔任冠達郵輪的瑪麗皇后二號的船長。

克里斯 · 強斯

波札那，奧卡凡哥三角洲，野狗研究營地

和非洲野狗的緣分始於1980年代晚期，當時我在賽倫蓋蒂國家公園（Serengeti）為《國家地理》雜誌拍攝一篇專題故事。有一天，我遇到一群正在獵捕牛羚的野狗，我對牠們一無所知，但卻深感著迷。牠們給我的感覺就是一種我願意花很多時間與之為伍的動物。我一直是愛狗人士，在維吉尼亞州農場家裡就養了五隻狗——我自己的狗群。

我因為邂逅非洲野狗踏上追尋之旅，最後結識了野生動物生物學家：約翰 · 麥克納（John McNutt），小名「提可」（Tico）。他的野狗研究營地位於奧卡凡哥三角洲，莫瑞米野生動物保護區（Moremi Game Reserve）的邊緣。營地有很好的雙層帳棚，戶外還有公用廚房。白天有狒狒遊蕩經過，不少夜晚有獅子出沒。

我把帳棚搭在我的荒原路華車頂，就睡在上頭。晚上有些時候，我會被一陣蠻響亮的「叭叭」聲吵醒，從蚊帳看出去，然後和一頭大象大眼瞪小眼，互相只距離幾吋。偶爾大象還會在我睡覺時，把荒原路華撞得左搖右晃。奧卡凡哥確實是野性大地。

我是愛山之人，在俄勒岡州的喀斯喀特山脈（Cascase Range）長大。而奧卡凡哥三角洲卻是地球上最平坦的地方之一，但我依然覺得這裡風景壯麗，有氾濫平原和森林，一星期之內就能認出130種不同的鳥類。在一個叫「黑水潭」（Black Pools）的地方，甚至可能有250頭大象在你眼前喝水。

我和攝影助理大衛 · 哈曼（Dave Haman）會在破曉時分起床，花一整個早上和提可研究的一支狗群一起，拍攝牠們。到了傍晚，再換另一支狗群。非洲野狗的社會行為，迷人程度僅次於大象，牠們的家庭價值，值得我們每個人嚮往。每當抓到獵物，老弱和幼崽總是優先享用。我喜歡看雄性首領指揮狗群合作時的動態，不會過於嚴厲，但又不會太寬鬆。

野狗與人的互動也同樣迷人。狗群後來跟我和大衛熟了，彼此建立了

兩隻小狗叼著獸皮玩拔河。

相當深刻的聯繫。假如科學家或學生到訪，跟我們一起坐荒原路華出外觀察，狗群立刻就會注意到，並表示不滿！牠們一副戒慎恐懼的樣子，簡直像是在說：我們可沒准許你帶這個新人來我們地盤。

　　野狗也有淘氣的舉動。早上隨著氣溫升高，我常會摘下頭上的帽子休息一會兒。兩次都有一隻野狗從我背後偷偷靠近，搶下我手中的帽子，拔腿就跑，把它拋到空中，接著一群野狗就拿它玩起追逐和拔河遊戲。牠們實在是討人喜歡的動物。

　　非洲野狗是非洲最瀕臨絕種的大型肉食動物，所以能與牠們為伴實在是無比的榮幸。野狗面臨的威脅主要來自棲地減少，雖然也有許多是被獅子殺死。除此之外，因為野狗的狩獵能力高超，在農人之間惡名昭彰，很多都被農人開槍射殺。

　　這些年下來，我和提可已經熟悉狗群中的角色分配。我們會看著滿周歲的小狗，而提可就會說：這不就是貝兒（Belle）的曾孫──貝兒是1990年代我們常常看到的雌性野狗。

　　非洲野狗無法馴養，這也是牠們的魅力之一。牠們的新陳代謝率極

高，而且絕頂聰明，想馴養牠們實在荒唐。

　　就身體構造而言，牠們是天生的奔跑機器，而且優雅到不可思議。我記得有一隻野狗，我特別喜歡，名字叫澤馬特，毛色很漂亮。牠是個打獵高手，狗群有七成獵物是牠的功勞。我現在不再是實地攝影師，改坐辦公室工作，但有時仍會想起澤馬特。在忙碌的一天，我腦中會浮現牠狩獵的畫面，想起牠奔向一株高大的鼠尾草叢，大概有1.5公尺高——然後牠以時速約60公里的速度縱身一躍，在半空中迴旋轉身，隨即在另一側安然落地，多麼優雅！

　　非洲野狗奔跑的時候，總是一臉滿足，彷彿奔跑就是牠們天賦的使命——而這片草原就是牠們天生該奔馳的地方。

情報指南

地點：奧卡凡哥三角洲位於非洲南部的波札那。

背景：奧卡凡哥三角洲是全球最大的內陸三角洲，是喀拉哈里沙漠（Kalahari Desert）中的生命綠洲，有水深及膝的氾濫平原、森林、草原和莎草夾岸的水道。非洲野狗毛色雜陳，混有黑、白、黃三色，牠的學名Lycaon pictus源自希臘文，意指「色彩斑爛的狼」。每隻狗的色斑都獨一無二，因此很容易辨認不同個體。非洲野狗會用叫聲溝通，包括表示警戒的尖銳吠叫、召集同伴的嚎叫，以及問候用的嘰喳和嗷嗷鳴叫。

旅遊資訊：www.botswana-tourism.gov.bw/attractions/moremi.html

《國家地理》雜誌田野攝影師**克里斯·強斯**（Chris Johns），走遍世界各地拍攝超過20篇專題故事，涵蓋八個封面故事。2005年，他被任命為雜誌主編，在他的帶領下，《國家地理》雜誌改頭換面、翻新設計，吸引新世代的讀者，獲得六項美國國家雜誌獎，包括2006年與2007年蟬聯大眾雜誌類卓越表現獎。他的著作也深獲好評，包括《狂野的心：南非的人與獸》（Wild at Heart: Man and Beast in Southern Africa）、《生命之谷：非洲大裂谷》（Valley of Life: Africa's Great Rift）和《夏威夷祕寶》（Hawaii's Hidden Treasures）。強斯支持保育團體「拯救非洲野狗」（Save the African Wild Dog，網址：www.save-the-african-wild-dog.com）。

亞瑟・佛洛姆

印尼峇里島，烏布

山城烏布座落在峇里島中央高地，是整個島的生活與文化中心。烏布遠離沿岸的大型度假村，極少受到素質較低、較為商業的旅遊型態侵擾。峇里島的海岸線如今已被酷愛海灘、流連夜店的人群給淹沒，盡是喝得兇、玩得瘋的人。但烏布躲開了這一切，來到這裡的遊客比較溫和，真心想了解烏布的文化、信仰與生活。

當然，峇里島本身，因為是信仰印度教的島嶼，在生活上和印尼這個穆斯林大國截然不同。峇里島人努力想保持印度教傳統，而烏布的遊客當中，有為數眾多的背包客，對印度教傳統深感著迷以及尊重。入夜後，在烏布和附近小鎮的村落廣場，經常有峇里島傳統舞蹈演出，供遊客和居民欣賞，不分你我。

這裡經常能看到宗教出巡的隊伍，孩童全都盛裝打扮，美麗的峇里島人沿街遊行。他們並不討厭遊客在場，反倒很高興有人觀看。峇里島人對自己的文化深具信心，而且衷心喜愛到希望你也能參與其中。旅人往往不斷受邀，參加節慶儀式。像我第一次到訪，才在那裡不久，就受邀參加火化儀式（喪禮在峇里島是快樂的場合）和婚禮。我兩邊都去了，期間從未感覺到自己是外人。

峇里島人是可愛的民族，沒什麼物質財產。島上沒有重工業，但在烏布鎮四周有手工藝的小村子，簡直就像點綴項鍊的寶石。每個村子擅長的手藝各有不同，村民靠製作木雕、石像、油畫、木造家具和蠟染，勉強賺錢餬口。

漫長的一天結束後，許多人會到附近的溪邊，洗去一身勞動的汗水。我初到烏布的第一天下午，去了一條河邊，只見上百男女和孩童脫光了衣服，一點也不忸怩，沐浴在清涼的水中，歡笑、交談，彼此相視而笑。他們一看到我和我太太，就立刻揮手，邀請我們下水，小孩子也大喊他們唯一會的英文單字：「哈囉！哈囉！」

這一切成就了烏布這個地方的迷人之處。走進遊客中心，職員會推薦

峇里島烏布一間廟宇內的傳統木雕。

你形形色色的小旅宿，你希望的話，也可以選擇住在一般人家。烏布有為數眾多的民宅收留客人過夜，其中有的還會讓你睡門廊的吊床！這裡是全世界最便宜的旅遊勝地之一，但歡樂氣氛並不打折。

這不禁令我想起多年前的經歷，最後促成我寫下《一天五美元玩歐洲》這本書。當年我是派駐德國的美軍一員，有次短期休假，去了丹麥美麗的城市哥本哈根，但卻訂不到房間。抵達火車站時，那裡的人告訴我，因為是旺季，全哥本哈根的旅館都客滿了，因此我必須去一般人家寄宿。

我失望到不行，當年我還是一個年輕士兵，聽說哥本哈根是全世界邪惡活動的大本營，很想置身在風暴中心，可是卻被送到中產階級社區。我搭上公車，在正確的街道下車，然後敲了那戶人家的大門。因為太沮

你遇到的峇里島人都親切好客，
不吝邀請你參加他們的集會，
還似乎很高興你在場。
在我漫長的旅行人生中，
他們是我遇過最慷慨大方和友好的民族之一。

亞瑟・佛洛姆

喪，我對來迎接我的人遠遠稱不上有禮貌。

　　他們帶我去我的房間，並告訴我，如果我早上比他們還早起床，可以自己泡咖啡，他們也給我看麵包等等的東西放在哪裡。隔天起床，我給自己泡了咖啡、烤了吐司，然後到外面的公車站牌等車，一旁都是要搭公車進市區上班的丹麥人。那當下我忽然意識到：過去這半天來，我就像哥本哈根的居民一樣生活，而不是觀光客。這是重要的一課，從此我到國外旅行開始重視真實的體驗。

　　在烏布也會有同樣的感覺。遠離海濱度假村，走入當地人原本的生活環境，例如烏布，你遇到的峇里島人都親切好客，不吝邀請你參加他們的集會，還似乎很高興你在場。在我漫長的旅行人生中，他們是我遇過最慷慨大方和友好的民族之一，文化也相當美麗，值得引以為傲，可是卻從未流露出一絲傲慢。

　　他們是我們所有人的表率。

情報指南

地點：烏布位於印尼峇里島的中部山麓。

背景：峇島島人九成以上為印度裔。烏布是重要的藝術與文化中心，看似單一城鎮，事實上由超過12個村子組成，與梯田、深谷與溪流相鄰。烏布是峇里島皇室的居所，地名來自峇里語ubad一詞，意思是醫藥，原以出產藥用植物聞名。1927年，德國藝術家華特‧史拜斯（Walter Spies）在此定居，他與其他外國畫家曾招待演員諾爾‧寇威爾（Noël Coward）、慈善家芭芭拉‧赫頓（Barbara Hutton）、作家H. G.‧威爾斯（H. G. Wells）及卓別林。他們也合創了藝術家合作社，培育本土藝術家，引領烏布成為峇里島的文化中樞。今日鎮上有多家藝廊與數間博物館，包括盧丹那博物館（Rudana Museum），該館主張藝術是為了促成世界和平、繁榮和人與人的友誼，反映出峇里島「三界和諧」（Tri Hita Karana）的哲學。巴里島的藝術形式包括batuan（繪畫）、mas（木雕）、celuk（珠寶）與batubulan（石雕）。巴里島的傳統舞蹈根據《羅摩衍那》（Ramayana）與其他印度史詩創作，其中包括著名的猴子舞。烏布猴子森林（Ubud Monkey Forest）結合自然保護區及寺廟，有200隻長尾獼猴在園區徜徉。

旅遊資訊：http://bali.my-indonesia.info；www.balitourismboard.com

亞瑟‧佛洛姆（Arthur Frommer）公認是美國首屈一指的旅遊專家，寫於1957年的《一天五美元玩歐洲》（Europe on \$5 a Day）一書大大改變了美國人的旅遊方

式。這本書旨在幫助遊客「看得多、花得少」，自稱是一本專為「沒在德州挖到油井的觀光客」所寫的指南，書中詳實記錄便宜旅行的樂趣，還附上機智風趣、偶爾尖酸挑釁的評論，例如：「這裡的床鋪窄了些，只有情侶擠得下，本書在此先恭喜老爺賀喜夫人。」或是：「我喜歡巴黎布西街一帶的旅館，距離所有『生存活動』只有一個街區。」佛洛姆的旅遊指南書目日後增至350多個。這位耶魯大學畢業的律師還創辦了《佛洛姆省錢旅行》（Frommer's Budget Travel）雜誌，撰寫有廣大讀者群的報紙專欄，擔任全國放送的廣播節目主持人，並定期會在部落格（www.frommers.com/blog）提供旅遊建議與省錢技巧。佛洛姆支持紐約社區服務協會（Community Service Society of New York，網址：www.cssny.org）、美國公民自由聯盟（American Civil Liberties Union，網址：www.aclu.org）以及顧顏基金會「微笑列車」（Smile Train，網址：www.smiletrain.org）。

尚－米榭 · 庫斯托

祕魯，亞馬遜雨林

在25年前有幸跟隨團隊一起探索亞馬遜雨林。出發時我滿腹疑問，經過一年又八個月後，我走出雨林，想問的問題卻更多了。

亞馬遜雨林有多大、對我們每個人的日常生活又有多少影響，我們絲毫沒有概念。亞馬遜盆地大如美國大陸，亞馬遜河有十條支流和密西西比河一樣寬闊，甚至更勝密西西比河，全世界20%的淡水由這片流域傾瀉而出。亞馬遜河的魚種數量多於整個大西洋，截至目前已發現大約5000種，這還沒算雨林內的昆蟲、鳥類、樹木和植物。

我們每個人都和亞馬遜息息相關。你現在坐的沙發，木頭框架可能來自雨林。我在巴黎吃的牛排，飼料可能是亞馬遜出產的大豆，因為為了畜養牛隻、種植大豆，雨林紛紛被剷平。每一年，都會有一塊紐澤西州大小的區域被砍伐一空。天知道有沒有別具療效的植物在那裡待人發掘，前提是人類要能在破壞殆盡以前先找到它們。

但撇開這些不談，最令我震驚不已的是，亞馬遜竟有成千上萬的原住民未有記錄在案：他們沒有身分證明，沒有土地所有權。一如千百年來，這群南美洲的印第安人在亞馬遜雨林徜徉出沒。他們和你我一樣是人，然而我卻得知，在1960年代「入侵者」——也就是我們，曾經以獵殺雨林原住民為樂，令人義憤填膺。外來者開始來到這裡挖掘原油，或者砍伐樹木運輸出口，到了週末閒來無事，就會搭上輕航機和直升機，出發獵殺印第安人。晚上回到營地，這些入侵者會就著一手啤酒，互相打聽：「你今天殺了幾個？」「喔，我殺了17個，你呢？」

亞馬遜雨林的原住民擋了大企業的財路，尤其是石油公司。這些財團明知道地區劃了給原住民，卻想都沒想過要徵詢他們同意，就逕自侵入雨林。

與上述行徑形成鮮明對比的，是一位阿丘阿爾族的酋長。阿丘阿爾族是黑瓦洛（Jivaro）印第安人的一支，這位庫庫司酋長（Chief Kukus）是

我在靠近祕魯與厄瓜多邊界一個偏遠的村落遇見的，教導我各種價值觀，對我的影響不亞於我的父親。然而，這位君子在自己的國家卻被視為異類，權利和一隻貘或蟑螂無異。

　　他的部落在樹林深處的河畔，因為長年下雨，木屋都蓋在木樁上，四周的土地都清空，以防避白蟻和蛇。木屋下的空間用來畜養豬和雞。

　　樹林中有很多鳥類，猿猴四處跑跳。族人用吹筒和毒箭狩獵，但都遵

亞馬遜河上使用魚叉捕魚的少年。

庫庫司酋長教導我各種價值觀。
然而，這位君子
在自己的國家卻被視為異類，
權利和一隻貘或蟑螂無異。

循自然永續的原則：只捕殺他們需要、大自然提供的份量。

庫庫司酋長帶我去看他栽種的樹木，大約都有3公尺高。他告訴我：「我永遠不會看到樹木長大，我的孩子也沒辦法，甚至連我的孫子可能也看不到。但我的曾孫就能利用我種下的樹。」他特別指著其中一棵樹說：「這一棵可以做成很好的獨木舟。」

在我看來，酋長道出了未來不成文的律法。我們現代的文化只考慮當下——現在、立刻、馬上！我們聲稱關心兒孫，卻不盡一點心力，反而黑瓦洛人觀念正確，知道如何以永續的方式，與大自然和諧共生。

庫庫司酋長對我影響至深，我希望他的族人獲得正視，取得身分證明。我試過替他申請官方文件，但在地方單位毫無進展，於是我帶他去見當時的祕魯總統，費爾南多・貝朗德・特里（Fernando Belaúnde Terry）。

我們抵達伊基多斯（Iquitos）機場航廈，真的很奇怪——酋長從來沒見過樓梯。我們到樓上候機室等飛機，聲音從角落的黑盒子傳出來——酋長也從來沒聽過揚聲器的廣播。接著DC-8客機降落，從跑道一路呼嘯至航空站，庫庫司酋長說：「啊，是的，我在天空看過它，但只有這麼小一點。」他以大拇指和食指比出飛機在空中的大小。

我們搭機飛越安地斯山脈，看不到樹，只見冰川和白雪，景象令庫庫司酋長大感驚奇。降落在祕魯首都利馬（Lima）之後，我念及他初到大城市（當時人口約400萬）恐怕文化衝擊太大，於是先帶他去海邊。酋長踩過沙灘，走向海水，接著突然停下腳步，問我：「湖的對岸在哪裡？」而那其實是太平洋。

我們回到飯店吃午餐。幾天前，出於法國人的禮俗，我請酋長喝喝看香檳。我打開瓶子，拔起瓶塞和外面的鐵絲罩，然後說：「酋長，你知道嗎？我的國家有個傳統，我把瓶塞給你，它又叫做『小鳥』，我自己則留著這個『鳥籠』。我們要隨時把它帶在身上，下次再見面，你可以拿出瓶塞問我：『我小鳥的籠子在哪裡？』，而我也可以給你看鐵絲罩，然後說：『我籠子的小鳥在哪裡？』要是有人沒帶在身上，他就必須去買一瓶

新的香檳！」殊不知在飯店吃午餐時，庫庫司酋長就亮出瓶塞說：「我小鳥的籠子在哪裡？」他真的把瓶塞千里迢迢從村子裡帶來了。

為了見祕魯總統，庫庫司酋長在臉上繪了紋樣，穿戴了羽毛和美麗的服飾，但並沒有拿到文件。貝朗德宣稱：「就算是總統也不能做違反制度的事。」我聽在耳裡真的很痛心，酋長和我萬分失望地回到村子。

我這一輩子當中，只有三、四個人對我的影響比得上這位黑瓦洛紳士。庫庫司酋長於1997年去世。

情報指南

地點：亞馬遜雨林覆蓋南美洲880萬平方公里的土地，橫跨九個國家，包括巴西（占雨林六成面積）和祕魯。

背景：亞馬遜雨林是地球上物種最豐富、最多樣化的生物寶庫，棲息了數百萬種鳥類、動物、昆蟲和植物，很多仍未有科學記錄。亞馬遜河全長約6437公里，拉直可從紐約市延伸至羅馬，遇到雨季洪汛期，部分河段寬可達40公里。為獲取復仇之力和超自然力量，黑瓦洛戰士從前會取下敵人的頭顱，處理成橘子大小。

旅遊資訊：www.peru.info/perueng.asp

探險家兼環保人士尚－米樹‧庫斯托（Jean-Michel Cousteau），製作超過80部影片，贏得多座獎項，包括艾美獎與皮博迪獎。他創辦了海洋未來學會（Ocean Futures Society，網址：www.oceanfutures.org），替海洋向媒體及政府發聲，並且在原始生態區、度假勝地和郵輪上，開設名為「環境大使」（Ambassadors of the Environment，網址：www.aote.org）的教育課程。他的尚米樹‧庫斯托斐濟群島度假村（Jean-Michel Cousteau Fiji Islands Resort）向業界證明了環境意識與環境設計也能帶來經濟利益。庫斯托曾在白宮放映他為美國公共電視所拍攝的西北夏威夷群島記錄片，說服當年的小布希總統把群島劃定為國家紀念區，令該地成為世界上面積最大的保護區。庫斯托列名國際潛水名人堂，並獲國際海洋保育組織（Oceana）頒發第一屆海洋英雄獎。

尚－米樹‧庫斯托

39

東尼 · 惠勒

尼泊爾

加德滿都是1970年代亞洲橫貫路線的重要交叉口兼目的地,從倫敦出發,最後會抵達加德滿都。在那個年代,這裡絕對具有異國風情,一如英國作家吉卜林(Rudyard Kipling)描述的:「基尤皇家植物園異想天開的美夢,只是加德滿都的尋常風景。」

1972年,我和太太莫琳從印度邊境搭公車北上,車程漫長又乏味,抵達時,已經又累又髒。歐美旅客大多住在奇異街(Freak Street),當年這裡很多新奇的旅館,另一個特色是很多派餅店。其中一家叫「珍阿姨餅店」(Aunt Jane's),據說,珍阿姨本人是駐尼泊爾和平部隊指揮官的妻子;餅店的經營者則在美國國際開發總署的職員手下工作,因此學會了製作道地的美國派餅。奇異街上也有很多小餐館,氣氛很不錯。兩年後,城市重心整個轉移到一個叫塔美(Thamel)的區域,這裡至今仍是背包客在加德滿都的集散中心。

那一趟初訪之旅,我們只探索了加德滿都峽谷。我們租借自行車騎到另外兩座主要市鎮:帕坦(Patan)和巴克塔普(Bhaktapur),兩地分別都有一座皇宮廣場。(有一次我去巴克塔普,正好遇到電影《小活佛》[Little Buddha]的拍攝,主角是基努·李維。由於皇宮廣場看起來必須像中世紀場景,劇組只需要把電話纜線藏起來,整個地方就彷彿回到了千年前的模樣。)

莫琳和我也徒步走到杜利克爾(Dhulikhel),那裡位在峽谷邊緣,隔天我們等待黎明,看到太陽從喜馬拉雅山升起。假如天朗氣清,甚至能看見聖母峰。近來,加德滿都峽谷遇到的最大問題跟洛杉磯很像,同樣都受霧霾害所苦。

有些旅人也會住在波卡拉(Pokhara),位在加德滿都西方160公里,搭巴士約半天車程。他們從波卡拉前往臺拉地區(Terai region),那裡是低地叢林,往南與印度為鄰。遊客到那裡主要是為了看犀牛,幸運的話,還能看到老虎,跟在非洲草原的野生動物獵遊很像,只不過尋找動物時騎

尼泊爾阿潤谷（Arun Valley），挑夫通過河上的吊橋。

東尼‧惠勒

的是大象，比搭小型巴士或四輪驅動車好多了。

　　但尼泊爾最吸引人的活動還是走路。人們來這裡健行，在山裡走上一兩星期，或者兩三星期。健行的方式基本上分成兩種（理論上有三種，你可以自己帶帳棚紮營，不過沒有人這樣做）。第一種方式是參加健行團，隊伍裡有挑夫、雪巴人、嚮導，他們每晚都會負責紮營，很像1950年代的登山探險隊——大量的人員和裝備，每晚都有廚子準備晚餐，樂趣無窮。

　　你一邊走，一邊跟雪巴人和嚮導聊天，並關切背負所有行李的挑夫，感覺就像是一家人或是一個部落一起行動。經常有人說，旅人是為感受山巒的震撼來到尼泊爾，但回家以後，他們記得的卻是那裡的人。

　　第二種在尼泊爾爬山的方式不需要那些東西，只要從一間民宿走到下一間民宿。這種方式最早開始流行，是在安娜普納環繞線（Annapur-na Circuit）。這條路線繞行安娜普納山地，徒步要走三個星期，最高會爬升到海拔8088公尺。你會先看到山的一面，繞過半圈後又能看到另一面，是很精采的一條山路。

　　整條環繞線上會經過很多小村子，50年前，村子的人根本無法提供登山客住宿，並不是辦不到，而是因為沒有登山客經過。但如今，沿途的村子紛紛開起民宿、咖啡店和餐館，同樣的做法也流傳到其他山道，現在就連走上聖母峰基地營，每晚都找得到床位過夜，有地方吃飯。我2003年就曾經徒步走上基地營。

> 經常有人說，
> 旅人是為感受山巒的震撼
> 來到尼泊爾，
> 但回家以後，
> 他們記得的卻是那裡的人。

　　很多人抱怨尼泊爾的登山路線太多人，但我聽過一個比方，大致上是這樣說的：尼泊爾所有山道上一整年的登山客，加起來就跟優勝美地一個旺季週末差不多。所以人數其實並沒有那麼龐大。

　　有一次，我和一群朋友去健行。我們飛抵尼泊爾西部，徒步七天到邊界，進入西藏，到岡仁波齊峰一遊。途中遇到當地人由反方向走來，大多趕著長長的羊隊，每頭羊的背上都馱著兩小袋鹽。我們所走的是一條古老的貿易路線，千年來不曾改變。

　　將近20年前，我和莫琳參加過一次我們口中所謂的兒童健行，同行的有一干朋友和很多小孩，包括我8歲的兒子，還有我女兒，她那時11歲，

是當中年紀最大的孩子。史丹・艾明頓（Stan Armington）替大夥兒規劃了路線，他曾為孤獨星球出版社編寫尼泊爾登山指南，在加德滿都前後住了超過30年，當時在那裡經營登山公司。此行他還做了一件好事，送一群尼泊爾孩子跟我們一起上山。隊裡的廚子也帶了他兩個小兒子，他們以前從沒真正健行過。最後我們一行人一半是歐美小孩，一半是尼泊爾小孩，大家走了八天，連最小的孩子也不例外，而且他們處得非常好，很快成為朋友。每天晚上，大人都累癱了，小孩子卻還到處跑來跑去玩遊戲，他們度過了很快樂的時光。

跟我們在尼泊爾每一次的健行一樣，那一次實在非常好玩。

情報指南

地點：尼泊爾位於南亞，介於印度與中國之間。

背景：世界十大高山有八座在尼泊爾的喜馬拉雅山脈，安娜普納一號峰是第十高峰，聖母峰則是當中之冠。長久歷史以來，尼泊爾一直是一個印度教王國，但如今已轉型為世俗國家（secular state），2008年廢除君主政體。全世界只有尼泊爾的國旗不是四邊形。加德滿都山谷最古老的房屋，即使歷經地震，仍屹立了1992年不搖；加德滿都也有許多17世紀的宮殿，以及印度教和佛教寺廟。除了是1960年代以降、橫跨歐亞的「嬉皮之路」（Hippie Trail）上的主要目的地，加德滿都也被歌手巴布・席格（Bob Seger）用作一首歌的歌名（去掉Kathmandu的h），收錄在他1975年的專輯《美麗輸家》（Beautiful Loser）。

旅遊資訊：www.welcomenepal.com/brand/index.asp

東尼・惠勒（Tony Wheeler）創辦的孤獨星球出版社（Lonely Planet Publications），是當今全世界最大的獨立旅遊指南出版社。一切都始於1972年，一趟從倫敦出發、橫跨亞洲前往澳洲的旅程。東尼和妻子莫琳在六個月後來到雪梨，身上只剩下27分錢，也沒有工作。其他背包客對兩夫妻的旅程十分感興趣，他們於是寫了一本簡易旅行指南，手工裝訂1500冊，名為《便宜走亞洲》（Across Asia on the Cheap）。如今，《孤獨星球》發行的旅遊指南已有500多個書目，翻譯成八種語言，幾乎涵蓋世界上所有國家，每年銷售超過600萬冊。「不論是身無分文的背包客，抑或成了全球公司的總裁，東尼和莫琳卻總能親身展現出旅人最美好的熱忱與好奇」，作家皮科・艾爾（Pico Iyer）說。惠勒夫婦著有《不可能的目的地：孤獨星球的故事》（Unlikely Destinations: The Lonely Planet Story）一書，敘述兩人旅行和創業的冒險。他們至今一年仍有六個月在外旅行。

東尼·霍克

美國加州恩西尼塔斯，自宅

我這輩子至少一半時間都在旅行，可能還不止，所以我反而會待在家裡，躲開人群、媒體和到處跑的忙亂生活。

我在加州聖地牙哥長大，因此在這裡感覺最自在。我太太和我在距離海灘兩三公里的地方買了一棟房子，我就在後院蓋了自己的滑板場。

我們倆想把房子打造得像很酷的現代飯店，所以打掉原本的格局。我們去過太多地方，決定以最喜歡的幾個住宿地點當範本：洛杉磯的馬爾蒙莊園酒店（Chateau Marmont）、W飯店（W Hotels）、摩根飯店集團

滑板場貌似一座空蕩的游泳池多了地形特徵。

（Morgans Hotel Group）。我們實際拍下飯店大廳和客房的家具，再請家具設計師仿製。家具走現代風格，線條簡潔，大致都相互垂直，看上去相當溫暖——多是棕色和大地色調的。

我的兩個小兒子，一個七歲，一個九歲，他們的房間就像一個寬敞的遊戲間，有附設溜滑梯的雙層床、各種主流的電視遊樂器，還有一臺彈珠機。至於我的辦公室，則有超大桌上型蘋果電腦，用來剪輯滑板影片，配備大螢幕，跟2TB的硬碟——儲存影片就是要大空間。

我們家有一座傳統游泳池，附設跳水板、按摩池，諸如此類。客屋後面則是超過百坪的滑板場，設備一應俱全，有基本的碗池部分，以及現實中都市景觀的元素，例如可供玩技巧動作的長椅和欄杆。整座滑板場看起來像空蕩的泳池，只是中間有各種街道特徵。

附近只有一戶鄰居能從家裡看到這座滑板場，而且要上二樓才看得到（我為了確定鄰居不介意，帶著設計圖拜訪過他們家），所以我在家就能練習新的招式，不必再不自在，感到有人群正在看我練習——還有摔跤。我現在亂滑一通也不用擔心有人偷看！

滑板場正好位在峽谷邊緣，在場內能眺望大海，看見海面上西沉的夕陽。我可以靠滑板維生，打電動的時候還可以說自己在工作，實在沒得抱怨了！

情報指南

地點：恩西尼塔斯位於加州聖地牙哥北方40公里。

背景：恩西尼塔斯市人口5萬9000人，日平均氣溫最高攝氏22度，主要產業為種植觀賞用花卉，特別是耶誕紅。市內分為五區，有路卡迪亞（Leucadia）、加地夫海濱（Cardiff-by-the Sea）以及海灘旁的舊城區等。史瓦米海灘（Swami's）是當地的衝浪地點，海灘上方的崖頂是「自悟同修會」（Self-Realization Fellowship）的冥想花園，瑜珈行者尤迦南達（Paramahansa Yogananda）在1920年創立了這個心靈組織。最早的滑板大概在1940年代末或1950年代初發明，那是裝上溜冰鞋輪子的木箱或木板。衝浪客不在海灘時就會溜滑板玩，滑板因而有「人行道衝浪」的別稱（Sidewalk Surfing）；1964年，詹與狄恩（Jan and Dean）有一首暢銷單曲也叫〈人行道衝浪〉，他們拿海灘男孩〈追浪〉（Catch a Wave）一曲的歌詞，改寫成關於滑板的歌。第一個容量1TB的硬碟在2007年開始銷售。網友上傳到Youtube的所有影片——包括滑板影片——共占了600 TB，即600兆位元組的儲存空間。

旅遊資訊：www.encinitaschamber.com

滑板界代表人物**東尼·霍克**（Tony Hawk），年僅14歲就晉升職業好手，引起主流大眾對滑板運動的關注。他以「900度」的絕技聞名——落回滑道前在空中轉體兩周半，這個招式一向只限於理論，直到他在1999年的世界極限運動大賽親身示範出來。他也發明了多項滑板技巧，包括「腐魚」（Stale Fish）和「空中漫步」（Airwalk）。《東尼·霍克職業滑板》（Tony Hawk's Pro Skater）是歷來最成功的系列電玩遊戲之一，他的自傳《霍克：職業滑板手》（Hawk: Occupation Skateboarder）同樣是暢銷作。他曾獲美國ESPN體育頻道頒發年度卓越運動獎最佳另類運動員，也多次當選尼克頻道兒童票選獎最受歡迎男子運動員。東尼·霍克的「Boom Boom Huck Jam」滑板秀在全美各地體育館巡迴演出，集合頂尖滑板高手、極限單車騎士和花式摩托車車手，配合現場音樂呈現精心設計的華麗表演。東尼·霍克基金會（Tony Hawk Foundation，網站：www.tonyhawkfoundation.org）至今出資逾200萬美元，協助低收入地區修建公共滑板場。

珍古德

坦尚尼亞，岡貝

那一年我26歲，剛剛抵達岡貝。我現在依然記得，當時搭著小船，沿坦加尼喀湖（Lake Tanganyika）前進，抬頭看向岸線、濃密的森林和山谷，心裡想著：「我到底該怎麼在這裡找到黑猩猩？」

時值7月，適逢旱季，周圍有一股枯草和乾土的特殊氣味，先前有過幾場野火，所以一縷淡淡的煙焦味仍飄散在空中。

來到營地，我們在幾位狩獵嚮導的協助下搭好帳棚。母親也在我身邊，她自願陪我來，因為英國當局不允許年輕女子獨自在非洲與野生動物生活。我們請了一位廚子，另外有人告訴我，我必須請當地人做嚮導，因為我不得單獨進入叢林。

從前那個年代，女孩子是不做這種事的。我在家也從不在意衣著、派對、美髮這些事。我確實喜歡派對，但那不是要緊事。不過在早先一趟非洲之旅，我遇見了考古人類學家路易斯·李奇（Louis Leakey），他認定我是合適人選，希望和我前往叢林尋找黑猩猩。

搭好帳棚之後，我一個人動身爬上山坡。我永遠忘不了在山坡上時激越的心情，向下俯瞰湖面，耳畔聽見鳥鳴，尤其是哀鴿的叫聲，還有狒狒在遠處咆哮。空氣悶熱，我身穿卡其長褲、棉衫和網球鞋，坐在地上，不敢相信這一切竟會發生在自己身上，真的好不可思議。

稍晚晚我和媽媽在營火邊共進晚餐。飯後我拉出我的摺疊床，躺在一棵棕櫚樹下。我看得見星星，聽得見樹木在我上方搖晃，一切宛如夢境，毫不真實。我在棕櫚葉的窸窣聲中入睡，一如往後許多個夜晚。

我費了好一陣子才親眼看到黑猩猩，之後又花了更長的時間才讓牠們習慣我。我會坐在同一座山頂上——我管它叫「山頂」——帶著我的望遠鏡，天天穿同樣顏色的衣服。漸漸地，黑猩猩習慣了我的存在，只是這需要很大的耐心。

突破性的進展發生在大約五個月後，其中一隻黑猩猩灰鬍大衛（David Graybeard）走進我的營地，進食棕櫚樹上成熟的堅果。牠注意到我帳棚的外廊有幾根香蕉，就拿走了。在棕櫚樹成熟期間，牠每天都回來，我們也會為牠留幾根香蕉在外面。

慢慢地，大衛開始帶其他猩猩一起來——歌利亞（Goliath）、芙洛（Flo）、奧力（Olly）和麥克（Mike）。母猩猩芙洛開始發情後，群體裡所有的公猩猩都跟著她來了！他們其實不敢來這個有帳棚的地方，但芙洛太有魅力了，他們不得不跟來。

10月雨季到來，天地也為之一變。第一場雨帶來大地久旱逢甘霖的氣味，萬物彷彿甦醒過來，小花從地裡冒出頭，香氣極為馥郁。走在溼潤的叢林裡，腳下不再有枯葉沙沙作響，空氣也舒適輕盈。

雨點啪叮啪叮敲打林冠的聲響極為動聽——直到下起真正的大雨。枝椏和棕櫚葉瘋狂搖晃，雷鳴轟隆作響，閃電劃過樹木之間，非常精采，我徹底明白黑猩猩為什麼會跳所謂的雨舞。整個雨季期間，每當暴雨乍臨，牠們就會狂野地手舞足蹈，彷彿正在對抗惡劣的天氣。我不認為黑猩猩喜歡雨，因為牠們會又溼又冷，尤其是在晚上。

黑猩猩在雨中的演出令人嘆為觀止。牠們重擊地面，怒髮衝冠，嘴唇緊嘟，滿臉憤怒的表情，跺腳頓足，拍響雙掌。牠們情緒被激起，有時甚至會直起身子奔跑，拖曳巨大的樹枝、丟擲石頭，整個過程可能持續十分鐘以上。之後，牠們蜷縮著身子擠在一起，看上去又冷又悽慘，一邊伸出牠們厚長的下唇，接住從鼻頭淌落的雨滴。

我每天都會離開營地，除非一大清早就下起滂沱大雨，但這種情形從未發生，雨總待我爬上「山頂」才傾盆而下。所以我很少有慵懶的早晨，每天都6點起床，連週末也是（不過我哪會知道週末到了沒有？黑猩猩沒在分的。）到了下午3點，因為整天趴在地上、匍匐爬行，頭髮纏滿藤蔓，人已經疲憊不堪。

對我而言，叢林是一座聖殿，一所蒼穹下的教堂，由樹木林冠和躍動的光線打造而成。我特別喜歡下著輕柔小雨的時候，萬籟俱寂，只有滴滴答答的雨聲，對我來說這就是人間天堂。我無法想像有人未曾親歷過大自然神祕的一面就度過了一生。現在太多的人太忙碌了。

如今，岡貝國家公園（Gombe National Park）總部就蓋在差不多是我第一座營地的位置，員工宿舍等等的設施則聚集在湖濱。但只要通過房

屋以後——我都盡可能快速通過——就又回到了同樣古老而迷人的叢林。

　　叢林內沒有變化，唯獨小徑拓寬了，還有園方在「山頂」擺了一張小長凳供遊客休息。這件事真的讓我很不高興，我認為在那裡擺這張椅子是褻瀆的行為。以前攀上那座山頂，我很能輕易感覺自己重回26歲，心情和當年一模一樣。但現在長椅陰魂不散，在我腦海裡揮之不去。它只是一截圓木，並不花俏，但我就是不喜歡它在那裡。

岡貝溪國家公園內，一隻小黑猩猩在枝頭玩耍。

不過國家公園境外，樹木全都消失了。搭機從上空經過時，會看到這座寶石般的小森林，四周被耕地環繞。國家公園面積很小，只有77平方公里，但假如把地形熨平，面積會是原來的兩倍以上，園內全是陡升陡降的地形。

從最近的城鎮基哥馬（Kigoma）搭船出發，沿湖前進，會經過險峻的陡坡。有時我抵達得晚，夜晚的空氣中忽然傳來一股奇異的香味，是植被和植物開花最濃烈的氣味。那一瞬間，我立刻被帶到我鍾愛的岡貝，那片美麗的荒野。

情報指南

地點：岡貝國家公園位於坦尚尼亞西部，基哥馬北方16公里的坦加尼喀湖東岸。

背景：珍古德最早在岡貝研究的那群黑猩猩都已不在人世，1960年時還是小寶寶的菲菲（Fifi）於2004年去世，但牠們的後代會繁衍下去。在野外，黑猩猩可以活到50歲或者更老。牠們是人類的近親，基因有98%與人類相同，不過黑猩猩上半身的力量卻是人的五倍。20世紀初，大概有200萬隻黑猩猩棲息在西非與中非，現今因為棲地喪失，加上人類盜獵幼崽、捕食野味，整個非洲只剩下約22萬隻黑猩猩。美國全國的實驗室共有近1300隻黑猩猩，大多用於進行侵入式研究，約有500隻黑猩猩已從實驗室退休，居住在美國和加拿大的收容中心。

旅遊資訊：www.tanzaniatouristboard.com；www.tazaniaparks.com/gombe.htm 岡貝溪國家公園（Gombe Stream National Park）的住宿設施包括豪華營帳式飯店、三餐自理的青年旅館、投宿站，以及野外營地。

珍古德（Jane Goodall）在1960年開始研究黑猩猩時未有大學學位，但其後取得劍橋大學動物行為學博士。她觀察到黑猩猩會使用工具也會狩獵，堅持動物有各自的個性、心智和情感，改變了靈長類學的研究。日後她更發現黑猩猩會發動原始型態的戰爭。她獲頒的獎項包括坦尚尼亞獎章、國家地理學會的哈德柏獎章（Hubbard Medal）、日本知名的京都基礎科學獎（Kyoto Prize）。目前她是聯合國和平大使，獲英國授動為皇家女爵士。國際珍古德協會（The Jane Goodall Institute，網址：www.janegood-all.org）至今研究不輟，曾發起Tacare計畫，推動非洲部落為中心的保育和永續發展。協會也成立「根與芽計畫」（Roots & Shoots，網址：www.rootsandshoots.org），參予的學生小組來自一百多個國家，為人類、動物與環境採取行動。珍古德一年有300多天旅行至各地演講、與決策者會晤、關懷青少年與兒童，自1986年以來，她未曾在同一地方的時間持續逗留超過三星期。

席薇亞・厄爾

深海

洋是地球上最大的生態系統，我熱愛潛入海洋任何一處，最喜歡的是「昏暗帶」（twilight zone）以下、光線徹底消失之處，換言之，就是深海。

深海終年如夜，不過四周環繞的並非全然的黑暗，而是點點螢光——活生生的光——由九成棲息在深海中的生物：水母、海參、小魚、細菌所發出。深海裡多數的生命體都能閃耀發亮、放出光芒，令人彷如潛入了7月4日的國慶煙火。

發光生物就算是淺海區也有，但在深海還是特別豐富，因為那裡沒有自然光，生物利用自體發光的特性做各種用途。燈眼魚（flashlight fish）會朝前方打光，以便看清楚方向。鮟鱇魚（angler fish）透過發光引誘獵物靠近，再一口吃掉。

其他生物則以光在黑暗中與同類溝通。有一種很小的甲殼動物叫介形蟲（ostracods），雄性會表演一連串華麗的燈光秀吸引異性，雌性則坐在沙床中，尋找以特定模式閃出亮光的雄性——不同種類的介形蟲各有它獨特的閃光。假如雌性看到她無法抗拒的雄性，就會從沙中一躍而起，然後與對方一起繁衍更多的介形蟲。

有些生物利用光來迴避掠食者。棲息深海的章魚，倘若還像在光亮的淺海一樣，噴出烏黑墨汁擾亂尾隨的敵人，可真是一點幫助也沒有。取而代之，章魚在深海噴的是發光的墨汁，非常美麗。

我喜歡深海裡的所有生物。提到地球上的生命，很多人只會想到陸生動物。而說到動物，我們想到的是貓、狗、馬，或許還有鳥、龜和鱷魚，有的人也會把魚列進去，這些全都是脊椎動物，身上有脊椎骨的動物。但大家並不曉得，地球上絕大多數的生命都在海洋，且大多是無脊椎動物，沒有脊椎骨或肺。

想造訪深海只能搭乘潛水艇——除非你打算這輩子只去一次。所有類型的潛水艇我都喜歡（披頭四的〈黃色潛水艇〉[Yellow Submarine]根本

是我的歌，太撩撥我心弦了）。小型單人潛艇有如潛水裝，只不過材料是金屬和壓克力，而非布料。單人潛艇是感覺最接近潛水的機械裝置。

我最愛的其中一艘是「深海工作者號」（Deep Worker），是我協助開發的潛艇「深海漫遊者號」（Deep Rover）的下一代。駕駛者身體包覆在金屬圓筒內，頭上的氣泡頭罩，提供了絕佳視野。雙手會空出來，因為潛艇靠雙腳操作：右腳踏板是加速和倒退，想轉彎就前後扳動腳趾，左腳踏板則控制上下。

潛艇首先下降至船身一側，然後你就可以出發，在海裡自由自在！下潛150公尺只需要五分鐘。海面上，海水呈天藍色，但當你愈潛愈深，那藍色也會出現任何你想像得到的濃淡變化：寶石藍、紫羅蘭藍、靛青藍，最後藍色變成藍黑色，然後只剩下黑。

有時候，我喜歡單純漂浮著，像浮游生物，欣賞四周上演的燈光秀。偶爾我會打開頭燈，看看發光的生物是何方神聖。它有可能是一長串的樽海鞘（salps），它們和海鞘（sea squirts）很像，每一隻長度約5公分，群聚成凝膠狀的鏈條一起生活，最長可以延展到15公尺。

目睹這樣的景象，我總想鼓勵其他人也潛入海底親眼瞧瞧。你必須先認識一樣東西，才會想要保護它。付出關懷的關鍵在於了解。但悲哀的是，人類作為一個物種，對海洋生態一無所悉。難怪我們這麼不在乎，愛得這麼少。

> 好消息是，
> 我們尚未失去扭轉局面的機會，
> 但可以重回正軌的時間
> 已經不多了。

很多人不曉得海洋帶動氣候，地球上絕大多數生命都棲息在海中，我們應該關心海洋，因為海洋產生大氣中大部分的氧氣、吸收二氧化碳，使得這顆行星適宜人類和地球上所有生物居住。

過去50年來，海洋裡有九成的大魚消失。我說「消失」，但其實我們都知道魚到哪兒去了：魚都進了我們的肚子，我們把魚給吃了。不僅如此，短短數十年內，我們把廢物——數千萬噸的有毒物質——傾倒進海洋，排放二氧化碳到空氣中，加速海洋酸化，破壞地球的自然生態。這實在是糟透的壞消息。

海洋愈來愈酸，不只傷害肉眼可見的生態系統，例如珊瑚礁，還會危

及任何構造中含有碳酸鈣的物體，包括魚類的脊骨，以及所有甲殼生物。當中有一種小生物叫鈣板藻（coccolithophorids）。我們很少聽見有人舉杯感謝鈣板藻，但假如認識它們多一些，就會在乎它們，並希望它們健康平安，因為鈣板藻製造出大量我們每一口呼吸到的氧氣。鈣板藻也產生食物，使海洋中其他生命體得以維生，並大幅消耗二氧化碳。它們是人類生命與存活的基石。

好消息是，我們尚未失去扭轉局面的機會，但可以重回正軌的時間已經不多了。我相信我們還有十年——未來一萬年間最重要的十年——採取行動，為供養我們的生態系統守住長遠的未來。

這也是為什麼，我不只心急如焚，想盡量更常去潛水、能潛多深就潛多深，同時也致力鼓勵別人親自下海看看。人類實際只見過不到5%的深海，探索過的自然更少，這也是我之所以熱愛深海的另一個原因。你永遠不知道接下來會遇見什麼。

我曾經在夏威夷拉奈島（Lanai）外海有過一次難忘的邂逅，那是在伸手幾乎不見五指的深海——上方是光，下方漆黑一片。海面上陽光閃耀，大家在游泳、玩帆船，從事一般人在夏威夷陽光普照的湛藍大海會做的各種活動。但我卻遠在他們下方396公尺深的海底。

我從眼角餘光瞥見一個影子，一開始以為是垃圾（很常看到垃圾四處漂流），但當我轉過小小的潛水艇，把燈光直直打在那束西上，發現竟然是隻近兩公尺長的大章魚。

牠似乎只是路過，明顯正在看我。接下來一個小時，這隻章魚和我，實實在在跳起了雙人舞。牠會先後退一點，然後緩緩朝我移動；我轉身，牠又會跟上，再停下來。章魚哥還曾一度吸附在潛水艇頂端，透過氣泡頭罩盯著我瞧——有點像蓋瑞‧拉森（Gary Larson）的漫畫。這支與深海生物共譜的美妙芭蕾舞，既迷人又魔幻。

我希望有更多人潛入深海，四處看看。小型單人潛艇是探訪深海的絕佳工具，操作簡單，就連科學家也能輕鬆上手！我期待潛水艇出租公司問世的一天，這樣，人人都能租下夢想中的潛水艇，向深海出發。

席薇亞‧厄爾

水母是深海其中一種發光生物。

情報指南

地點：「昏暗帶」一般從海底150公尺算起，但依照海水清澈程度而定，有時深達457公尺。

背景：深海占全世界海水總量的九成。深海寒冷、黑暗，不宜人類居住，，探索的困難和花費，足比擬外太空。水壓隨深度上升，水深4500公尺的壓力是地面的400倍。海洋最深的一點在馬里亞納海溝（Marianas Trench），距離地面1萬1265公尺深。大多數棲息在深海的生物，都靠昏暗帶以上落下的有機物質維生。

旅遊資訊：許多海洋度假區可供遊客搭乘潛水艇，世界各地都有專業的潛水訓練，浮潛更是人人都可行。

席薇亞‧厄爾博士（Sylvia Earle, PhD），人稱「深海公主」，待在水底的時間將近7000小時，曾創下紀錄，單人潛入1006公尺深的海底。她是一名海洋攝影家、探險家、作家兼演講者，在美國國家海洋及大氣總署擔任首席科學家，率領超過60次探險考察，包括第一支女性海洋觀察員團隊，以及由國家地理學會贊助的美國國家海洋保護區研究「永續海洋調查」。她曾在數以百計的電視節目中亮相，著作包括Exploring the Deep Frontier和Wild Ocean: America's Parks Under the Sea，以及兒童讀物Hello, Fish和Dive！厄爾博士獲選時代雜誌第一屆「地球英雄」（Hero of the Planet），獲頒荷蘭金方舟騎士勳章、列入美國國家女性名人堂，並榮獲探險者俱樂部和國家野生動物協會頒發獎章。她支持國際自然保護聯盟（International Union for the Conservation of Nature，網址：www.iucn.org），所代理的1000個組織團體，均致力於保育自然資源的多樣性。

莎莉・萊德

地球軌道

地球上我最愛的地方其實不在地球表面上，而是在大約240到400公里的高空。1983至1984年，我搭乘「挑戰者號」（Challenger）太空梭升空，它為我帶來一個別處找不到的觀察視角。

那是我第一次有機會從外部往下看，真正把地球當成一顆行星來看。太空梭飛行的軌道距離地球很近，其實不像阿波羅號的登月太空人那樣能一眼看遍整個地球，也看不到《全球目錄》（Whole Earth Catalog）雜誌封面那樣的全景。但距離近，表示可以看到很多地球表面的細節。

有一天夜裡，我漂浮到太空艙窗邊——我們處在無重力狀態，好玩極了！——看著倒映在密西西比河上的月光。還有一次，我們順著一條軌道來到美國東岸上空，遠遠望見邁阿密從斜前方進入視野，然後整條東部海岸線陸續映入眼簾，燈火幾乎連綿不斷。那是我們都認得的輪廓，美利堅合眾國的形狀。

第一次從太空中俯瞰，會搞不太清楚自己在世界哪個地方的上空，陸地不像地圖那樣有整齊的經緯線，要是有的話一定大有幫助。但幾天之後，你逐漸能認得地形，知道自己是來到了撒哈拉沙漠上空，還是歐洲上空。

這種全球性的視野讓我對地球多了很多難忘的印象。巴基斯坦與阿富汗國境之間、開伯爾山口（Khyber Pass）周圍的山地，看起來宛如地球起了皺紋，這是最奇特的景象。出乎意料的美景則是澳洲沙漠，顏色非常不可思議，是整片的亮橘和亮紅色。

我們也俯瞰過島嶼，例如印度洋上的馬爾地夫群島，海水晶瑩碧藍，還有一片片近乎環狀的白淨沙灘。我們也看到了珊瑚礁。假如不看地球，往相反方向望去，外太空是全然的黑暗，點綴著千萬顆星星。

太空梭繞行地球一周大約需要90分鐘，意思是每隔45分鐘日夜就會交替一次，對我這個加州人來說，根本是日落天堂！我在太空中那兩週內看

從太空中看巴基斯坦的興都庫什山脈（Hindu Kush）白雪皚皚的山脊。

過的日落，可能比我一輩子在地球上看到的加起來還要多。

在300多公里上空看起來，地球的天氣變化萬千。我們見過幾次颶風，觀察到暴風圈可以成長得多強、籠罩多大面積的陸地。印度洋上空曾經出現一個氣旋，穿過氣旋眼可以直接看到海面。

可惜，從外太空也看得到地球的汙染。我看過歐洲隆河（Rhône River）一條受汙染的支流注入地中海，在出海口形成一個奶白色的三角形。我也看過洛杉磯上空籠罩的煙霾。

我最不能釋懷、而且持續在心中發酵的一件事是，地球原來這麼脆弱。我們的大氣層難以想像地薄，僅僅是地平線上一條淡濛濛的寶藍色細線。從地面上看，大氣層彷彿無窮無盡，但從外太空看過去，你會覺得：「唔，就這樣而已嗎？」

由此我體認到，我們在做任何攸關大氣的事情時必須多麼謹慎。對我來說，把地球作為一顆行星來看，是一種新的思考方式。畢竟我是天文物

理學家，我們總是「往外看」，看向地球以外的地方。我從來沒有想過保護自己的家園有多重要。這是我們唯一的星球。

情報指南

地點：「外太空」按照國際航空聯合會（Fédération Aéronautique Internationale）的定義，是從地球表面算起高度100公里以上，與地球的空域區隔。美國則認定飛行高度超過80公里即可算是「太空人」。

背景：太空梭抵達一條繞行地球的軌道後，就留在軌道上，順著近圓形的軌跡在大氣層外航行。雖然一般都說在軌道上飛行的太空人會處在失重狀態，但其實他們仍會受到地心引力的作用。外太空的失重，其實是一種在地心引力與離心力平衡下的自由落體。月球也是以一種「自由落體」的狀態繞地球運行。

旅遊資訊：太空旅遊現階段仍是超級有錢人專屬的冒險。太空探險公司（Space Adventure, Ltd，網址：www.spaceadventures.com）收費10萬2000美元，可以送旅客上太空進行次軌道飛行（包括體驗失重狀態）；收費2500萬美元，可以讓旅客搭乘火箭，登上國際太空站繞近地軌道運行一星期。

1983年，莎莉‧萊德（Sally Ride）成為美國第一位女性太空人。她取得史丹佛大學物理學博士後，在美國太空總署NASA協助研發太空梭的機械手臂。曾參與過兩次挑戰者號的任務，待在太空中的時間總計超過兩星期（343小時），後來加入總統委員會，調查挑戰者號的事故。她在加州聖地牙哥大學擔任物理學教授期間，利用休假時間全心經營「莎莉‧萊德科學公司」（Sally Ride Science），透過課程與訓練教材鼓勵學生（尤其是女生）享受探索科學與科技的樂趣。獲選進入美國女性名人堂與太空人名人堂，2012年逝世。

凱利・史萊特

斐濟，盧阿島

飛　抵斐濟的主要大島維提島（Viti Levu）時，那裡跟你想像中美麗的熱帶島嶼不太一樣，島上生長著松樹，居民在紅黏土中種植甘蔗，假如先前下過雨，海水也不會特別清澈。但從維提島搭船不到半小時，就會看到小島盧阿島，這裡的海水晶瑩乾淨，能見度有30公尺深。假如你搭直升機前往，會看到小島呈心形，相當詩情畫意。

整座盧阿島就是一個度假村，接待的大多是衝浪客。島上滿布椰子樹，是熱帶天氣，跟夏威夷一樣熱。因為生態系統很健康，所以有豐富的海洋生物，的確也有鯊魚，但那只是因為有很多魚可以捕食。在這裡釣魚妙不可言，潛水無處能比，衝浪更是盡如人意。

但當地人才是盧阿島真正最棒的地方，他們是我在世界各地遇過最友善的人，總是在唱歌、跳舞、面露微笑，或開懷大笑，而且隨時樂於助人，真的有人曾經把自己的床讓給我睡。

島上居民對身心障礙者的關懷，真的很了不起。有一次我到那裡拍衝浪電影，村裡所有小朋友看到外國人都很興奮，不過有一個小男生很怕攝影機，整個人都嚇壞了。但不僅沒有人取笑他、開他玩笑——可惜這卻是美國校園的典型情況——其他小朋友反而圍上去擁抱他，讓他安心。後來我才知道，有困難的人在團體裡的地位反而會提高，他們對人的同理心，教人難以置信。

斐濟人也是才華洋溢的音樂家，他們能唱三部到四部和聲，而且大多數人都會撥兩下吉他或彈奏烏克麗麗。他們的音樂是基本的三和弦藍調，但我們把它叫做「螢光藍調」（fluorescent blues），因為島上的熱帶色彩，也因為那些歌曲並不憂鬱，還很快樂。他們的音樂真的一派悠閒。

> 島上居民對身心障礙者的關懷，真的很了不起。
> 有困難的人在團體裡的地位反而會提高。

心形的盧阿島。

　　我幾乎每一次都會去摩米村（Momi），村裡的人我已認識將近20年。德魯庫酋長是這裡的接待委員，他的家族擁有這座島嶼，只是把它出租給度假村。他有不少精采的故事，例如有一次，他在海邊釣魚，有一條大魚上鉤。在他要把魚拉上岸的時候，酋長居然被魚拖進水裡，全身衣服都掉了，就這樣裸著身子在海邊拉他的魚上岸。

　　德魯庫是斐濟第一位衝浪者，大約1982年，衝浪客才開始從大島到盧阿島。島上有個很好的浪點，人稱「餐廳」，因為它就在度假村的餐廳前方。那是一道左跑浪──我們以衝浪時浪向左或右崩潰來做分類它。這裡一道浪頭從成形到崩潰大約要30或35秒，而且季風把浪形吹整得很完美。

　　海面下有許多珊瑚淺礁，事實上對衝浪者而言，這裡可能是世界上最危險的珊瑚礁：腳底下就是鹿角石（staghorn）和火珊瑚（fire coral），我認識的每個人都曾經在這片岩礁傷過皮肉。腳繩也有可能被珊瑚卡住，以前就有人差點因此溺水。

　　「雲破」（Cloudbreak）是島上另一處絕佳的浪點。在雲破，乘上大浪的話速度奇快。長浪以近32公里的時速向前推進，你乘著浪線而下，起

起伏伏，在浪上衝上衝下。我猜時速最快可以到64公里，遇到巨浪的話甚至更快。

最刺激的是鑽管浪：消失在管浪中，然後再次出現，有如乘在颱風眼上。當一道浪捲成管狀的時候，空氣會被困在裡面，必須找路出去，所以它會走阻力最小的通道，向浪管末端的開口衝，把人也一起噴出去。就好像一陣順風，推著你往前，小小的免費氮氣加速！但有時候氣流也會把人吹下衝浪板，那你就要吃癟了。

我曾經在衝浪生涯最大浪的一天，狠狠「歪爆」（衝浪行話，形容從板上跌下水）。一道浪壁九公尺高的海浪把我打下衝浪板，我沉在水底好一陣子，開始有點緊張。好不容易終於浮上水面，下一道大浪又馬上打過來，再次把我捲進水裡。但後來我安然無恙，這種事在所難免的。

又有一次，我參加衝浪比賽。那時我爸剛過世，我默默坐在浪板上，想像我爸可以來衝這些大浪。正當我才剛這樣想完，平生見過最完美的浪就從我眼前出現，我在管浪裡衝了12秒左右。那是很特別的一道浪。

幾年前，我在盧阿島一場衝浪大賽中獲得冠軍，之前從沒在那裡贏過。當我一走進餐廳，所有在廚房工作、每天替衝浪客做飯的婦女全都走出來抱我，又叫又哭又笑的，祝賀我拿冠軍。那裡的人真的把你當成是自己人。到後來我們全都很激動，因為我覺得自己就像在和家人分享勝利。

我從盧阿島的居民身上學到，重要的是快樂和歡笑，生活應該簡單就好。

情報指南

地點：盧阿島就位在斐濟主島維提島的西邊，搭船前往大約30分鐘。

背景：斐濟（正式名稱為斐濟共和國）由322座島（只有三分之一有人居住）和522座小島組成，最早有人定居是在西元前1000年。盧阿島陸地面積約12公頃，會依潮汐而增減。由於盧阿島位置靠近塔斯曼海（Tasman Sea），那裡是全球一大熱帶擾動中心，小島也因而受惠於該地海域生成的海浪。盧阿島最穩定的浪出現在冬天（5月到9月），不過夏天有隨颶風出現的湧浪。熱門的浪點包括雲破、餐廳、右側（Rights）杣魚梁地（Kiddleland）。其他水上活動還有釣魚、潛水、浮潛和輕艇等。斐濟音樂很像玻里尼西亞的音樂，多用吉他、烏克麗麗，以及如拉利鼓（lali）之類的原住民樂器演奏。

旅遊資訊：盧阿島度假村：www.tavarua.com

凱利‧史萊特（Kelly Slater）拿過八次世界衝浪冠軍，保持職業生涯最多勝場紀錄（36場），是歷來最佳衝浪選手。他20歲就奪下第一座世界大賽頭銜，是史上最年輕的世界冠軍。2005年在大溪地舉辦的比賽中，他更是第一個兩輪都拿下滿分的衝浪選手。做為樂手，史萊特曾與歌手班‧哈伯（Ben Harper）和珍珠果醬樂團（Pearl Jam）同臺演出。他也曾為動畫電影《衝浪季節》（Surf's Up）獻聲，演出影集《海灘遊俠》（Baywatch），擔任凡賽斯時裝品牌模特兒，並入選《時人》（People）雜誌的「全球最美50人」。電玩遊戲《凱利史萊特職業衝浪》（Kelly Slater's Pro Surfer）和書籍《逐浪大夢》（Pipe Dreams:A Surfer's Journey）都以他為主角。史萊特支持衝浪者基金會（Surfrider Foundation，網站：www.surfrider.org）、海洋守護者協會（Sea Shepherd Conservation Society，網站：www.seashepherd.org）、載內陸都市兒童出城衝浪的洛杉磯衝浪巴士（L.A. Surf Bus，網站：www.lasurfbus.org）、太空海岸早期療育中心（Space Coast Early Intervention Center，網站：www.sceic.com），以及為自閉症兒童舉辦衝浪治療營隊的「衝浪者治療」（Surfers Healing，網站：www.surfershealing.org）。

瑞克・瑞基威

智利巴塔哥尼亞，查卡布科山谷

世界上我最喜歡的地區都是荒野，是地球上能夠喚起野性的地方。在我們祖先的歷史中，人作為動物，曾經一度與荒野緊密相連。我的思緒回到西藏的西北角、非洲草原、南極冰原，尤其想起了南美洲的南錐體（southern cone）：巴塔哥尼亞地區。

巴塔哥尼亞至今未受人類破壞，具有非凡的保育潛力。就很多方面而言，這裡和150年前的美國西部很像，依然有大片的草原和未圈籬笆的草場，騎上馬背可以一路無阻的走上數百公里。這裡有冰河覆蓋的高山、廣袤的森林，還有大群大群的野生動物——其中在這片大地占大多數的是原駝（guanaco），一種很像駱馬（llama）的動物。捕食原駝的山獅至今也數量充沛，還有成群的兀鷲在空中盤桓，等著分食殘羹。

巴塔哥尼亞也有世界上其他地方看不到的矛盾風景：沙漠乾草原的背景是連綿起伏的冰河山脈；而前景中，則有大群紅鸛足踏碧綠幽蔭的湖水。

巴塔哥尼亞境內所有奇景之中，最能展現其地貌特色的或許是查卡布科山谷。放諸整個安地斯山脈南段，這座山谷也是獨樹一格，一來因為它東西橫向切過山脈，二來因為它所在的位置，是組成北巴塔哥尼亞冰帽（Northern Patagonia Ice Cap）外緣連峰的雨蔭，意思是雨量只有安地斯山脈迎風坡的四分之一，乾燥很多。

20世紀早期，查卡布科山谷被盧卡斯・布里吉（Lucas Bridges）給占據，這位英國人後裔建了一座綿羊牧場，日後接連由幾個智利家族接手經營。山谷廣遭羊群啃食，到了21世紀交替之際，草場已嚴重受損。山坡受風雨侵蝕，山谷間都是交錯的籬笆，用來防止原生動物自由移動。

> 對峇里島人而言，
> 未來巴塔哥尼亞國家公園的樣子
> 會像是懷俄明州、愛達荷州
> 和蒙大拿州的精髓融於一體。

巴塔哥尼亞地區偏遠的查卡布科山谷。

　　2000年，我的好友克莉絲·湯普金斯（Kris Tompkins）邀請我加入她新成立的土地信託，巴塔哥尼亞自然保護基金會（Conservacion Patagonica）的董事會，旨在保護巴塔哥尼亞的野地。我曾在1990年代來到查卡布科山谷釣魚，同行的是另一位好友伊凡·修納德，他成立了「巴塔哥尼亞」服裝品牌，也加入了土地信託。後來我又跟太太和三個小孩來山谷露營，我們申請許可，在牧場露營，並在查卡布科河畔慶祝了耶誕節。

　　2004年，我們的基金會有機會買下查卡布科山谷，構想打造一座國家公園，智利政府同意把北方鄰接的土地和南方既存的野生動物保育區也劃入範圍。全部加起來，國家公園面積將會超過30萬公頃，面積接近優勝美地國家公園。

　　我們對巴塔哥尼亞投注的心力，與20世紀初洛克菲勒（Rockefeller）家族創立懷俄明州大提頓國家公園（Grand Teton National Park）的過程不無相似，他們一樣買下土地，把它改成國家公園。未來巴塔哥尼亞國家公園的樣子會像是懷俄明州、愛達荷州（Idaho）和蒙大拿州（Montana）的精髓融於一體。

我現在盡可能一年去查卡布科山谷一到兩次。未來，等孩子大了之後我們一起回去，或者有一天帶著他們的孩子回去，我們都會記得山谷尚未受到保護的日子。我們會像遊客一樣走入一座功能充分運作的國家公園，到時一定很不可思議。

情報指南

地點：巴塔哥尼亞占據南美洲最南端的地區，分屬智利與阿根廷兩國。

背景：巴塔哥尼亞此一地名源自西班牙語的patagón（大腳怪），麥哲倫的船員形容當地原住民像巨人，用這個字稱呼他們。原駝每小時可以跑56公里，因為生活環境開闊、無處藏身，速度是牠們必備的求生技能。

旅遊資訊：www.visit-chile.org

登山探險家**瑞克‧瑞基威**（Rick Ridgeway）是美國首支登頂K2峰的登山隊成員，且是史上第一支未攜帶氧氣瓶攻頂成功的隊伍。他是取道最寬路線橫越婆羅洲的第一人，曾徒步480多公里，從非洲吉力馬札羅山山頂走到印度洋岸，更首開先例，攀登南極洲大冰壁。他為電視頻道製作過30多部探險節目（其中之一獲得艾美獎），也是六本書的作者，包括由國家地理學會出版的《七山之巔》（Seven Summits）和《大荒：藏北高原徒步紀行》（The Big Open）。

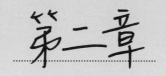

作家最愛的地方

巴納比・康拉德

皮特凱恩島

從少年時代第一次讀到《叛艦喋血記》（Mutiny on the Bounty），我就夢想著有一天要去皮特凱恩島。每個人都知道布萊船長與最有名的那些叛變船員的傳說。在我心目中，那是極致浪漫的航海故事。

除此之外，我對劇中人還有更深一層的好奇。因為我和故事中的反派，叛變首腦弗萊徹・克里斯提安（Fletcher Christian）有遠房親戚關係。他的大表哥娶了喬治・華盛頓的繼孫女——瑪莎・柯提斯・華盛頓（Martha Cutis Washington），她是我的親戚，是我曾祖母的曾祖母的孫女。我家人樂於和美國第一任總統的夫人扯上血緣關係，至於我自己，想到我和一名叛變首腦有關係的樂趣要多更多。

有一天，我終於下定決心去皮特凱恩島會一會「邦蒂號」船員的後代。大家以為皮特凱恩群島靠近夏威夷或大溪地，反正一定靠近某個地方。但其實它不靠近任何地方。皮特凱恩群島是世界上最偏遠的群島。但不知何故，弗萊徹・克里斯提安竟找到了太平洋上這個無人居住的小點，距離紐西蘭和夏威夷粗估都有5600多公里遠。

我先搭飛機再轉搭郵輪，千里迢迢抵達了皮特凱恩島。終於，那天一大清早，我爬進一艘充氣小船，掌舵的布萊恩・楊（Brian Young）是皮特凱恩島的居民，叛變船員的第六代孫。小島橫臥在我們前方，從海面上聳起300公尺形成一座尖錐山峰，外觀恰恰就是它該有的樣子：一座險峻的孤岩，四周布滿血紅與赭紅的土壤。

這座島沒有海灘，所以唯一能靠岸的地方只有邦蒂灣大約只有一般人家客廳的大小。布萊恩瞇起黑色的眼珠子仔細判讀浪花，耐心等待。終於，他大叫：「就是現在！」隨即發動引擎，小船搶在一道大浪之前向前躍進；我們抓準浪頭，從碎浪的陡面向下滑衝90公尺，射進了小海灣。

等著我們的，是這座長1.6公里、寬3.2公里的小島上的全部居民——48名當年的叛變船員與他們的大溪地美眷生下的後代。由於每年前來

皮特凱恩島的訪客只有不到500人，一艘船的到來可是一樁大事。

在我們靠近突堤的同時，熱切友善的手紛紛伸出來幫忙我們下船。「歡迎蒞臨皮特凱恩！」有人大喊。島民的說話方式令人驚奇。因為與外界少有接觸，他們的英語基本上還停留在布萊船長和克里斯提安那個年代。舉例來說，他們提到步槍時依舊會說火槍（musket），字首「mu-」不像現在的人發「麻」的音，而是發「木」的音。

儘管兩百年來近親通婚，皮特凱恩島民看起來卻再健康快樂不過。他們有的人膚色黝黑像玻里尼西亞人，有的則非常白皙像英國人。我想像不出有比他們更友善的族群。我們爬上名符其實就叫作「困難丘」（Hill of Difficulty）的陡峭山壁，來到亞當斯頓（Adamstown）。島民很歡迎我們參觀他們的家——其中最古老的房子還是用邦蒂號的木板蓋的。

花卉和水果在這裡俯拾即是：香蕉、番石榴、木瓜、檸檬、柑橘、甘蔗、椰子。當然，也少不了麵包果。（邦蒂號曾受命採集麵包果樹帶往西印度群島，作為供應當地英國奴工的廉價食物。）

亞當斯頓由一間教堂、一座展示著邦蒂號巨大船錨的小廣場，跟一間郵局組成。島民主要的收入來源是向收藏家販賣郵票。（我聽說皮特凱恩島人很有幽默感，這點後來由郵局附近一塊告示板證實了，上頭寫道：「

皮特凱恩島，「邦蒂號」叛變船員後代的家園。

別忘了星期天的船賽！冠軍可獲得皮特凱恩島燦爛周末假期。」）

　　島民的另一項收入來源是木雕。我看到雕工精美的小鳥、小魚、手杖——當然，一樣也少不了邦蒂號的複製模型。我還拿到尼格・布朗（Nig Brown）送的贈品，他是島上唯一——雖然毫無必要——的警察，他送給我一根從邦蒂號船骸打撈上來、包覆著鹽殼的方頭鐵釘。

　　「她就沉睡在那裡」，尼格指著崎嶇的海岸說，「就在當年弗萊徹・克里斯提安焚船的位置附近。」1789年，抵達小島後不久，克里斯提安就把邦蒂號清空，然後一把火燒沉了船，以免往來船隻發現。如今，殘餘的船骸就躺在岸邊約18公尺深的海底，挑逗著人的想像。看到它，我少年時代的夢想已然實現。

情報指南

地點：皮特凱恩群島是英國海外領土，位於南太平洋，由皮特凱恩島、亨德森島（Henderson）、杜夕島（Ducie）和奧諾島（Oneo）四座島嶼組成，只有皮特凱恩島有人居住。

背景：以邦蒂號事件為主題的作品約有2500部，包括文章、書籍與電影。叛變首腦弗萊徹・克里斯提安身高177公分，深色頭髮，肌肉發達，O型腿，手汗嚴重，紙張被他一摸就壞。他花了幾星期才找到皮特凱恩島，因為地圖有誤，與實際位置差了320公里。1957年，《國家地理》雜誌的傳奇人物路易・馬登（Luis Marden）發現邦蒂號的船骸，一名島民警告他海浪危險不要潛水，對他說：「老天，你會死得硬梆梆的像把斧頭！」馬登後來用邦蒂號的船釘製成袖扣配戴。亞當斯頓的博物館現今展示著克里斯提安的《聖經》、多期《國家地理》雜誌和郵票。

旅遊資訊：www.government.pn。因為皮特凱恩島沒有飛機跑道，想前往島上必須搭飛機到大溪地，再轉飛甘比爾群島（Gambier Islands）的曼加雷瓦（Mangareva），剩下的531公里搭船。（替代方案是搭乘不定期的商業郵輪。）島上沒有旅館，不過部分島民願意短暫留宿旅客。

巴納比・康拉德（Barnaby Conrad）生在現代，卻有文藝復興人傑出的全方位才華，寫過34本書，包括銷售破300萬冊的經典之作《鬥牛士》（Matador），他也是聖塔芭芭拉作家協會的創辦人。擔任美國駐西班牙副領事期間，他與傳奇鬥牛士馬諾萊特（Manolete）一同研究鬥牛競技，1945年還以「加州小子」的稱號與偉大的鬥牛士胡安・貝爾蒙特（Juan Belmonte）同場亮相。他也是備受讚譽的畫家，作品受世界各地典藏，包括美國的國家肖像館。此外康拉德也是爵士鋼琴手、木雕師傅和壁畫名家。

克萊夫・卡斯勒

美國亞利桑那州天堂谷，自宅

一個人的家展現的是居住者的個性。我的家舒服自在，每個人在這裡都能得到很多樂趣。你走進來的那一刻，不會察覺任何室內裝潢的存在，就像人家說的，「你可以很自在地隨便坐」——不像有的人家裡精雕細琢，坐椅子也不敢放輕鬆。

我的房子是墨西哥風格，家具顏色鮮豔，還有櫥窗假人和仿製人偶。其中一尊做成我的樣子，就坐在屋前窗邊的板凳上，每當有人上門，總是會被假人開口說話給嚇到。它裡面裝了麥克風，我就躲在一旁配合假人嘴巴一開一闔出聲說話。

屋裡還有一具骷髏，是一個做墨西哥亡靈節慶典打扮的女人，身旁坐著一名男子，一手拿著一瓶「萬歲別墅牌」（Viva Villa）龍舌蘭酒，另一手擱在女人膝蓋上。我家地窖的電視機旁邊則有一尊印第安假人，身體中間是一臺吃角子老虎機。我還有一尊主廚人偶，舉辦宴會時，我們會讓他手裡端一盤開胃點心站到院子裡去。

我的工作室在另一棟分開的房屋，裝潢走新墨西哥州的聖塔菲（Santa Fe）風格，有取自墨西哥老教堂的雕花木門，天花板以西班牙語稱為vigas的傳統圓柱當橫梁。我在這裡收藏了數千本書，以及許多沉船遺骸和畫作，都是我和「國家水底暨海洋機構」的組員找到的。

其中一幅畫的主角是喀爾巴阡號（Carpathia），當年拯救鐵達尼號生還者的客輪。我有一天坐在工作室裡想到，鐵達尼號被這樣大肆宣傳，有人拿它拍電影，還潛入深海拍攝照片，但喀爾巴阡號後來怎麼樣了呢？我做了些功課，發現它如我所料未曾報廢，但於一次大戰期間在愛爾蘭海域被魚雷擊沉。於是我發起三次考察行動，第三次總算在180公尺深的海底找到了它。

我們如果找到沉船，我不會站在新聞鏡頭前大吹大擂，我只會寫一篇考古學報告，提交給大學研究單位和政府機關，然後繼續尋找下一艘船。（每個人都覺得我是瘋子，因為我從沒想過要尋找寶藏——事實上，我的

溫馨的室內展示著一系列民俗藝品。

會計師認為我應該被關進精神病房嚴加看管。）

　　我的工作室還有一幅大型畫作吸引了無數目光。很多年前，我還在廣告業工作的時候，有一位藝術總監欠我一份人情，所以他說要為我畫一幅肖像。畫中，我太太穿著一件暴露的小洋裝、綁住雙手擺出姿勢，我抓著她當人質，手持一把大毛瑟手槍抵住她雙腿下方準備開槍；我朋友則裝扮成我小說中的角色德克‧彼特（Dirk Pitt），跟一艘鐵達尼號一起被繪成畫中的通緝海報。每個人都不可置信地盯著這幅畫瞧——我家孩子甚至已經在吵我往生以後這幅畫歸誰！這件事永遠是個好笑的話題。

　　我家裡另一個好玩的地方是浴室。大家走出浴室總是一臉目瞪口呆，因為我把我的所有獎牌都掛在裡面。

　　我太喜歡我的家了。這裡是我自己的小小至聖所（拉丁語：sanctum sanctorum），我希望在這裡歸天。

遇見我最愛的地方

情報指南

地點：天堂谷位於馬里科帕郡（Maricopa county）鳳凰城郊外。

背景：天堂谷是上流社會的度假勝地，境內的駱駝背山（Camelback Mountain，海拔824公尺）是廣受歡迎的健行景點，也是高級住宅區。天堂谷的房價中位數大約是175萬美元，有些房子最高賣到2000萬美元。這裡的居民包括搖滾歌手艾利斯‧古柏（Alice Cooper）、前大法官珊卓‧歐康納，以及演員萊斯里‧尼爾森（Leslie Nelson）。已故的幽默家爾瑪‧邦貝克（Erma Bomback）也曾住在這裡。

旅遊資訊：亞利桑那州觀光局：www.arizonaguide.com；天堂谷：www.ci.paradise-valley.az.us

克萊夫‧卡斯勒（Clive Cussler）的科技驚悚小說，曾被譯為45種以上的語言，在全球一百多個國家出版，有1億2500萬名讀者，代表作品包括《拯救鐵達尼號》（Raise the Titanic!）、《沉船諜計》（Deep Six）、《撒哈拉》（Sahara）及《可汗的寶藏》（Treasure of Khan）。他熱衷海底探險，已尋獲60艘沉船遺址，包括擊沉英國郵輪盧西塔尼亞號（Lusitania）的德國U-20潛艇，及美國內戰期間被著名的鐵甲戰艦「梅里麥克號」（Merrimack）撞毀的坎伯蘭號（Cumberland）。卡斯勒創立了非營利組織「國家水底暨海洋機構」（National Underwater and Marine Agency，網址：www.numa.net），透過水底探索、考古調查，以及船骸文物保存等行動，致力於保護海洋遺產。他是紐約探險者俱樂部、英國皇家地理學會和美國海洋學者學會的成員。他也從事慈善事業，從青少年肥胖到人道社會都是他關懷的對象。

狄巴克・喬布拉

以色列，耶路撒冷舊城

寫過兩本關於耶穌基督的書，過程中我迷上了和耶穌以及《舊約》先知的生平有關的所有地方。這些典故令我心馳神往，例如在耶路撒冷，你可以親眼見到亞伯拉罕準備拿自己的兒子以撒獻祭、後來被天使阻止的那座山丘。

拜訪耶路撒冷舊城時，我試圖在腦海中重現近四千年前的歷史，走進古老城牆環繞的城市有如時光倒轉。城內有四個不同區塊——穆斯林區、基督徒區、猶太區和亞美尼亞區，全都在步行可及的範圍之內。儘管我們不時聽聞中東世界的暴力衝突，但從一個城區漫步到另一個城區，看到的日常景象也不過是菜市場尋常的忙碌熙攘。不論是鮮魚、地毯或骨董，什麼玩意兒都有人賣，人潮擁擠到幾乎寸步難行。

你可以先在穆斯林區喝一杯土耳其咖啡，然後信步走走，不到五分鐘就能走到猶太區或亞美尼亞區，在這裡，氣場換了，氛圍也變了，氣味、食物、衣著打扮，乃至於居民的相貌都不一樣了。

舊城內有來自世界各地的朝聖者，都要來親眼一睹他們各自所屬宗教信仰的重要聖地，例如基督教的聖墓教堂（Church of the Holy Sepulcher）、猶太教的西牆，或是伊斯蘭教的圓頂清真寺。朝聖者的臉上全都掛著由衷敬畏的神情，看得出他們滿心歡喜。

有一天，我沿著苦路（Via Dolorosa）漫步，這條舊城老街是當年耶穌背負十字架走過的路，十字架中途停留的每一站都已標示出來。我從本丟・彼拉多（Pontius Pilate）審判耶穌的地點出發，第二站是耶穌遭到鞭笞的地點，第三站則是他摔倒被人扶起的地方。最後我抵達了髑髏地（Calvary），耶穌被釘上十字架的山丘。

有人說，其實沒人真的知道耶穌當年背十字架走的到底是哪一條路。但假如全都發生在這座小小的舊城之中，就算不是這裡也差不了多遠，所以無所謂。

到了某些時候你會明白，歷史與神話的分界並不重要。神話學者喬瑟

耶路撒冷舊城內五彩斑斕的東方市場。

狄巴克・喬布拉

夫‧坎伯（Joseph Campbell）就說過：神話到頭來會比歷史更有意義，因為歷史在形式上不脫紀實，反映的是報導者的觀點。但神話捕捉的卻是我們人類集體的想像。

有一種行為叫做讀心術，認為人可以藉由碰觸相關物體感應到一起事件的訊息。拿起一塊石頭或一件古代遺物，放任想像回到過去。在苦路的其中一站，牆上有一道掌印，據說是耶穌奮力支撐不讓自己跌倒所留下的掌印。我伸手按住那道掌印，在同一時間內感受到了大愛、悲憫和苦痛。

最初踏入耶路撒冷時，我曾經想過：「哎，如果這片土地會說話就好了！」最後，它確實開了口。

情報指南

地點：耶路撒冷位於以色列猶大山地（Judean Mountains），舊城是現代耶路撒冷市內一個約0.9平方公里的區域。

背景：耶路撒冷是世界最古老的城市之一，歷史可上溯至公元前4世紀，是猶太教的聖城，也是伊斯蘭教的第三大聖城。耶路撒冷舊城連同城牆，獲聯合國教科文組織選為世界遺產。猶太傳統認為，彌賽亞降臨後，會從城門「金門」（Golden Gate）進入耶路撒冷。

旅遊資訊：www.goisrael.com

醫學博士狄巴克‧喬布拉（Deepak Chopra）是身心醫學先驅，著有50本書，發行量2000萬冊，其中包括暢銷書《福至心靈：成功致勝的七大法則》（The Seven Spiritual Laws of Success）、《世界在你之內》（The Book of Secrets）、《不老的身心》（Ageless Body, Timeless Mind），以及《第三位耶穌》（The Third Jesus）和《伯利恆的盡頭》（Beyond Bethlehem）。他早年在故鄉印度接受教育，赴美後當上麻州波士頓區域醫療中心的總主治醫師，後來離職追求興趣，投入阿育吠陀醫學（Ayurvedic medicine）、冥想、整體醫學（holistic medicine）和心靈對話。他在加州喀斯巴德創立了喬布拉幸福生命中心（Chopra Center for Wellbeing），融合西方醫學與傳統自然療法，舉辦公開活動，培訓專業保健人才。喬布拉博士是美國內科醫師學會和美國臨床內分泌醫師學會成員，也是非營利組織「新人類聯盟」（Alliance for a New Humanity，網址：www.anhglobal.org）總裁，主張尊重生命、人性尊嚴、自由、生態永續與和平。透過網站：www.deepakchopra.com可連絡到喬布拉醫生。

亞瑟・克拉克

斯里蘭卡，錫吉里亞

把錫吉里亞稱為古文明第八大奇觀。1955年，我第一次前往錫蘭（今天的斯里蘭卡）考察，離開前去了錫吉里亞。先前搭飛機時，我已經從空中瞥見了這座雄偉的巨石要塞，它的故事激起我無限遐思，因此我逮住機會走了一趟。

錫吉里亞（Sigiriya，意思是「獅子岩」）從四周的曠野間拔地而起，高約200公尺，是一座築有外牆與壕溝的堡壘式王城，巨岩頂端建有宮殿群，有精巧的遊園、寬闊的壕溝和城牆，巨岩西面還有著名的壁畫。蘭卡王國的國王卡西雅伯（Kasyapa）當年就是在這裡統治國土18年。巨岩原本被雕刻成一頭雄獅的形狀，訪客會在獅子張開的大嘴裡爬完最後一段階梯。

這個宮殿群後來成為亞洲一處重要的考古遺址，別具特色，匯集了公元5世紀的城市規畫、建築、藝術和工程。水利技術創造出水景庭園，配合自流泉、魚池和水塘，構成完整的園景。

錫吉里亞影響了我對古代世界科技演進的看法，我常常在想，假如這些早期發明數百年來持續演進，不曾因戰爭、乾旱、疫病而橫遭阻撓與漠視的話，那麼，今天我們的世界會是什麼樣子。難以相信如此浩大的工程可以在短短18年內完工，何況主政者是個篡位的國王，不難想見他的地位隨時可能動搖。

自從我個人「發現」了錫吉里亞，這50多年來，我已經造訪過很多次，每次花上幾天到幾星期探索這個有1500年歷史的遺跡。我會帶著來訪的朋友去參觀，有時也跟他們一起爬上岩頂，例如有一次同行的是L・史普拉格・德坎普（L. Sprague de Camp），他跟我一樣是科幻小說作家，著有《古代文明的偉大城市》（Great Cities of the Ancient World）一書。還有一次，我租來一架小飛機，帶著幻覺設計師兼發明家巴克敏斯特・富勒（Buckminster Fuller）飛上天，來一趟短暫的斯里蘭卡空中導覽，錫吉里亞當然是其中的重頭戲。

壁畫是錫吉里亞最驕傲的珍寶，最早繪有將近500名美麗的仙女，秀髮

錫吉里亞考古遺址內的洞窟壁畫。

簪花，從雲中冉冉飛天。但1500年來的風吹雨打難免造成損害，如今已只剩下20餘幅畫像；後來在1960年代中期又發生一起惡劣事件，被不知名的缺德人士塗抹瀝青，破壞了部分壁畫。

　　被毀的壁畫中有一幅是一名仙女，右手拿著一只神祕的鉸鏈方盒，明顯正在側耳傾聽。那個盒子是什麼東西始終不明。當地的考古學家拒絕認真看待我的意見，我說那八成是僧伽羅人（Sinhalese）早期的電晶體收音

機。（或是行動電話！）

我的一本科幻小說《天堂之泉》（The Fountain of Paradise）有部分就以錫吉里亞當背景（在故事中稱為雅卡加拉，Yakkagala）。我不相信把錫吉里亞打造成考古奇觀兼文化碉堡是外星人做的好事，功勞應該歸於那位特立獨行的國王，以及所有流血流汗造就了這個奇觀的不知名男女百姓。這座遺跡提醒我，美學與科技曾經豐富融合，形塑出斯里蘭卡過去的特色。它很可能只是這個國家2500年有記載可循的歷史中曇花一現的美麗意外，但它表明了憑藉著技術、決心和專注，可以達到何等成就。

現在的我坐著輪椅，能夠爬山（甚至是走路）的歲月已經結束了。登上錫吉里亞如今已成為記憶，儘管記憶依舊鮮明。我還是可以乘車登上平原，從遠方眺望那座巨石堡壘；或者，我也可以搭飛機從上空經過。我希望還有機會再這麼飛一次。

情報指南

地點：錫吉里亞位在斯里蘭卡中部平原，是一處古老的聚落，位置介於歷史古都阿奴拉達普勒（Anuradhapura）與波倫納路瓦（Polonnaruwa）之間。

背景：錫吉里亞建於一座熔岩塞（火山侵蝕後的殘餘物）頂端。1800年代，下方平原有人持望遠鏡觀察到壁畫。1894年，貝爾（H.C.P. Bell）率隊展開首次考古行動，隊內的考古調查員約翰·史提爾（John Still）記錄：「整面山壁看起來原本是一座巨大的畫廊，或許是全世界最大的畫作。」過去壁畫覆蓋的面積有足球場的兩倍大。電影公司Dimitri de Grunwald曾把錫吉里亞的傳奇歷史搬上大銀幕，拍成電影《神王》（The God King），由李·洛森（Leigh Lawson）飾演的國王卡西雅伯令人印象深刻。卡西雅伯弒君篡位，把父親活砌入磚牆害死，奪取了原本傳給他哥哥的王位。

旅遊資訊：www.srilankatourism.org

已故的**亞瑟·克拉克爵士**（Arthur C. Clarke）在2008年接受本書訪問不久後去世。他是多部經典科幻小說的作者，作品包括《童年末日》（Childhood's End）和《2001太空漫遊》（2001: A Space Odyssey）。他出生英國，1956年後移居斯里蘭卡，熱衷於潛水。他把斯里蘭卡視為第二故鄉，在《塔普拉班的堡礁》（The Reefs of Taprobane）和《天堂之泉》兩本書裡寫下許多當地的情景。1945年，他率先提出可利用地球同步衛星作為電波通訊中繼站的構想。（克拉克三人定律之一說：「任何充分先進的科技都與魔法無異。」）為紀念他的成就，目前有兩艘太空船、一顆小行星和一種恐龍以他的名字命名。

東尼・席勒曼

美國新墨西哥州，船岩峰

自二戰歸來，是躺在擔架上被人從醫療船上抬下來的。當時茫茫無家可歸，因為我父親已經過世，我們家在俄克拉荷馬州的農場也賣掉了。我母親是護士，為了工作搬到了俄克拉荷馬市，我也只好往那裡去。但因為母親是我在市內唯一認識的人，所以我又去了美國勞軍組織。

我在那裡認識了一個漂亮的紅髮女孩，她爸爸在新墨西哥州的納瓦荷族保留區鑽到一口油井。當然了，戰爭期間民間不能買賣汽油或者任何東西，所以油井就晾在那裡。但現在她爸爸希望回去重新開採，需要有人替他開一輛卡車過去。

我當時沒有工作，也沒有駕照，而且根據軍方的報告，我的左眼失明了，所以我那一眼戴了眼罩。但我跟那個女孩說，管他的，我願意開卡車去西部……只要她願意跟我一起去。

於是她爹雇用了我，我就這樣開著卡車一路前往保留區。油井位在保留區裡一塊鳥不生蛋的地方。有一天，因為一隊印第安人騎馬經過，我們不得不停下車，讓他們先走。我當時印象深刻，那些人衣著真是華麗，手邊帶著各式各樣的器具，包括一把精雕細琢的弓和幾支箭。

待我們到達油井開鑿地點之後，我向一位牧場主打聽那些印第安人的事。他說那是一個納瓦荷人的家族，他們的兩個兒子先前都是海軍，在太平洋戰區中彈負傷後送。現在兩個人都回到家了，家人正準備舉行祝福儀式（Blessing　Way）治療他們。我問我能不能去旁觀，他說當然可以，只要我守規矩就行。

所以我去了儀式，這次經驗對我造成巨大的影響，因為他們治療的不是兩位少年的外傷，而是在設法讓他們恢復到hozho的狀態，那是納瓦荷語中和諧的意思。他們朝惡魔的象徵射箭，用的就是我先前看到的箭，目的是幫助這兩個少年原諒，不再對日本人或任何人發怒。我認為這是一件很好的事。

聳立在新墨西哥州的船岩峰是納瓦荷人的聖山。

其中一名納瓦荷族少年的外婆帶了吃的過來，我也受邀一同享用。我吃了很多剛煮好的羊肉——不得不說，實在不是很可口，就算你肚子很餓。但這一切都在我心中留下很深的印象，我心想：這個部落不簡單。

我成長在俄克拉荷馬州的波塔瓦托米郡（Potawatami County），朋友有波塔瓦托米人（Potawatami），有塞米諾人（Seminole）、賽克人（Sac）和福克斯人（Fox），他們也都務農維生，但沒有一個會讓我聯想到納瓦荷人，納瓦荷的事牢牢刻在我的腦海。

我從小在美國的塵暴區長大，很清楚自己不想再當個農夫，而且反正我們家的農場也沒了。我決定，也許我可以當個作家，因為我這輩子到現在確實一直滿喜歡閱讀的。於是我就想，我要多了解一些關於納瓦荷人

的事，說不定可以用他們當我書中的人物，保留區就當作故事背景。我想像一名納瓦荷人警察，我們一同踏上旅程。我開始寫《祝福之祭》（The Blessing Way），那是我的第一本書。

我至今仍未放下對納瓦荷人的眷念，我依然認為他們是美好的民族，我有滿滿的關於他們的故事可講。比方說，納瓦荷人有自己的警察局，有一次我問他們的一名警探，是我認識的一位小隊長，我問他：假如受害者認為做案的是巫婆，你們該怎麼辦？你們要怎麼找誰是巫婆？

他說，這個嘛，其實不難。在我們這裡，巫婆是邪惡的縮影，所以你要找的是相對富裕的人，擁有的東西超出他的需要，而且吝於幫助朋友和親族。換句話說，你要找貪婪的人。我知道你們城裡的美國人不認為這種行為算是邪惡，他說，但我們認為是。

我喜歡這個想法。我真心鍾愛他們的文化，往後也不會改變。

我在納瓦荷保留區內最愛的地點是船岩峰，那是一座奇形怪狀的山，因火山作用而形成。納瓦荷族間流傳著一則關於這座山的美麗故事：很久很久以前，他們生活在現在這塊土地的西邊，可是有個敵人害得他們日子難挨，於是他們呼求神族相助。神族答應了，納瓦荷人腳下的土地如海嘯一般開始隆起，帶著他們往東移動。等到終於停止移動，他們被放下來的地方就是今天這個位置，而船岩峰也跟著迸出地表。

每當要動筆寫書的時候，我經常去那裡晃悠，聞聞那裡的空氣，諸如此類的事。寫作之際，總是需要找到安靜的地方，坐下來思考，產出一些點子。

基本上在保留區境內，不管你到哪裡，只要跟當地人交談，幾乎都能聽到這座峽谷上發生過的某一段故事，或者這裡之所以是聖地的原因。我從小到大是基督徒，信仰主，而我相信創造我們的主也愛所有世人，不論我們是納瓦荷人、黑人、華人，或是哪個種族的人。我深深相信是主幫助了納瓦荷人，所以我也尊敬他們的聖地。

船岩峰吸引我的一個地方，在於火山噴發在地表造成一道狹長的裂縫，由實際的山頂向北延伸，形成一道熔岩構築的長城，某些區段厚達120到150公分，而且很高。因為熔岩質地易碎，一些地方有洞穿透過去，

風吹過洞中會發出嗚嗚聲響。

　　每當要動筆寫書的時候，我經常去那裡晃悠，聞聞那裡的空氣，諸如此類的事。寫作之際，總是需要找到安靜的地方，坐下來思考，產出一些點子。所以我會把車開上沿著火山牆前進的泥土路，看看會發生什麼事。可是從來沒有任何事情發生！因為沒有人住在那附近。這也正是它的美麗之處，那裡永遠有很多很多的寧靜。

情報指南

地點：船岩峰地處美國「四角落」（Four Corners）地帶的納瓦荷保留區，在新墨西哥州船岩鎮西南方20.9公里，離美國491號公路不遠（原美國666號公路）。

背景：納瓦荷人稱船岩峰為「Tse'Bit'A'i」，意思是「有翼的岩石」。1870年代，英裔美國人認為它神似一艘揚帆啟航的19世紀飛剪式帆船，故而命名為船岩峰。船岩峰聳立在沙漠平原上，高548公尺，尖頂是3000萬年前噴發的火山經侵蝕裸露出的火山喉管。東尼‧席勒曼的小說《墜落之人》（The Fallen Man）即以船岩峰一帶為背景。

旅遊資訊：www.newmexico.org

已故的**東尼‧席勒曼**（Tony Hillerman）在2008年接受本書訪問不久後去世。他寫有多部以美國「四角落」為背景的懸疑小說，書中充滿了對美國西南部的風景地貌和原住民族的深刻了解，作品包括《亡者的歌舞之殿》（Dance Hall of the Dead）、《皮行者》（Skinwalkers）和《時間的賊》（A Thief of Time）。席勒曼曾獲愛倫坡獎、美國推理作家協會頒發的大師獎，以及「納瓦荷部落特殊友人獎」。生前支持位在新墨西哥州梭維羅的聖波納文徹印第安學校（St. Bonaventure Indian School，網址：www.stbonaventuremission.org），致力以教育幫助納瓦荷人的學生脫貧。

芬妮‧傅雷格

美國阿拉巴馬州，費荷普

我八歲那一年，爸媽和我有一次從阿拉巴馬州的伯明罕（Birmingham）開車南下格爾夫海岸（Gulf Shores），打算去海邊度假。晚上8點左右，我們經過莫比爾灣（Mobile Bay）的一座小鎮，叫做費荷普（Fairhope，意思是美好的希望）——到現在我都還覺得這個地名很有魔力。我特別記得這裡有一條街，有一座公園能看俯瞰海水；西班牙鬚草從路旁的櫟樹上垂下來。街的對面是一棟一棟的住宅，每戶人家的門廊上都點著一盞小燈。紫藤和杜鵑開得花團錦簇，我感覺彷彿置身在畫中。

我們只是經過，沒有停留，但我記得我默默告訴自己——你知道小孩子常會這樣——「等我有錢了，我要搬來這裡住！」

多年後，我搬到紐約市，固定上脫口秀節目，替《隱藏攝影機》節目寫腳本，也接演舞臺劇。那是我人生中很迷惘的時期，我攬下太多事情，過分賣力工作；不知道該繼續留在演藝圈，還是該嘗試提筆寫作。

我需要靜下心思考，所以南下到費荷普，租了一間小公寓。每天晚上，我都會坐在橘街碼頭（Orange Street Pier）的水岸邊，看著太陽西下。我身後的小教堂每到6點就會敲鐘。不知道為什麼，坐在那裡會讓我平靜下來。我也不知道我那時候是隨時要崩潰了還是怎麼樣，但總之費荷普治癒了我，恢復我滿滿元氣。

大約20年前，我在那裡的水岸邊買下一棟小房子，每年春天或秋天都會去住上一陣子。走出屋外，溫度和室內一模一樣，感覺你就是大自然的一部分。我會坐在門廊前，看鵜鶘展翅飛過，還有蒼鷺、野鴨和天鵝。這整個鎮就是一座鳥類庇護所。

不管別人聽到我的阿拉巴馬口音會作何感想，我其實不是鄉下孩子，我是在伯明罕市區的一棟公寓長大的。伯明罕和匹茲堡很像——非常工業化、都市化，步調很快。因此，我並非小鎮出身，而是後來才找到它的，這也讓我更愛小鎮。那些人生到了某個階段才搬到小鎮的人，就像改信新

日落時分，費荷普碼頭上的留鳥海鷗。

宗教的人一樣，對小鎮的熱情遠多過原本在小鎮出生長大的人。

費荷普是個溫馨的小鎮，優雅卻不矯情。居民都很友善，讓生活變得輕鬆。這樣說聽來很老套，但這裡真的是夜不閉戶。然而在很多方面，費荷普並不像典型的阿拉巴馬小鎮，這裡向來與時俱進，有很多藝術家和作家定居。美國作家厄普頓・辛克萊（Upton Sinclair）住過這裡；寫《阿甘正傳》的溫斯頓・葛魯姆（Winston Groom）是我的鄰居；寫了《翹家老媽》的馬克・柴德里斯（Mark Childress）也是。我第一次寫出東西來就是在費荷普，這裡能激發我的想像。

在紐約演藝圈工作的那陣子，我失去與「真人」的互動（聽起來好可怕），而那樣的人才是我想寫的人。但回到費荷普，我才發覺：「哦，原來！人是這樣子過生活的。」大家對彼此都很親切，不會那麼神經質。在紐約，每個人都恨不得殺了對方，可是我並不想踩在別人頭上爭勝負。

很多這類心情，我都寫在《女孩，歡迎來到這世界！》。書中的主人翁回到小鎮、重新找回自我，很多都是我當初的經歷。

我在費荷普有很多老朋友，包括小時候一起上學的同伴（所以他們現在也真的是「老」朋友了）。鎮上有一位女性，名字是貝蒂喬・沃夫（Betty Jo Wolf），她開了一家書店兼美術用品店，叫做「書頁與調色

芬妮・傅雷格

盤」（Page & Palette）。人人敬愛她，她儼然是小鎮的中心（現在這家店由她雙胞胎孫女的其中一人經營。）1980年，貝蒂喬讓我在她店裡辦了我的第一場簽書會。

後來，在我寫最近這一本《迫不及待上天堂》時，店裡希望我再辦一場簽書會。那天因為是我的生日，為了給我驚喜，他們包下一間擁有一片美麗農地的民宿，找來一千個人穿著白衣服，代表天使，還讓穿天使裝的小女孩坐在樹上。費荷普的居民就是這麼可愛。

我會像愛上一個人那樣愛上一些地方，而我想，我可能愛上了費荷普。別人聽了八成會叫我去看精神科醫生，但我就是對那裡念念不忘。每當寂寞的時候，我就想：「對了！我得回家一趟了。」費荷普是個有魔力的小鎮，在那裡會有一種別處沒有的特殊感受。

有時候，我會想起小時候與爸媽一起在夜裡開車經過費荷普的那一趟旅程。這個鎮在我心中留下這麼深刻的印象，使我窮盡一生想再回去。而最美妙的是這件事：我現在住的正是我八歲時看到的那條街。

情報指南

地點：費荷普位於阿拉巴馬州南部，莫比爾灣東岸。

背景：1894年，美國經濟學家亨利‧喬治（Henry George）的追隨者，為實現烏托邦社會理想而建立了這座小鎮，他們覺得「大有機會成功」（a fair hope of success），所以把小鎮命名為費荷普（Fairhope）。1907年，教育家瑪莉葉塔‧詹森（Marietta Johnson）在費荷普成立了觀念先進的「有機教育學校」（School of Organic Education），開設自然研究、手工藝、民俗舞蹈課程，不考試，不打成績。這所學校目前仍在運作。

旅遊資訊：費荷普市：www.cofairhope.com

《油炸綠番茄》（Fried Green Tomatoes at the Whistle Stop Cafe）的作者**芬妮‧傅雷格**（Fannie Flagg），曾以這本書的改編劇本入圍奧斯卡獎。其他著作包括《黛西和奇蹟先生》（Daisy Fay and the Miracle Man）、《佇足彩虹裡》（Standing in the Rainbow）和《紅雀耶誕節》（A Redbird Christmas）等書。她演過百老匯歌舞劇，如《春色滿德州》（The Best Little Whorehouse in Texas），以及包括《浪蕩子》（Five Easy Pieces）和《火爆浪子》（Grease）在內的多部電影。另外她也上過益智節目，以《配對遊戲》（Match Game）最廣為人知。

珍‧休斯頓

火車窗外的美國

我們家一天到晚接到電話。電話鈴聲在紐約家中響起，我的喜劇編劇父親掛斷之後，他十之八九會說：「好啦大家，出發去好萊塢了。」或者是芝加哥，或者紐奧良。打包作業隨即展開。我的「英雄成長之旅」是很具體的，我在12歲以前就走遍了美國43州。我們總是在火車上——前往表演、剛從表演離開、跟表演一起巡迴。

1930年代到1950年代早期是無線廣播的黃金年代，眾家喜劇編劇彷彿經由一扇北美大陸旋轉門，繞著全國各地跑。他們是娛樂圈的流動民工，哪裡有笑聲就往哪裡去：紐約、芝加哥、聖路易、洛杉磯、達拉斯、紐奧良、邁阿密、華盛頓，再回到紐約。

一越過州界——在那個年代甚至只要越過郡界——就是另一個世界。當時美國這個大熔爐還沒有開火，許多不同的獨特文化、說話用語、飲食、信仰、親族關係還只是放在爐子裡。那個時候，在家家戶戶都有電視機以前，美國尚未均質化。

我們這家人四處巡迴，經常在意想不到的情況下，穿梭在不同的現實當中。夫婦經營的路邊旅館（跟現今毫無個性的連鎖公路旅館很不一樣）一向是別具特色的投宿之處，充滿各種從1930年代的電影直接走出來的人物：像老牌演員菲爾茲（W. C. Fields）一樣絮絮叨叨、大發議論的男人，江湖術士、男女騙徒，所有在路上討生活的人。

到處都是性格鮮明的人物。1940年代初，我還是個小小孩的時候，我們來到南方的不知道什麼地方，當地人依然會舉行7月4日國慶遊行，有尚未凋零的南北戰爭老兵會參加。當時，一名南軍老人走向我，他個子修長瘦削，穿著灰色軍服，在南北戰爭時期可能還只是軍隊裡的少年鼓手。他彎下腰跟我握手，說：「小姑娘，我要你知道，你握的這雙手握過俺爹的手，而俺爹可是握過傑佛遜總統的手！」我始終都記得他。

在火車服務員眼裡，我是那個「大嗓門的小女孩」。我母親出身西西里島，她的家族全都會唱歌劇，我自然也受到了調教。我會唱〈啊！甜美

20世紀中期客運列車的火車頭。

莫測的生活〉（Ah, Sweet Mystery of Life）和其他詠嘆調。有一次在二戰期間，一名醉茫茫的中士聽到我唱歌，竟跑上列車通道說：「喂，我看那不是小女孩，哪有小女孩有這種嗓音，那是侏儒吧！」

因為我們不斷旅行，而我父親覺得需要有家的安定感，所以他會帶著寵物一起上路。我們曾經帶著我們的狗「雞仔」（Chickie），牠擁有過短暫的演員生涯，在《白朗黛與白大梧》（Dagwood and Blondie）

假如你和我們一樣，常常在不同現實間切換，現實本身會顯得流動不定——異於尋常，令人驚奇。

系列電影中飾演黛西的其中一隻小狗。我們帶過貓咪，帶過兩隻名叫露埃拉（Louella）和賀妲（Hedda）的鴨子，名字取自當時的八卦專欄作家。我們也帶過一隻大烏龜，取名叫薩默塞特，因為牠和小說家薩默塞特·毛姆（Somerset Maugham）像極了。

我們還養過一隻天鵝。父親把天鵝帶進臥鋪時，告訴我母親：「喔，瑪麗，別擔心。這隻天鵝跟別的鳥兒一樣可以被催眠，只要把牠的頭塞在牠的翅膀下面就行。」天鵝後來當然醒過來了，開始猛啄大家，等牠咬了隨車服務員之後，我們在阿布奎基被全體趕下火車。

我想，早年這些旅行賦予我快速適應的能力，讓我隨時準備好應對不同的文化和不同的人群，那正是我現在所做的事：我在100多個國家演講或授課，在40個文化中密集耕耘。所以「鐵道旅行」可說貫穿了我這一生，讓我對不同的人和不同的觀看方式擁有敏銳的感受能力。

到我12歲那一年，我已經上過了20所學校，南起密西西比州的比洛克夕（Biloxi），北至明尼蘇達州的貝密吉（Bemidji）。當時的學校和現在很不一樣。這一週可能還是單課室校舍（one-room schoolhouse）內友善的誦讀聲，幾週後又換成教會學校內驚恐的靜默；然後是進步開放的學校，上課全都在玩手指畫和跳舞（我很喜歡），又或者是給軍人子弟就讀的學校。

不用說，我真正的教育都是在火車上學的。我母親信奉古典格言，認為鍛鍊心智要靠多背多記。她在我三歲生日不久後的一天跟我說：「小珍，我們要讓你的大腦皮質也長出二頭肌。現在跟著我念：『要生，還是

要死……』」

「生不生，嗡嗡嗡。媽咪你看，我是小蜜蜂，嗡嗡嗡，我要叮你。」

「『這才是問題。』」我母親堅持說下去。

「問題是什麼，媽咪？」

到我十歲的時候，我已經被迫學會默背莎士比亞劇作的整幕戲、大量的英詩、好幾大段的但丁《神曲》，還有〈受辱記〉（The Face on the Barroom Floor）全詩67個詩節（這是我爸教的）。

我其他學科的教育也進展神速，我經常在路上遭遇歷史，地理則是車窗外以時速128公里飛逝的東西。「小珍，快看窗外！那是北美大分水嶺，當年石足酋長（Chief Stony Foot）就是在那裡逮住了巡迴的黑臉藝團（minstrel show），逼團員鞣製水牛皮。」

假如你和我們一樣，常常在不同現實間切換，現實本身會顯得流動不定──異於尋常，令人驚奇。現實簡簡單單地向你顯露出它真實的面貌，隨即又變得像是幻想出來的。每一通送我們「上路」、坐進火車裡的電話，對我而言都是一扇通往幻想生活的門。

每次我夢到童年，往往都伴隨著火車沿鐵軌行進的隆隆配樂。如今我住在俄勒岡州，距離鐵道不遠，夜半聽見火車經過的「嗚嗚──」鳴響，對我是莫大的撫慰。（我現在幾乎週週搭的飛機就沒有這種效果。）

對我來說，火車代表的不是回家，而是前往「很多個家」的長程旅行。因為我們太常搬家、太常在路上，所以每個地方都變成了家。但我最終的家，還是旅行本身，那連續不斷的過程。

情報指南

地點：美國國鐵有多條長途路線，載運旅客東西岸橫跨美國，或縱貫南北。

背景：1941年，美國鐵道總長有66萬6937公里，但現今僅剩27萬5297公里，不到當年的一半。最後一名登記有案的南北戰爭退役老兵在1956年去世。〈啊！甜美莫測的生活〉由維克多‧赫伯（Victor Herbert）作曲，莉妲‧強森‧楊（Rida Johnson Young）作詞：「啊！甜美莫測的生活／我終於尋找到你／啊！我終於知曉所有祕密！」美國最著名的火車之一是「20世紀特快車」（Twentieth Century Limited），1902年至1967年間行駛於紐約到芝加哥，16小時可跑完1545公里的路線。列車出發前和抵達後會鋪開紅地毯，旅客踩著紅毯上下車，因而有了「紅毯禮遇」（red-carpet treatment）一詞。車上設備號稱應有盡有，甚至有理髮廳與祕書服務。20世紀特快車1938年由亨利·德萊弗斯（Henry Dreyfuss）設計，火車頭與車廂呈流線造型，很多人認為是美國歷史上最出色的火車。另一列高人氣的火車是加州西風號（California Zephyr），1949至1970年間行駛於芝加哥到加州奧克蘭之間，班次時間的規畫讓旅客能在白天行經西部壯闊的風景，列車的拱頂車廂讓人能盡覽四面八方。

旅遊資訊：美國鐵道旅遊：www.amtrak.com；美鐵與私鐵行程：www.vacationsby-rail.com

珍·休斯頓博士（Jean Houston, Ph.D.）是「人類潛能運動」（Human Potential Movement）創始者。她的26本著作包括自傳《神話人生》（A Mythic Life），以及美國公共電視選書《探索未知的熱情》（A Passion for the Possible）。她與丈夫羅伯·馬斯特醫師（Dr. Robert Masters）共同成立心靈研究基金會（Foundation for Mind Research），也是「神祕學校」（Mystery School）的創辦人兼主任教師，開設跨文化研究、神祕學和性靈研究課程。除了出任聯合國人類文化發展署顧問，她還曾與達賴喇嘛共事，並擔任多位美國總統及第一夫人的顧問。珍·休斯頓博士在世界各地的大學教授過哲學、心理學與宗教學，也曾在哈佛神學院的威廉·詹姆斯講座中擔任講席。

傑克・坎菲爾

義大利，亞夕西

和我太太在義大利度蜜月的時候，開車從托斯卡尼要到羅馬去，途中看見往亞夕西的指標。我一向十分景仰亞夕西的聖方濟各（Saint Francis of Assisi），還記得我看過一部電影叫做《太陽神父，月亮修女》（Brother Sun, Moon Sister），片中刻畫的聖方濟各對我影響深遠。我自詡是愛與和平的使者，聖方濟各對這些目標的全心奉獻令我感佩在心。

聖方濟各在亞夕西重建了聖達勉堂（San Damiano），這座教堂暨修道院日後成為聖嘉勒（Saint Clare）與「貧窮修女會」（Order of Poor Ladies）的居所。電影中有一首由歌手多諾萬（Donovan）演唱的插曲：

> 一步一步，一磚一瓦，
> 慢慢築起你的夢想。
> 一步一步，一磚一瓦，
> 心底的夢最是神聖。

這首歌對年輕時的我意義良多，因此當我們一看到通往亞夕西的路標，我馬上說：「我們一定要去一趟。」

這個鎮位在剛上山的地方，途中我們經過一座山谷，田野連綿，有很多高大的柏樹，是典型的義大利鄉間風景。

一抵達亞夕西，我們立刻前往聖達勉堂，正是在這裡，聖方濟各凝視著十字架，發現基督聖像復活過來對他說話。我們參加了導覽團，解說員一一說明了不同房間的用途——這一間是修女的寢室，那一間是修士的祈禱室，諸如此類。修士用餐的房間非常簡陋，只有一張長板凳和一張狹窄的木桌。牆上唯一的裝飾是以巨大字母組成的義大利單字：Silenzio，「安靜」。我們懷著一股深沉的平靜走出餐室。

隨後我們來到禮拜堂，這裡空間狹小，走道兩旁各只容得下兩三個人

義大利翁布里亞地區的山城亞夕西。

入座。我們坐下來沉思冥想。這是我們每次拜訪教堂時的規矩：我們一樣會參觀拍照，但接下來一定會靜靜冥想大約20分鐘。

我們要離開禮拜堂時，下起了傾盆大雨，還伴隨著閃電打雷。我們於是跑回室內，決定乾脆繼續冥想直到暴雨平息。沒想到就在這段時間，妻子和我有了深刻的超凡體驗。

我太太有幽閉恐懼症，一向很怕被鎖在衣櫥、後車廂或任何類似的密閉空間裡。前幾天晚上我才告訴她我認識的一個女人的事。她是銀行總裁的太太，有一天晚上，她和丈夫帶著五歲的女兒看完電影回家，家裡有幾名歹徒戴著頭套、手持烏茲衝鋒槍在等他們。這群入侵者命令男主人隔天帶他們去銀行，把錢全部交出來，並且為了防止他逞英雄，歹徒綁走他的妻女，把她們關進後車廂，就開車揚長而去。

這名母親安慰女兒：「我們在和爹地玩躲貓貓！他會來找我們的。」但後車廂內空氣漸漸耗盡，這位太太後來告訴我，她忽然看到後車蓋開了一個小洞，是一個天使動的手腳。我不曉得該不該相信她，但她平常看起來是很理智的人。警方後來找到車子，打開後車廂，車蓋當時並沒有留下

傑克‧坎菲爾

這件事強化了
我認為地球上
有能量凝聚中心的信念，
聖方濟各和其他在聖達勉堂
發生的事都是真的，
這個地方之所以是聖地
絕非偶然。

空隙，但母女兩人卻在完全缺氧的後車廂內雙雙存活下來，照理說她們死定了才對。

這個故事把我太太嚇得發毛。「我的老天！」她說，「我一定受不了被鎖在後車廂，我大概會抓狂亂敲亂打，把女兒也打死！」但就在她和我坐在禮拜堂裡冥想之際，她突然得到解脫，她的幽閉恐懼症消失了！後來我們回到家，我要她爬進我們車子的後車廂，而我則把腳步聲一步一步放輕，假裝走遠。結果她好端端的沒事！在亞夕西禮拜堂的經驗成了她蛻變的時刻。

這件事強化了我認為地球上有能量凝聚中心的信念，聖方濟各和其他在聖達勉堂發生的事都是真的，這個地方之所以是聖地絕非偶然。

待在禮拜堂內的那段時間，我感受到了那股能量，非常明顯。我陷入深沉的冥想，感覺自己與聖方濟各的能量相互連結，力量強大到難以置信，那絕對是心的能量，我進入一種喜樂的狀態。以往在冥想過程中，我會進入許多不同狀態，走進內心深處的角落，但這一次，我始終忍不住微笑。同時間我還感受到一陣巨大的擴展，彷彿身體慢慢向外擴張，直到大如整座教堂。這段體驗並不沉重也不嚴肅，單純只是充滿喜樂。

禮拜堂內有一股極其清晰的平靜，彷彿觸碰得到、感覺得到。好像修士依然每天早晨走進禮拜堂，誦經祈禱。修佛的人說，人在誦經時會留下能量。仔細想想，數百年來信徒在此禱告冥想，想必也形成了能量場，而在這裡確實感受得到。我們獲得很深的感動。

情報指南

地點：亞夕西位於義大利翁布里亞（Umbria）地區的佩魯加省（Perugia）。

背景：亞夕西是聖方濟各的出生地（約公元1181年出生），他在當地創立方濟會。聖嘉勒則是聖方濟各的第一批追隨者，創立貧窮修女會。根據聖方濟各的記述，基督在聖達勉堂的十字架上對他重複說了三遍：「方濟各，方濟各，重建我的屋宇吧，

如你所見，它快要傾頹了。」聖方濟各先是著手修復聖達勉堂，但後來才意識到，他的使命是要重建整座教會。該十字架現今存放在亞夕西的聖嘉勒宗座聖殿（Basilica of Saint Clare）。人稱聖方濟各是飛鳥走獸的守護聖人，他曾寫下〈太陽頌歌〉（Canticle of the Sun）一詩，喚太陽是兄弟，月亮是姊妹，表達他對日月的愛；此外還有〈萬物頌歌〉（Canticle of the Creatures），頌揚上帝創造了「形同手足的天下萬物」。傳說中，聖方濟各曾向路上遇到的鳥傳教，鳥兒在他講道時紛紛圍繞著他，絲毫不害怕。每年10月4日，聖方濟各的齋日，天主教會都會舉行儀式向動物致敬。
旅遊資訊：www.assisionline.com；www.italiantourism.com

勵志作家兼演講者**傑克．坎菲爾**（Jack Canfield）與人合著《心靈雞湯》（Chicken Soup for the Soul）系列叢書，第一本書曾遭140間出版社拒絕，但如今這一系列作品已翻譯成41種語言，銷售超過1億1200萬本。這個系列叢書也在1998年的金氏世界紀錄占有一席之地，因為當年共有七本書同時登上《紐約時報》的暢銷書榜。近年的著作有《成功法則》（The Success Principles）。坎菲爾支持保育組織「巴查馬馬聯盟」（Pachamama Alliance，網址：www.pachamama.org），與厄瓜多的原住民阿秋爾族（Achuar）攜手保育雨林，創造「一個地球上生態永續、精神富足、社會公平的人居環境」。

湯姆・布羅考

西藏

我在1980年代因為關注人權議題而前往西藏，有機會比較深入地走訪西藏各地。這裡，地貌、文化和純然的神祕主義交相融合，成了我去過最有異國采風的地方。西藏在我心中留下禪一般的體驗，這是我始料未及的。

我去了西藏中部日喀則市（Shigatse）的一所寺院。清晨4點，我們就和150位喇嘛在大堂坐定，他們的年紀從5歲到105歲都有。空氣中香煙繚繞，眾喇嘛齊聲誦經，嗡嗡作響的聲音穩定持續了一個半小時。我覺得自己彷彿搭上時光機回到了古老的年代。

大堂裡沒有任何現代器物，窗戶積灰納垢，牆上有一條裂縫，陽光從那裡透進來，使得氣氛更有戲劇張力。喇嘛身披猩紅帶金黃的袈裟，懷中放著喝酥油茶用的小木碗。戴著繁複頭飾的見習僧會到外面看顧燒茶的大鍋，鍋身有180公分高，需要兩人合力才能抬起來倒入茶壺。見習僧會四處走動，為其他喇嘛在碗裡添茶，完了以後再重新開始誦經。

我們驅車回首都拉薩，一路上道路蜿蜒，通過海拔5790公尺的隘口時，我走出車外——當時我已經很能適應高山了——步行上坡。一對遊隼不滿我侵入牠們的地盤，飛出鷹巢緊跟在我後面。牠們在空中再三盤旋，屢次朝我俯衝而下。我站在世界之巔心想：「這才是荒野真正的定義。」

人在西藏，會感覺自己彷彿俯看蒼生，世間萬事萬物都在你的腳下。即使是盛夏時節，大地依然荒蕪且覆蓋著白雪，但卻不難看見孩童赤腳行走。我們一度遇上一戶牧民，他們靠犛牛乳酪和酥油茶維生，每隔三天就會收拾家當趕著牲口移動。年輕人相貌秀美，但老化得很快。當家的父親形容憔悴，明顯因為某種呼吸道疾病而日漸衰弱。一家人生活在犛牛毛帳棚中，年輕婦人走進帳內，戴上她的綠松石首飾，我想像那是她親手做的。她的面容美得出奇，她的丈夫也是。我在想，藏人和索馬利人（Somalis）或許是世界上最美麗的民族，因為臉部的結構天生使然。不過藏人的輪廓又更深邃一些，襯著他們炭黑色的眼眸，對我來說充分體現了俊美

不論老少都擁有古典的美麗相貌。

一詞的意義。

　　那一家人對我們最感到好奇的，是在我們拍下他們的影片並播放給他們看的時候。他們著實地瞪大了眼睛。之後我們就回到車上，發動引擎揚長而去，而他們則騎著犛牛。在他們眼中，我們或許就和外星人無異。

　　我還採訪了一名住在5000多公尺高峭壁上的劍婆僧（梵語：Kampa）。中國人在文化大革命期間搗毀了他的寺院，當地村民如今正在重新修建。建成之前，他就住在山洞裡。登上峭壁的山徑極其狹窄，有如卡通裡才有的場景。還有幾個人住在他左右兩邊的山洞，照料他的日常起居。照明和取暖都仰賴以糞便為燃料的提燈。

　　山洞附近是一座傳統的天葬場。藏人會把亡者擺放在偏遠山頂的岩堆上，遺體四周插上經幡，不久，食腐的鳥類就會聞風而至。端坐在白雲之間，一邊與僧侶談話，一邊俯瞰座落在漫無人跡的群山之間的天葬場，此情此景實在難以言喻。

　　我也曾與至交好友伊凡・修納德橫貫西藏高原，他是戶外裝備與服飾

品牌「巴塔哥尼亞」公司的創辦人。我們在接近尼泊爾邊境一帶步行了幾天，途中拜訪了另一戶游牧人家。這家人當然招待我們喝酥油茶，而我則送給他們幾支印有NBC電視公司商標的原子筆。我們離開的時候，我說：「伊凡，你知道他們現在互相在說什麼嗎？」

「不知道，說什麼？」

「他們在說：那個小氣的王八蛋！我們招待他們喝了好多酥油茶，他們卻只留下這些破爛NBC原子筆給我們！」

情報指南

地點：西藏位於中亞，與不丹、中國、印度、緬甸和尼泊爾接壤。

背景：青藏高原是世界最高、最大的高原，面積約是法國的四倍（250萬平方公里），平均海拔超過4876公尺，贏得「世界屋脊」的封號。聖母峰（海拔8848公尺）也在高原境內，位於西藏與尼泊爾邊界，此外還有很多世界最高峰。西藏自1951年起受中華人民共和國掌控，1959年，藏人武裝反抗運動遭到鎮壓，文化大革命期間，超過6500座藏傳佛教寺院被摧毀。2008年春天，西藏發起大型反中抗議示威，達賴喇嘛率領在印度達木沙拉的西藏流亡政府，不再訴求西藏獨立，改為爭取與香港類似的地方自治。西藏的局勢至今仍是國際間的重要議題與紛爭來源。

旅遊資訊：外國旅客須先透過旅行社或旅遊業者取得簽證和至少一份的通行許可證。是否適合旅遊會隨時變化。西藏流亡政府網站：www.tibet.net；國際聲援西藏運動網站：www.savetibet.org

1983年到2004年，**湯姆‧布羅考**（Tom Brokaw）是NBC夜線新聞的主播兼編輯主任，長踞全國晚間新聞節目的收視冠軍。美國首度在電視上訪問蘇聯總統戈巴契夫與俄國總理普亭都是由他策畫，他也報導過無數歷史時刻，如柏林圍牆倒塌，和2001年的911事件。他是水門案發生時NBC的白宮特派員，採訪過自1968年以來歷屆的總統選舉。布羅考曾獲美國廣播電視文化成就獎（又稱皮博迪獎，Peabody Award）、多座艾美獎、杜邦─哥倫比亞大學廣播電視新聞獎，以及愛德華‧默羅終身成就獎。他也是除了華特‧克朗凱（Walter Cronkite）之外，唯一獲西點軍校授予傑出貢獻獎（Sylvanus Thayer Award）的新聞工作者。布羅考現仍持續為NBC製播紀錄片與電視節目。著作包括暢銷書《美國最偉大的一代》（The Greatest Generation）和回憶錄《離家千萬哩》（A Long Way from Home）。

湯姆・庫阿格森・博伊爾

美國加州，世界爺國家公園

我從小在紐約的皮克斯基爾（Peekskill）長大，21歲以前從來沒去過哈德遜河以東，所以西部荒野對我有莫大的魅力。

1978年，南加州大學提供我一份教職，因此我搬到了洛杉磯，但這座城市看起來就是有點怪異。我先是住在土洪加（Tujunga），全世界白人敗類的大本營，但我還挺喜歡這裡的，因為可以到聖加布里埃山（San Gabriel Mountains）上健行。但等到進入冬天，接著假期到來，看到那些棕櫚樹總覺得不大對勁。

幸好，我有個朋友的父親是世界爺國家森林內一處小住宅區的開發者之一，那裡位在海拔2000多公尺的內華達山脈上。她帶我上山，從此我每年都會去。

我在山上擁有一些地產，但沒在上面蓋房子——我那塊地大概永遠會是博伊爾松鼠保護區吧——而是另外租了一間木屋，學校沒課或不用巡迴宣傳新書的時候，我都會盡量常常到這裡來。巡迴了一陣子我總會意志消沉，但只要進到山裡，我就能逃離一切紛擾。每當結束一天的工作，我就去森林裡散步。

我喜歡在山上寫書的開頭或結尾，因為在那裡沒什麼事會讓人分心，無聊得不得了，可是我就喜歡這樣。附近唯一的營業場所是一家酒吧複合餐館，老闆心情好才會開店。我只要走出小木屋，就在國家森林裡了。

我是極少數真正會在森林裡「步行」的人。其他人要不就在夏天騎三輪驅動車，要不就在冬天騎雪地摩托車。當然，我對這種行為是極度寬容的：這些人都應該拖出去斬了。

不過我幾乎沒在森林裡見過任何人。有一年慶祝完7月4日國慶日，我花了整整一個下午坐在我最愛的溪邊，傍著小小的瀑布，單純只是曬太陽、乘涼、讀書、獨自下水嬉戲。

我遇過很多次野生動物，有熊、鹿、山獅。我這輩子第四次遇到山獅，是在從克恩河谷（Kern River Valley）上山的時候。那頭山獅剛穿

陽光從世界爺之間照進森林。

越馬路，我只看到牠的尾巴消失在灌叢裡。我靠邊停車，沒期待會再看到牠，可是牠還在那裡，在大約15公尺外往下坡走。因為我在下風處，牠不知道我在這裡，所以我得以看著牠足足30秒之久，覺得非常興奮。這隻猛獸的頭小小的，可能是一隻每晚會固定跋涉40公里在外覓食的公獅。

　　幾年前，我正在寫《邊緣城市》（Drop City）的時候，有一次我散步到森林裡另一條我很喜歡的溪邊，我常常在那個地方看見山獅的排遺和足印。我往一座瀑布走去，踩斷了一截小樹枝，接著聽見身後傳來樹枝斷裂的聲音。有一頭山獅在那裡，離我很近，不過正在跑開——誰都希望是這樣。可是說真的，當下我一心只想和牠交配，但我猜這種事得先問過漁獵局才行。

　　多數時候，山獅和大貓咪沒兩樣，生性好奇，只想看看你在做什麼。

但牠會跟蹤人，這就很危險了。山獅這種68公斤重的動物，力氣抵得過十個男人，縱身一躍可以跳到三層樓高的屋頂上，只有當牠從後面咬住你的脖子，把你的臉按在沙子上的時候，你才會發現牠在那裡。

還有一次，我正在釣金鱒（golden trout）——只為了欣賞，馬上就放回去——我蹲在溪邊，忽然聽見極細微的窸窣聲。我身後是一叢熊果樹（manzanita），我撥開樹叢一看，只見一頭山獅的腳印正緩緩被水填滿。真是太驚險了——山獅一直在半公尺外默默看著我，而我卻絲毫未覺。我愈想愈興奮，後來還打電話給我太太告訴她這件事，她聽了只說：「你能不能不要再騷擾那隻可憐的動物了？」

此外還有熊。我租過一間房子就在溪邊。我每晚11點鐘就寢，窗子都是開著的，而每天晚上11點05分一到，就會有一頭熊固定過來覓食。我從床上就聽得見熊笨重的腳步聲和嘎吱大嚼的聲音，我會短暫醒過來一下，心想，喔，又是那頭熊，然後馬上再睡回去。

> 多數時候，
> 山獅和大貓咪沒兩樣，
> 生性好奇，
> 只想看看
> 你在做什麼。

這就是加州的鄉下，和西部荒野仍有幾分相似。這裡的人，至少有些人還會戴牛仔帽。在內華達山脈上過耶誕節，跟我們小時候在紐約的耶誕節不一樣，不會聽平克勞斯貝（Bin Crosby）唱的應景歌曲。在這裡你可以選擇聽墨西哥街頭樂隊（mariachi）音樂，過一個墨西哥味的耶誕節，或是聽西部鄉村音樂過一個牛仔風耶誕節。這裡就是這樣的地方，但又何妨。

我的摯友彼特‧布魯爾（Pete Brewer）不久前才去世，他稱得上是這座山的老管家。他買下農舍重新整修，現在成了公共集會所。在山上營生當然大不易，但他很有一套。我租他的房子租了12年，每次我去住，他就搬出去住農舍，只拿走抽屜裡的內衣褲，我再把我的放進抽屜。

我最近租過的一棟房子有一間出色的藏書室，所以我有機會重讀了一遍《湖濱散記》（Walden），這是我最愛的書之一。梭羅真是個了不起的怪胎！隨著年紀漸長，我愈來愈欣賞他。

我喜歡一個人在森林裡獨處。這時候我能抽離自我，就像小時候還不知道萬事萬物、每一棵樹、每一隻動物的名字的時候那樣，還不知道人生

要你承擔多少耗損、腐朽與悲哀，也不知道死亡是什麼。你看到周圍的東西，不見得會知道這棵樹感染了松小蠹蟲，很快就要死了，森林也很快就要死了，水也會消失。小孩子不一定會看見這些事；而當一個人置身在依然壯麗的荒野之中，同樣也不會看見這些事。

回歸到缺乏意識的赤裸狀態是一件很棒的事。人不過只是大自然中的一個生物，你的心智會獲得解放，而單純對身邊的自然光彩感到驚奇。

情報指南

地點：世界爺國家森林位於加州中部的內華達山脈南段。

背景：世界爺國家森林包含世界爺國家紀念地（Giant Sequoia National Monument），地球上大約一半的世界爺都在這裡，以體積來說這些是世界上最大樹，最高的有94公尺高，幹徑17公尺。其中一棵的樹齡已有3500歲。成熟的世界爺每次可結1萬1000顆毬果，一年散播40萬粒種子。山獅是獨居動物，以埋伏的方式突襲獵物，從鹿、家牛，到囓齒動物甚至昆蟲都是牠的目標。山獅和家貓一樣會發出嘶聲、吼聲和呼嚕聲，但啁啾聲、口哨聲、尖叫聲則是山獅獨有。

旅遊資訊：www.fs.fed.us/r5/sequoia

湯姆·庫阿格森·博伊爾（Tom Coraghessan Boyle），簡稱T.C.博伊爾，是小說家兼短篇故事作家，著作包括《水之歌》（Water Music）、《窈窕男女》（The Road to Wellville）、《玉米餅窗簾》（The Tortilla Curtain）、《邊緣城市》、《心的迴圈》（The Inner Circle）、《尖牙利爪》（Tooth and Claw）及《誰在說話》（Talk Talk）等。他以小說《世界盡頭》（World's End）獲頒國際筆會／福克納獎，另外還得過不列顛國協文學金牌、美國藝術與文學學院散文獎，以及六座歐亨利短篇小說獎。他是美國南加州大學的特聘英文教授，創立了該校的大學部創意寫作學程，作品被翻譯成超過24種語言，所撰寫的故事曾經刊登在《紐約客》、《哈潑時尚》、《君子》和《大西洋月刊》雜誌。

雷‧布萊伯利

法國，巴黎

次去巴黎，我都會買一本史考特‧費茲傑羅的小說《夜未央》（Tender Is the Night），把書夾在腋下，漫步市區，從艾菲爾鐵塔走到巴黎聖母院，可以走上一整天。

路上，我大概每半個小時就會找個露天咖啡座坐下，點一杯濃縮咖啡或餐前酒，讀一段小說。等我走到聖母院，我已經又把費茲傑羅的《夜未央》重讀了一遍。我在洛杉磯家中的書架上已經有八本一樣的小說，都是我這20年來在巴黎買的。我在每一本上都註明了年份：「巴黎，1998年」，像這樣。我用這種方式一邊感受巴黎的氛圍，一邊品味美國最傑出的作家。

巴黎到處是露天咖啡座，大家都在室外享受陽光和彼此的喋喋不休。巴黎人個個是談話高手，富有美學素養。我流連在一間又一間咖啡館的同時，也喜歡找人聊天，融入巴黎的社交生活。我在1953年初次來到巴黎，是為了幫導演約翰‧休斯頓（John Huston）寫《白鯨記》（Moby Dick）的電影劇本。我們坐在富凱餐廳（Le Fouquet's）的戶外雅座，香榭麗舍大道旁，討論我要怎麼改編梅爾維爾的名著。不久就看到包可華（Art Buchwald）這位專欄作家兼幽默大師沿著大道走來，與我們同桌坐下。

所以說，我和巴黎已經有了多年的感情。有一次我去巴黎遇到一位法國友人，他問我：「雷，你來這裡做什麼？」

「我來慶祝你們革命失敗呀。」我回答。

「你什麼意思？」

「你們的革命失敗了不是嗎？」我對他說，「法國人在美國獨立革命的時候跑來，幫我們打贏了戰爭。而你這些同胞受到美國革命鼓舞，回到自己國內以後也發起一場革命，後來當然是失敗了，落得以斷頭台收場。法國大革命的最後產品就是斷頭台。」

「1871年，你們組成巴黎公社，在巴黎街上打自己人，在巴黎城外打德國人，最後一樣失敗。然後你們又輸了1914年的大戰，是美國派來皮爾

巴黎各個角落都能窺見艾菲爾鐵塔。

辛將軍（General Pershing）幫你們打贏德國人。1940年的戰役你們也打輸，是我們的巴頓將軍（General Patton）來了，才又一次把法國從德國人手裡救出來。」

「最不可思議的是，在這麼多的絕望、毀壞和愚行之中，看看你們發展出什麼？世界上最美麗的國家和最美麗的城市！」

朋友聽完我的話張開雙臂擁抱我──在這之前，他已經聽到氣得想殺了我，不過現在全好了。這個國家十足是政治失能的楷模，但在美學方

遇見我最愛的地方

面，巴黎完美無缺。

有一次我搭火車從加來（Calais）前往羅馬，中途在巴黎停靠到傍晚6點。我和幾個朋友搭計程車，去海明威生前經常光顧的雙叟咖啡館（Les Deux Magots）。當時適逢藍色時分，太陽剛剛下山，正是魔幻時刻，微光中的巴黎立刻抓住了我的目光。我們坐車經過羅浮宮，它正被夕陽染成古典的金黃，每片樹叢和樹上的每片葉子都被暮光照出古銅亮澤。車子接著繞過協和廣場，在我們右方的瑪德蓮教堂已成了一座火焰宮殿，而我們繼續向前疾馳，看到凱旋門映著熊熊餘暉，而艾菲爾鐵塔更完全成了一把巨大的火炬，指引我們抵達雙叟咖啡館，在戶外涼快的薄暮中坐下來啜飲餐前酒。

值此時刻，我已經激動得雙眼泛淚：我想必是死後升天才來到這個由金幣鑄造的國度，金幣在這裡數以萬計地從諸神的口中如噴泉般湧出。我聽到的所有交談，雖然我一句也聽不懂，卻都有如神話一般睿智而珍貴。所有的人不論或走或坐，臉龐都被最後一抹晚霞照亮並染成一副副面具。我手中的酒是兩千年前的陳年佳釀。在成群結隊的年輕人間，我彷彿看到凱撒大帝昂首闊步走過！我的朋友們坐在我身旁，個個鍍著金光，似能永生不朽。

情報指南

地點：巴黎是法國首都，座落在塞納河畔，豐富的都市景觀、博物館、花園、文化與紀念碑，每年吸引3000萬名外國遊客到訪。

背景：香榭麗舍大道（Champs-Élysées）最早是花園步道，如今連接起協和廣場和凱旋門，被譽為全球最美的街道，沿路盡是精品商店，也成了歐洲房價最昂貴的地段。不少文學家、藝術家與知識分子都是雙叟咖啡館的老主顧，包括卡繆（Albert Camus）、畢卡索（Pablo Picasso）和西蒙·波娃（Simone de Beauvoir）。

旅遊資訊：巴黎觀光旅遊局：http://en.parisinfo.com/

雷·布萊伯利（Ray Bradbury）創作超過30多本小說，代表作有《火星紀事》（The Martian Chronicles）、《華氏451度》（Fahrenheit 451）以及《圖案人》（The Illustrated Man），另有近600篇短篇故事、數個劇本，以及多部詩歌與散文。曾獲頒美國國家藝術獎章、一座艾美獎，在好萊塢星光大道擁有一顆專屬星星，太空中有一顆小行星以他的名字命名。

雷歐納・馬丁

美國科羅拉多州，特柳賴德鎮

在 1979年，我太太愛麗絲和我第一次去特柳賴德鎮，參加一年一度的電影節。但其實我們在不知情的情況下已經見過了這座小鎮，有一部叫《虎豹小霸王前集》（Butch and Sundance: The Early Days）的電影用這裡當作拍攝場景，它是《虎豹小霸王》（Butch Cassidy and the Sundance Kid）的續集，但不是很多人記得。劇組借用了特柳賴德大街上一間酒館和數家店面，不需要多少偽裝，就有過往年代的氛圍。

我們那時住在紐約市，從沒實際看過美國西部的樣子。我們是往返東西岸只搭飛機的那種人。於是那一次，我們先飛到丹佛市，租了一輛車在科羅拉多州到處轉，最精采的就屬開進特柳賴德的那一段路了，風景每隔幾分鐘就不一樣：白楊樹林、河流、山峰、溪壑、百年前廢棄的礦工小屋。進入最後一段路，一轉過彎，整個鎮頓時出現在眼前：小鎮倚臥在雄偉的山峰之間，有如蓬萊仙境。

我們買了一張1880年代大街風景的明信片，那時的特柳賴德是一座蓬勃的礦業小鎮，樣子和今天一模一樣，只是現在街上不再有栓馬柱。特柳賴德地處箱型峽谷，大街盡頭是一座有瀑布的山，沒有出路。我們雖然見證了小鎮多年來的許多變化，包括整個公寓村的興建，但有一件事沒有人能破壞，那就是這條大街的氛圍。只要站在這裡，你就知道自己人在特柳賴德。

特別是特柳賴德影展的主場地老社立丹歌劇院（Old Sheridan Opera House）經過巧手修復，重現了1913年當時專為巡迴劇團和輕歌舞劇（vaudeville）表演所打造的模樣，使這個地方更添趣味。身在劇院內有一種特別的感覺，可能是因為很容易想像一些大明星如莎拉・伯恩哈特（Sarah Bernhardt）等人在此演出吧，她也的確曾在這裡表演。

特柳賴德位於海拔2667公尺，因此空氣稀薄。剛來那陣子，我學到在這裡就算遲到，也絕對不能用跑的去看電影，不然你會後悔！有一次我住

在社立丹飯店二樓，要下樓去看電影，發現有東西忘了帶，所以我三步併作兩步爬了一層樓，結果倒在地上喘不過氣。

我很學不乖。隔年影展放映了萊斯布蘭克（Les Blank）導演的波卡舞紀錄片，片名叫《天堂沒有啤酒？》（In Heaven There Is No Beer?）。映後有一場波卡舞會，我跟一個朋友短短跳了一圈──相信我，就是那麼一圈，我就不行了。不把高海拔這件事牢牢記住果然不行。

特柳賴德經常發生意想不到的趣事。幾年前，會場放映了彼得·奧圖（Peter O'Toole）漫長電影生涯的一系列剪輯，映後我上臺訪問彼得，他不只迷人，而且很會說故事。座談會結束後我們駕車離開，他注意到策展人之一的比爾·潘斯（Bill Pence）在騎單車，我向他解釋比爾選擇用這種方式遊覽小鎮。我們一下車，彼得就走向比爾說：「能借我騎騎看嗎？」我因此拍到一張難得的照片：彼得·奧圖在海拔近3000公尺的地方騎單車。

我不認為在坎城影展看得到這種景象，但是在特柳賴德就可以，大家在這裡紛紛卸下防備，因為這裡不像有的影展追逐名人，或是淪為合約市場，這是專為電影愛好者舉辦的影展。

還有一點是這個影展和其他影展不同的地方，那就是你會有很多時間待在戶外，我只有參加這個影展會被曬傷。

事實上，主辦單位不會事先宣布參展嘉賓和節目場次。假如你只是為了某個明星或電影而來，他們並不歡迎。他們希望你來是因為熱愛電影，而且相信他們的選片眼光。

法國導演路易·馬盧（Louis Malle）過去固定會出席。有一年，他帶著新片《童年再見》（Au Revoir, Les Enfants）的拷貝，從同時舉辦的威尼斯影展會場搭機趕來，選在星期六下午於歌劇院舉行放映，我很幸運剛好在現場。那是一部感人至深的電影，劇終時，全場一片靜默，大家都覺得心情不適合鼓掌。當眾人魚貫走出歌劇院時，馬盧正站在外頭的草坪上，我猜他是在問電影的迴響好不好，他先前只公開放映過一次，所以很緊張，畢竟那是一段很私人的故事，取材自他本人的童年。不知道為什麼，所有人都在草坪上逗留，沒有離開。最後是比爾·潘斯打破沉默說：「路易，我們只想謝謝你創作出這部電影。」──當場所有人都爆出了掌聲！那真是令人難忘的一刻，馬盧也深受感動。這樣的情節只會發生在特

柳賴德。

　　這個影展另一件有趣的事情是，只要電影開始放映，大家就會開始交頭接耳。在鎮上走到哪裡都能跟別人閒聊：你看了什麼片子？哪一部好看？探聽大家的評價也成了一種娛樂。影展企畫人員刻意在節目表上留了空檔，好讓迴響特別熱烈或票券販售一空的電影有機會再次放映，這個主意真好。

　　有很多年，在特柳賴德影展首映的電影，後來都成為當年得獎呼聲極高的大片。我記得《彈簧刀》（Sling Blade）上映那一年我有去，自編自導自演該片的比利‧鮑伯‧松頓（Billy Bob Thornton）也在現場，很少人知道他是誰，也不知道片子在講什麼，那部片可說是橫空出世，引起眾人的驚嘆。所以當它後來大受好評，為比利拿下奧斯卡最佳原創劇本獎時，沒有人覺得意外。

　　我和太座初次參加影展時，鎮上的居民大多是投資客，外界所謂的「投資嬉皮」（trustafarians）。我們喜歡誇口，早在歐普拉和湯姆‧克魯斯發現特柳賴德以前，我們就來過這裡了（我們只恨當時沒先置產）。我記得有一次和一家咖啡店的老闆聊天，她是從丹佛來的律師，拋下事業來特柳賴德圓夢。兩年後，她已經不在了，大概回去重拾事業了吧，咖啡店則有別的人頂下來經營。我猜這在特柳賴德是一種自然的循環。

　　特柳賴德在本質上仍保有鄉下的氣息，但這也可能只是一個外來訪客過分美化的觀察。事實是，這些年來，小鎮愈來愈仕紳化，物價愈來愈高。原本的居民現在幾乎負擔不起這裡的生活，很多勞工必須從蒙特羅斯（Montrose）通勤來上班。不過，偶爾仍有一些質樸之處會顯露出來，增添了小鎮的魅力。這裡一年到頭都有絡繹不絕的遊客前來滑雪、開商務會議，或者參加其他各種不定期舉辦的大型活動（藍草音樂節、詩歌節、滑翔翼節等等）。

　　但勞動節影展（Labor Day film festival）仍是吸引我和太太女兒每年回來的最大理由。還有一點是這個影展和其他影展不同的地方，那就是你會有很多時間待在戶外，我只有參加這個影展會被曬傷。

　　視線沿著大街往山脈和白紗瀑布（Bridal Veil Falls）看過去，這個景的照片我說不上來到底拍過多少張了。那些山峰有太多面貌，加上光線、太陽和雲霧的效果，創造出變化無窮的風景，唯一始終不變的只有它的美

滿山金黃的白楊樹襯托出前方的纜車。

雷歐納・馬丁

麗。

　　有人告訴我「高山暉」（alpenglow）這個詞，我很喜歡，電影人稱之為「魔幻時刻」——太陽下山前最後一小時左右的金黃夕照。當它照上特柳賴德的群山，景象壯麗之至。我會永遠把那個畫面記在心中。

情報指南

地點：特柳賴德（Telluride）位於科羅拉多州西南部，格蘭姜欣（Grand Junction）南方204公里。當地機場海拔有2767公尺高。

背景：特柳賴德鎮在1878年因礦業興起，1893年衰頹，直到1973年又靠發展滑雪而復甦，這裡的年平均雪量有7.8公尺。鎮中心為美國國家史蹟區（National Historic District），保有數百棟老西部建築。電影《虎豹小霸王》中的江洋大盜布區‧卡西迪（Butch Cassidy）真有其人，1893年在特柳賴德鎮第一次搶銀行，得手2萬4580美元。勞動節週末的影展期間，原有2200位居民的小鎮，人口會增為三倍。曾在特柳賴德影展首映的知名電影有《亂世浮生》（The Crying Game）、《愛情不用翻譯》（Lost in Translation）、《柯波帝：冷血告白》（Capote）和《臥虎藏龍》。

旅遊資訊：特柳賴德鎮：www.visittelluride.com；影展官網：www.telluridefilmfestival.org

美國最權威的影評兼歷史學家雷歐納‧馬丁（Leonard Maltin），在《今夜娛樂》節目擔任固定影評班底超過25年，著有長銷書《雷歐納‧馬丁電影指南》（Leonard Maltin's Movie Guide）、《老鼠與魔法：美國卡通動畫史》（Of Mice and Magic: A History of American Animated Cartoons）和其他多本著作。他的電視特別節目包括《幻想曲：一部迪士尼經典的誕生》（Fantasia: The Creation of a Disney Classic）和《日正當中：電影幕後特輯》（The Making of High Noon）。他是洛杉磯影評人協會主席，效力於美國國家電影保護局，此外也在南加州大學的電影藝術學院開班授課。

瑪麗蓮 · 沃斯 · 薩萬特

法國，巴黎左岸

回想1987年8月，我和丈夫到巴黎度蜜月。我們在巴黎左岸一個寧靜的中產階級社區裡，懷著不安的心情沿著一道陡峭歪曲的小迴旋梯，爬上一棟18或19世紀蓋的石造樓房。在屋頂上，我們找到了那間位在三樓的閣樓公寓，那是我們未來六個星期的家，看起來就像歌劇《波希米亞人》（La Bohème）的場景。

屋裡老舊的木梁都以手工裁鋸，天花板往下斜，連到凹凸不平的灰泥牆，客廳內和多數房間的古老地磚都已換成寬條木地板。還有一座吱嘎作響的木頭階梯通往樓中樓臥鋪，巧妙利用了上方的挑高空間。而且似乎整間屋子到處都是對外的小窗，於是我打開其中一扇往外看，滿眼盡是巴黎著名的屋頂景觀。

巴黎地鐵通往市內許多迷人的區域。

那時正在下雨，我們聽得見下方石子路面傳來的腳步聲：情侶手挽著手，打著黑傘經過。駝背的老婦人拄著拐杖走在人行道上，不是沒有力氣撐雨傘，就是不怎麼在乎這場雨。

雨停之後，我們把厚重的銅鑰匙——長得很像古時候的萬能鑰匙——放進口袋，出門去。我們經過一座校園，接著就到了穆浮塔街（Rue Mouffetard），街上有滿滿的市集攤販。我才在一堆酪梨前面猶豫得稍微久了一點，老闆就很快出現在我旁邊。「今天吃還是明天吃？還是再過幾天？」，他問（當然他說的是法語）。我回答明天，他掃視了整堆酪梨，伸手拿了一顆：「這個就是你要的。」啊，不錯不錯。

就這樣，我們融入了這裡的生活場景，加入我們每天看到的那些下班後抱著當天出爐的長棍麵包回家的人的行列。隔年秋天，還有往後很多年的秋天，我們每次再去巴黎，總是會找一間遠離鬧區的小公寓住。

情報指南

地點：塞納河左岸構成了巴黎的南半部。

背景：左岸歷來是浪漫主義者、藝術家和作家聚集之地，畫家畢卡索和馬諦斯、哲學家沙特、移居歐洲的美國作家海明威和費茲傑羅，都對左岸情有獨鍾。左岸的範圍包含了藝術區蒙帕納斯（Montparnasse）與拉丁區，750年來，拉丁區都是索邦大學（Sorbonne）周邊學生生活的重心。

旅遊資訊：巴黎觀光旅遊局：http://en.parisinfo.com

瑪麗蓮‧沃斯‧薩萬特（Marilyn vos Savant）現為美國《Parade》雜誌撰寫「問問瑪麗蓮」專欄，刊載謎題並解答讀者的疑問。她曾獲金氏世界紀錄認定為全世界智商最高的人，經斯比（Stanford-Binet）智力量表檢測的結果智商為228。著作包括《拼字的藝術》（The Art of Spelling:The Madness and the Method）和《美國人的童年》（Growing Up: A Classic American Childhood）。瑪麗蓮‧沃斯‧薩萬特也從事演講和劇本創作，丈夫羅伯特‧賈維克醫師（Robert Jarvik, M.D.）是賈維克人工心臟和賈維克2000型人工心臟的發明者。她支持美國心臟協會（American Heart Association，網站：www.americanheart.org）。

戴夫 · 貝瑞

美屬維京群島

在這個國際情勢緊張的年代，真正專業的新聞從業人員必需把個人安危拋諸腦後，前進世界動蕩的地區。出於同樣的道理，我最近去了美屬維京群島，做為一名在野記者，我在當地面臨非常真實的危險：我的開銷很多都是可以抵稅的。

美屬維京群島位於加勒比海（Caribbean），這個名字源自美洲原住民的Cari一詞，意思是「水體」；至於「bbean」的意思則是「好險我的電腦會自動檢查拼字」。哥倫布在1493年發現維京群島，探勘過程中，他很明智地選擇留在船上，逃過了被島上居民做成鯊魚飼料的命運。

趁著加速逃離之前，哥倫布把這群島嶼命名為「處女群島」（The Virgins），因為他覺得島嶼的輪廓看上去有如一排斜臥的少女，這件事告訴我們，這個男人到底在陽盛陰衰的船上待了多久。

雖然群島最先是被西班牙占領，但往後多年曾陸續隸屬荷蘭、法國、英國、丹麥、波蘭、威爾士、奈及利亞，以及紐約洋基隊的農場系統，最後被美國政府用2500萬美元買下，金額碰巧跟我在這裡喝的一些名字怪里怪氣的調酒花的錢一樣多。

每個人在維京群島上打發時間的方式差不多都一樣：躺在陽光下，聆聽舒緩人心的風聲和浪濤，在皮膚表面培養癌前期病變。我在當地期間唯一看到勉強稱得上驚險的事件，發生在一個名叫藍寶石海灘（Sapphire Beach）的地方，那裡一間戶外小酒吧正在舉行婚禮，結果新娘的捧花被一隻鬣蜥咬掉一大口（這我真的沒有瞎掰）。

島上到處都是鬣蜥，大小和松鼠差不多，只是不像松鼠那麼可愛又毛茸茸的，而是像脾氣暴躁的侏儒恐龍。牠們整天無所事事，怒目圓睜，心裡在想：「要是在2500萬年前，我會把整個新娘都吞了。」

維京群島也有豐富的海洋生物，只是規畫不善，全都被安排到水底去了，想看的話必須戴上租來的浮潛裝備，穿著蛙鞋在珊瑚礁上面游動。珊瑚礁乍看像岩石，但其實是億萬隻叫做「珊瑚蟲」的小動物組成的生物

遊人在加勒比海隨性地消磨時光。

體，會覓食、會長大，興致一來還會和其他珊瑚礁來兩發，產下新一代的小珊瑚。

海底的景觀美妙至極，我漂浮在溫暖清澈的海面上，忍不住納悶：天知道有多少觀光客租用過我臉上這副浮潛面罩？他們有沒有做好鼻腔衛生？

想到這裡，我游回海灘，兒子慫恿我去玩風浪板，顯然他想要分遺產。要做這個活動，你要先站在裝了一面帆的衝浪板上，調整好重心，把帆面與風向維持在一個特定的角度，然後人就可以像一袋碎石一樣摔進海裡。我一站上風浪板就立刻摔下來，我估計就這樣摔了50次，一共前進了3公尺。

我為海灘上的人群提供了許多笑料，就連珊瑚礁的珊瑚蟲也從內心深處發出10億聲竊笑──竊笑珊瑚蟲當作搖滾樂團的團名好像還滿適合的。

就在我蹣跚回到海灘之後，真正的風帆手出現了，他的外表宛如希臘

天神，但體態比希臘天神更美。只見他毫不費力地迂迴越過浪頭，肌肉起伏顫動，我太太看得目不轉睛，我不屑地說：「我敢說這個傢伙應付不了每週產出一篇報紙專欄的壓力！你說是吧，老婆？是不是，喂？」

於是我決定來做一件我正好很擅長、又有男子氣概的事：蓋沙堡。當然不是蓋了自己玩，是給我女兒玩的。問題是這個兩歲丫頭一下子就覺得索然無味走開了，留下我自己一個人拿著藍色小水桶和黃色鏟子做工。不是我愛吹牛，我真的蓋出了一座雄偉的城堡。我敢說那個衝浪猛男一定覺得遇到勁敵了，只是他假裝沒看到。但我太太顯然崇拜得很，因為後來她陪著我一起回到房間，度過一個親密、坦白說不失狂野的夜晚，一直想把女兒頭髮裡的沙子清乾淨。

總之，以上就是在美屬維京群島的情況。從我的記者觀點來看，在那裡旅行十分安全，只要按照一般正常的道裡做好預防措施，例如讓鬣蜥吃不到你的捧花就行了。還有，誰要是敢弄壞我的沙堡，他就死定了。

情報指南

地點：美屬維京群島位於加勒比海，位在波多黎各東方約80公里，屬於小安地列斯群島（Lesser Antilles）的背風列島（Leeward Islands）。四座主要島嶼分別是聖湯姆斯島（St. Thomas）、聖約翰島（St. John）、聖克羅伊島（St. Croix）以及水島（Water Island）。

背景：美國在1917年向丹麥買下維京群島，島上居民雖然是美國公民，但不能投票選總統。這裡是美國領土內唯一開車左駕的地區。當地人稱聖湯姆斯島是「岩石城」（Rock City），聖約翰島則是「愛之城」（Love City）。

旅遊資訊：www.usvitourism.vi

25年來，戴夫·貝瑞（Dave Barry）為《邁阿密先鋒報》（Miami Herald）撰寫幽默專欄，同時在500多家報紙上發表，1988年獲得普立茲評論獎。著作超過30本，包括《戴夫·貝瑞的千禧年史》（Dave Barry's History of the Millennium (So Far)）。他曾在全國電視節目上證明可以用芭比娃娃引燃男性內褲。戴夫·巴瑞支持位在佛州南邁阿密的非營利精神療養機構「友誼之家」（Fellowship House，網址：www.fellowshiphouse.org）。

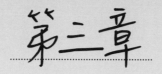

第三章

畫家與設計師最愛的地方

小羅伯・瓊斯

俄羅斯，莫斯科鄉村俱樂部

羅斯第一座高爾夫球場在1994年開幕，那一天，我教蘇聯紅軍一名士兵握高爾夫球桿，他練習揮了幾桿，把幾顆球打進球道。我記得我心裡想：「紅軍站在綠地上！冷戰要結束了！」

莫斯科鄉村俱樂部落成，一共花了20年時間協商和興建，一度受政治因素延宕。我身為球場設計師，肩負著一項使命。我想把自己一生熱衷的高爾夫球運動帶進蘇維埃社會，希望它成為一種善意的手段，使俄國人與西方人把競爭從戰場轉移到球場上。

1974年，我曾和家父與阿曼德・哈默博士（Dr. Armand Hammer）到蘇聯旅行。哈默博士早在冷戰和解時期（Détente era）就曾向時任蘇聯領導人的布里茲涅夫（Leonid Brezhnev）提出興建高爾夫球場的構想。布里茲涅夫希望吸引日本與西方商人至蘇聯投資，但當時蘇聯沒有高爾夫球場。

我們相中的第一片土地位於窩瓦河畔。蘇聯方面設宴招待我們，大夥兒暢飲伏特加，舉杯敬我們的母親，敬河流，把什麼都敬了一輪。我30歲出頭，正值壯年，但喝了這麼多伏特加，連我也不勝酒力。於是我們到附近浴場洗桑拿浴，按照俄羅斯傳統的方法，他們會拿樺木枝條拍打你的身體，促進血液循環。之後我們全體跳進窩瓦河，身上一絲不掛。美國人看起來很開心，俄國人略顯嚴肅，但那個下午彼此都交上了朋友。

五年後，蘇聯終於選定一塊美麗的土地，叫納哈比諾（Nahabino），就在莫斯科環城公路（Moscow Ring Road）外不遠，位置在森林深處。他們希望球場隱密一點，因為政府還不想讓人民看見高爾夫球。

倒是在建造第三發球區時，我們的確發現一座二戰時期的地下碉堡，用來圈住陣地抵抗納粹軍隊入侵。

多年下來，球場的建設毫無進展，但我們堅持不放棄。正如歷史學者亞利斯泰・庫克（Alistair Cooke）所說，我這麼做，是想把個人主義的運動帶入一個集體主義的社會。直到戈巴契夫

莫斯科鄉村俱樂部，第15洞：水障礙。

執政，擱置已久的計畫才再次啟動——經過14年的溝通協商——雙方終於簽約動工。這項計畫在1988年6月1日於美蘇導彈高峰會上正式宣布。美國總統雷根與國務卿舒茲（George Schultz）希望可以發表一些和平的消息，所以當其他政治人物都在談論洲際彈道飛彈時，我們卻在講高爾夫球。

　　球場施工期間，我們向美國國防部申請批准時遇上了麻煩。審核合約的辦事員沒在打高爾夫球，以為「沙坑」（bunker）含有軍事意義，於是審核程序受到延遲。倒是在建造第三發球區時，我們的確發現一座二戰時期的地下碉堡（bunker），用來圈住陣地抵抗納粹軍隊入侵。我們把碉堡留在原地沒動，就在發球區旁，當成是一件歷史文物保存下來。

　　我們聘請了一名俄國人當球場管理者，他過去是一位導彈專家，當時俄國政府正在重組紅軍與眾多後勤支援設施，這位專家希望把製造洲際彈道飛彈用的鈦金屬改用於和平用途。他利用一些除役的鈦金屬做了一根推桿和一根開球桿，並送給了我，這個舉動真的是聖經所說的放下戰鬥，「把刀劍鑄成鋤頭」。我至今仍保存著那根推桿，但開球桿我最後送給了柯林頓總統。他揮了揮桿，開玩笑說：「這球桿應該沒有放射線吧？巴伯。」

　　1994年，球場開幕，我們舉辦了第一屆俄羅斯公開賽——或者，我都

稱之為「俄羅斯黑箱賽」，因為官方下令，哪怕有50個美國人參賽，但只有俄國人能贏，問題是當年俄國還沒有誰能把高爾夫球打得好的。

開幕典禮在納哈比諾舉行，過程中我很感動。我感覺得到，那片由冷杉、落葉松和樺木組成的森林展現了俄羅斯深沉的靈魂——柴可夫斯基激昂的抒情曲、杜斯妥也夫斯基的早期存在主義、偉大的詩人如高爾基（Gorky），還有他們所表達對俄羅斯風土的情感。這樣的感觸很難解釋，除非你曾和我一樣，實際親手摸過俄羅斯的土地。

典禮上，促成這座高爾夫球場興建的關鍵人物，俄國外交部副部長伊凡‧伊萬諾維奇‧瑟吉夫（Ivan Ivanovich Sergeev）說道：「我當了一輩子的土木工程師，希望為國內同胞改善我們的國家。現在，由於改革開放（俄文：perestroika，指戈巴契夫執政改革時期），我可以坦白說了。我可以告訴各位，我們全國的生態環境有如一座汙水坑。但如今在納哈比諾，一座花園正在成長，我們還有希望！」

情報指南

地點：莫斯科鄉村俱樂部靠近諾沃尼可斯科村（Novo-nikolskoe village），位在通過莫斯科環城公路的沃洛科拉姆斯克高速公路（Volokolamskoe Highway）的不遠處。

背景：俱樂部有「迷你達恰」（俄：dacha-miniums）小屋供人租住。莫斯科的高爾夫球季很短，只從5月中旬持續到10月中旬，不過6月因為永晝可以整天整夜打高爾夫。共產主義之父馬克思（Karl Marx）與自由市場經濟學家亞當‧斯密（Adam Smith）都會打高爾夫，馬克思是在倫敦大學寫作《資本論》的時期學會的。

旅遊資訊：俄羅斯聯邦旅遊署：www.russia-travel.com；莫斯科鄉村俱樂部：www.lemeriden-mcc.ru

高爾夫球場建築師**小羅伯‧瓊斯**（Robert Trent Jones Jr.）設計了夏威夷考艾島的普林斯維爾高球渡假村、美國圓石灘西班牙灣林克斯高爾夫球場以及位在中國、南非、喀什米爾、加勒比海等地的其他250座高球場。他最廣為人知的是能為高球場開發案，打破政治、氣候甚至地理環境的阻礙，人稱「現代高爾夫生態球場設計之父」。他也在柯林頓總統執政期間也為白宮設置果嶺。瓊斯為莫斯科鄉村俱樂部，發揮詩人文采寫下：「頌揚大自然的精髓／莫為賽局片刻的勝利歡呼」。他的《Golf by Design》一書，則教高球玩家如何判讀球場特徵來減少桿數。瓊斯支持國際難民協會（Refugees International，網址：www.refugeesinternational.org）。

艾薩克・麥茲拉西

紐約布魯克林，自家車庫

爸媽在紐約布魯克林的米德伍區（Midwood）買下一棟房子，加蓋的房間擋住了車庫進出，後來車庫一直空著，到了我十歲那年，就變成我的了！

那裡是我的偶戲劇場，我當年把全部的創造精力都投注在那上面。我媽媽總說，她永遠知道我在哪裡，因為只要我在車庫裡做事，一定會有一條延長線彎彎曲曲地從家裡窗戶拉到車庫裡，而且幾乎無時無刻都是這個景象。

我的偶戲風格很難歸類，算是滑稽劇，我叫它「富麗秀」。我那時可從沒聽過史蒂芬・桑坦（Stephen Sondheim）的《富麗秀》（Follies）或是巴黎的女神遊樂廳（Folies Bergère）。但偶戲劇場讓我有機會接受各種你所想像得到的創造力訓練。既然是劇場，所以要有表演該有的內容，還要寫作不同的大綱。此外還有音樂，我都用鋼琴作曲再以錄音帶錄音。我猜你也可以說，我是在替戲偶做衣服時學會了裁縫。

因為是提線人偶（marionette）劇場，我利用老舊生鏽的鞦韆架，在上面蓋了一座閃亮的舞臺，架子的質地事實上非常牢固，所以也很沉重。我會躲在布幕後站到和舞臺等高，弓起身子操縱小洞下方的傀儡。

我有一幅布滿亮片的布景，亮片多到不行！而且我對燈光很感興趣，一下子就摸熟了很多相關知識，我會撿人家丟掉不要的舊檯燈充當照明。有一次，有人送我一套「Lite-Brite」電子畫板，大致上那就像一個玩具燈箱，有一面方格插板，底下鋪著黑紙，玩家把彩色的小釘插進插板，拼成符號或圖案。我自己想了個辦法，把Lite-Brite組進一個場景，用在富麗秀其中一段高潮表演中。真好玩。

劇場用的所有戲偶也是我自己做的。我用白塞木刻出人偶的頭，再用模型顏料上色。我做過會踢腿的舞孃，提線人偶很有意思。

之後，
當車庫大門一打開，
就表示有偶戲可以看了。
什麼樣的人都會跑來。

從舊富頓街（Old Fulton Street）看到的布魯克林大橋。

　　人偶的服裝上用了很多亮粉和羽毛。我會趁早上偷拿我爸抽屜裡的零錢，然後幾乎每天一放學就跑去布料行買布邊。我對印花、金蔥和亮片布料特別著迷，我靠這種方法化身變裝皇后，但我不是穿在自己身上，而是給戲偶穿。

　　因為表演的是滑稽劇，劇中自然有歌舞橋段。在特別長的段落，我會播放預先錄好的音樂。有陣子我熱衷於一整幕巴西風的場景，所以你可以想像亮粉、波卡圓點，配上巴西音樂教父塞吉歐・曼德斯（Sergio Mendez）！

　　我真的超前傀儡師巴索・崔斯特（Basil Twist）很多。

　　我可以花好幾星期弄這些東西，準備、排演，這時車庫大門都會是關著的。之後，當車庫大門一打開，就表示有偶戲可以看了。什麼樣的人都會跑來——我姊姊的朋友，還有住在隔壁、下一條巷子與住在轉角的鄰居。他們都很愛！

　　偶戲劇場確立了我對雜學的偏好，也預示了我現在做的工作。而且我在想，不論是服裝界或影視圈，或其他上百萬件我停不了手的事——我現

在對這麼多目標懷抱的狂熱的興趣，多少都要歸因於當年。

仔細一想，在車庫裡的那座偶戲劇場，一切似乎都連得起來了。

情報指南

地點：布魯克林是紐約市的五個行政區之一，位於長島西部。

背景：布魯克林區人口有2500萬人，假如脫離紐約市管轄，會是美國人口排名第四多的城市。1934年，紐澤西一名牧農發明了亮粉（glitter），製造亮粉的原料是表面塗覆金屬或彩虹顏色的微粒玻璃、紙片或反光塑膠。比起其他傀儡，提線人偶可活動的範圍較大，也需要花較多時間學習操縱。以絲線控制的木偶最早出現在公元前2000年的埃及，到了18世紀，古典音樂名家如海頓（Haydn）和雷斯畢基（Respighi）都曾為提線人偶譜寫供成人欣賞的歌劇。

旅遊資訊：www.visitbrooklyn.org

艾薩克·麥茲拉西（Isaac Mizrahi）在15歲那年開創了首個設計服飾品牌（IS New York）。後就讀帕森設計學院，在學期間受到設計師佩瑞·艾利斯（Perry Ellis）賞識，聘用到手下工作。麥茲拉西曾與傑夫瑞·班克斯（Jeffrey Banks）和凱文·克萊短暫共事，1987年成立自己的女裝公司，三年後接著推出男裝品牌。介紹他的設計作品的紀錄片《褪下拉鍊》（Unzipped）在1995年日舞影展奪下觀眾票選獎，促使他的品牌快速拓展至亞洲與各地市場。麥茲拉西也為百老匯歌舞秀和大都會歌劇院設計表演服裝，贏得美國戲劇桌獎的傑出服裝設計獎項。他為美國的「目標賣場」引進平價時尚，現在是品牌「麗詩加邦」（Liz Claiborne）的創意總監。他的設計被形容為「翻轉經典」且「結合自在與優雅」，得過多項美國設計師協會時尚大獎。他支持美國愛護動物協會（ASPCA，網址：www.aspca.org）、善牧福利基金會（Good Shepherd Services，網址www.goodshepherds.org）。

佩姬 · 芮斯

美國緬因州中部海岸

因為我太常出外旅行了，最喜歡的地方反而是待在家，而我說的是緬因州的家，我先生和我一年有幾個月會住在這裡一個捕龍蝦的漁村。我們擁有一棟小宅院，裡面有我們的主屋、他畫的工作室、兩間客屋、一間倉庫，還有兩間展覽室。我們養的貓狗也在，我們都很喜歡那裡。

多年前，朋友不斷跟我說，緬因州的古董市場交易熱絡，有很多優質的鄉村拍賣會，於是我決定親眼去看看是不是真的。我自己走了一趟，立刻就愛上那裡。緬因州真的很「出世」，遠離各種壓力、各種與工作有關的事情。我替先生找到完美的工作室空間後，總算也騙他上鉤搬來這裡，這招管用。

我們住在一棟老船長的房子，院子裡到處是低矮的石牆，樹下長有青苔。這棟房子的歷史已經超過100年，所以還活著且知道它的人並不多。但我最近得知，許多年前曾有一群和尚在這裡生活，石牆和樹林間一座亭子都是他們蓋的，可能是用來坐禪的地方。我現在對這件事感到很好奇，可能要寫一封信給李察 · 吉爾（Richard Gere），他也是佛教徒，看能不能探聽到這些和尚的事，他們怎麼會來緬因州的小鎮？

這裡的一切都和水脫不了關係。我從家裡就能看到龍蝦船來來往往，船隊每天一大早出航，但我不會聽到船聲——我在這裡總是睡得很香。

我很樂於和捕龍蝦的漁民聊天。緬因州的學校素質一定很好，因為這裡每個人說話都好文雅。有傳言說緬因州居民對外人很冷淡，但他們對我們一家十分友善。

我們一開始不曉得，後來才知道落腳處原來是魏斯家族的土地。魏斯家族一家人都很和善，我們也結為朋友。傑米和太太菲莉絲（Phyllis）住在自己的小島上。安德魯夏天會到他父親諾斯居住的房子避暑。

我曾在地方上一場拍賣會買了幾件家具，都是來自安德魯 · 魏斯（Andrew Wyeth）的名畫《克莉絲蒂娜的世界》（Christina's World）

龍蝦船收回捕蝦籠後返回碼頭。

畫中那棟房子裡的家具。我們家裡還有很多東西也來自鄉村拍賣會。我蒐
集美洲原住民娃娃，真正古老、有小孩子玩過的那種。我們也在拍賣會
上找到幾艘瓶中船，並不罕見，但很迷人；另外還有一幅美國名畫家米爾
頓‧艾弗利（Milton Avery）的粉彩畫。一樣也是在拍賣會上，我用75美
元買到了一張羽絨梳妝椅。

就和很多老房子一樣，我們家二樓原先是一間小臥房和一間小浴室，所以我不得不動手改裝。現在我有一扇能眺望捕龍蝦碼頭的海景窗，我會坐進那張75美元的椅了，提筆寫

現在我有一扇能眺望
捕龍蝦碼頭的海景窗，
我會坐進那張75美元的椅子，
提筆寫信給少數幾個我依然會通信，
而非通電子郵件的朋友。

佩姬‧芮斯

信給少數幾個我依然會通信，而非通電子郵件的朋友。我也會在這裡讀書，書架就在我左手邊，書桌則在右手邊。房間裡滿室光線，我先生的一幅畫就掛在房間另一端我們的床頭上。

我愛這個房間勝過地球上其他任何地方。

情報指南

地點：緬因州位於美國新英格蘭地區，中部海岸一帶有許多小鎮。

背景：緬因州是密西西比河以東人口最少的一州，其他特點還有：緬因州是美國唯一一個州境只和另一州（新罕布夏州）相鄰的州；也只有緬因州，州名英文長度只有一個音節。由於森林茂密，緬因州成了美國最大的牙籤生產地，實際上，一間工廠一天就能生產2000萬根牙籤。緬因州中部海岸地區旅遊業發達，如林肯（Lincoln）、諾克斯（Knox）、薩加達霍克（Sagadahoc）與昆布蘭（Cumberland）等郡，境內有很多夏季別墅與小鎮。緬因龍蝦（其實應為美洲龍蝦，學名*Homarus americanus*）一般會長到約23公分長、重900公克，但最長能超過90公分、重逾20公斤，榮登全世界最重的海生甲殼類動物。每5000萬隻龍蝦才會有一隻是黃色的，但在2006年，緬因州一名龍蝦漁夫就抓到了一隻。

旅遊資訊：www.visitmaine.com

佩姬·芮斯（Paige Rense）是《建築文摘》（Architectural Digest）雜誌主編。她在1970年加入雜誌團隊，在她的領導下，《建築文摘》成為全球設計刊物的領導品牌，讀者將近500萬人。她也是美食雜誌《Bon Appetit》的創始編輯。芮斯經常赴各地演講，也在美國史密森尼學會（Smithsonian Institution）與其他文化機構主持研討會。曾獲《洛杉磯時報》評選為年度代表女性，入選室內設計名人堂。她的丈夫是知名的色域繪畫（Color Field painting）畫家肯尼斯·諾蘭（Kenneth Noland）。芮斯支持位於緬因州洛克蘭的「諾克斯郡動物保護協會」（Humane Society of Knox County，網站：www.humanesocietyofknox）與位於洛杉磯的動物保護組織朗吉基金會（Lange Foundation，網站：www.langefoundation.com）。

馬特‧格朗寧

夏威夷，考艾島

我在俄勒岡州長滿了蕨類的森林裡長大，我和玩伴常常在連綿的大雨中跋涉，在泥濘的小徑上一路踢著潮溼的松果取樂。因此我總覺得，森林以外的世界都像是乾枯的沙漠。

我爸爸荷馬（就是取自那位古希臘詩人的名字）是電影導演，對水和任何與水有關的東西——不管是凍水（溜冰）、鹹水（潛水）還是漏水（他的一部電影把水龍頭當成樂器）——都很著迷。1960年代，荷馬拍攝了一大堆以衝浪和海底生態之美為主題的短片，我經常納悶：「我們到底幹嘛住在俄勒岡州？」

我爸也不是沒見識過熱帶天堂的生活。在我出生以前，他是美國空軍飛行員，1950年代早期，一家人就住在夏威夷歐胡島北岸，過著田園式的生活。十年後，我爸拍攝衝浪電影之際，我也得以開始定期回夏威夷。後來，大約25年前，我發現了考艾島的存在。

考艾島是夏威夷群島中最潮溼的島，天天下雨，讓我想起少年時代在俄勒岡州那種浸入骨髓的溼氣。島嶼北岸可愛的小鎮哈納列（Hanalei），座落在懷厄萊阿萊山（Mount Waialeale）山下的一處谷地，我常在鎮上租房子；據說這座山是全球降雨最多的的地方。我喜歡抬頭遠望山壁，暴風雨過後，會有十多條瀑布彷彿憑空湧現。幾年前，我與同行的馬克一起在哈納列灣海岸外90多公尺處無所事事地漂浮，好不悠哉。我指著遠處的山宣稱：「那是地球上最潮溼的地方。」馬克看了看周圍我們載浮載沉的海水，說：「我以為是海。」

考艾島也是夏威夷的主要島嶼中最古老、地表侵蝕最嚴重的島。來到「太平洋的大峽谷」威美亞峽谷（Waimea　Canyon），就能看到侵蝕力量發揮作用。峽谷約1.6公里寬、900多公尺深，兩旁橘紅相間的山壁，被如今看似涓涓細流的河水向下切割成現在的樣子。另一個潮溼的地方是納帕利海岸（Na　Pali　Coast），那裡沒有道路，只有高聳驚人的峭壁和無數驚人的景點，例如全世界第二長的海蝕洞：懷厄華卡洞（Waiahuakua

想下水,從岩石上一躍而下也是一種方法。

Cave)。每次造訪考艾島,我都會開車到道路盡頭的奇耶海灘(Ke'e
Beach),再沿著約3公里長、坡度甚陡的卡拉勞步道(Kalalau Trail)走
到哈納卡皮愛海灘(Hanakapiai Beach)。這條步道後續還有14公里多,
偶爾崎嶇難行,但目前我都把這件事留給比較有種的露營客和野山羊去
做。只要開始下雨,我就折返,因為步道會變得溼滑;可是就算不下雨的
日子,我也會不由自主地踩著滿是泥巴的鞋子走回頭。

　　考艾島每天通常會下大約半小時的雨,但我曾經遇過冬天待在島上14
天,有12天在下雨。欣慰的是,每天確實會出現一到兩次彩虹,而且觀光
客一遇到下雨就會躲回車上,留下空無一人的壯麗海灘。

　　島上我最喜歡的地點是魯瑪海(Lumahai),從哈納列出發,繞過岬
角就到了。這裡是音樂劇改編電影《南太平洋》(South Pacific)知名的

拍攝場景，很多時尚廣告也在此取景。一條短而窄的小徑從公路通往新月狀的海灣，在這裡大家都無視警告標語，從大石頭上飛身躍入海中。我的小孩也樂此不疲，一跳再跳，但我至今沒有那個膽量。我只敢在水中等待，暗自希望不會有人撞到後腦勺。

> 當你游進一座海底洞穴，
> 看到一隻熟睡的鯊魚，
> 然後才發現
> 除了從牠身邊游過去之外
> 沒有別的出路，
> 這種事一定讓你永生難忘。

往北幾公里有一片適合浮潛的海灘，名為特諾斯（Tunnels），我也很喜歡。水肺潛水在這裡既簡單又吸引人，海中有大群的魚和鰻，偶爾會出現無害的灰三齒鯊（whitetip reef shark）。當你游進一座海底洞穴，看到一隻熟睡的鯊魚，然後才發現除了從牠身邊游過去之外沒有別的出路，這種事一定讓你永生難忘。這時候你只能盡量別驚動任何人。

我也喜歡在尼豪島的海域潛水。這座小島位於考艾島西方29公里，歸私人所有，不能上岸。但跟著像Bubble Below（海底泡泡）這樣的潛水公司，可以在近岸浮潛和潛水。第一次去尼豪島時，我問船伕今天水底狀況如何，他回答我：「鯊魚有點多。」另外有一次，我和同伴在一處海灣戲水，忽然有十來隻海豚游過，也沒多看我們一眼，只是用飛快的泳速來嘲笑我們。

就在尼豪島海岸外，有一個我最喜歡的潛點：大垂直壁（Vertical Awareness）。這座垂直岩礁在晶透的水中陡降120多公尺，上面的黑色珊瑚看起來像一棵棵的小樹。在這裡潛水是我一生中最棒的體驗，海水清澈至極，感覺好像漂浮在太空中。

考艾島上處處都是尚未發現的珍寶，每年我總會又發現幾個新的。多年前，島上吸引我的是北岸一座連通密室的水岩洞。離開沒有指示的小徑，攀下岩石，進入洞內，會發現一池注滿雨水的大水潭，寬15公尺，游過水潭時才會發覺雨水非常冰冷。接著溜進岩壁上一處凹口，就會到達當地人說的「藍室」（Blue Room）。照耀在清澈海水上的陽光經過池底反射，照進這間密室，形成了宛如異世界的藍光。在這裡面會覺得異常安靜，彷彿置身夢境。

馬特‧格朗寧

129

25年來，我多次來到考艾島，每次造訪都仍令我驚奇。島上震懾人心的美景逼迫我的腦袋放慢速度，我想也許有一天我就不會離開了。

情報指南

地點：考艾島隸屬夏威夷群島，位於歐胡島西北方。

背景：考艾島因為林木茂盛，又叫做花園島。懷厄萊阿萊山（海拔1569公尺）一年有300天雲霧繚繞，年雨量1萬1680公釐（平均每天30公釐），是地球上第二潮溼的地方，雖然考艾島上的居民自認第一，但其實以區區170公釐之差，輸給印度的毛辛拉姆（Mawsynram）。在考艾島取景的電影或電視劇超過70部，包括貓王的《藍色夏威夷》（Blue Hawaii）、《法櫃奇兵》（Raiders of the Lost Ark）和《侏羅紀公園》。2002年的電影《星際寶貝》（Lilo & Stitch），以小鎮哈納列當作動畫場景，哈納列的海灘總長3.2公里。威美亞峽谷全長16公里，奔流的威美亞河挾帶懷厄萊阿萊山的降雨，切出這條峽谷。納帕利海岸峭壁有些部分高度超過1200公尺，沿岸沒有車道，只能搭船或徒步前往。卡拉勞步道地勢險惡，從哈耶納州立公園（Haena State Park）到卡拉勞海灘，短短17公里路就橫越了五座寬大的山谷，步道常受雨水沖刷，遍地泥坑碎石，還有狹小岔路盤繞在上百公尺高的峭壁上方。

旅遊資訊：考艾島：www.kauai-hawaii.com；夏威夷群島：www.gohawaii.com

馬特‧格朗寧（Matt Groening）是編劇兼漫畫家，創作了《辛普森家庭》（The Simpsons），從1987年在電視上播出至今，成為美國最長壽的情境喜劇。屢獲艾美獎肯定的動畫劇《飛出個未來》（Futurama）也是他的作品。自1980年以來，格朗寧每週固定發表四格漫畫《地獄生活》（Life in Hell），後來集結成《愛是地獄》（Love Is Hell）和《地獄大典》（The Big Book of Hell）等書。他喜歡一切與海洋有關的事物，只要頭一探入水底，他就不會再想漫畫的事。

曼努埃

美國加州帕沙第納，玫瑰花車遊行

我們每個人心目中都有一個地方，會讓我們覺得：「哇！在那裡發生的事改變了我的人生！」21歲那一年，命運把我帶到了洛杉磯。我七歲起就在墨西哥做裁縫，日後來到美國追逐設計大夢，我不知道夢想會這麼快達成，然而不到一年半，我已經在明星指定裁縫師賽德弗（Sy Devore）手下工作，替法蘭克‧辛納屈（Frank Sinatra）和鼠黨（The Rat Pack）做衣服。

但沒過多久，我就厭倦了做灰色窄翻領的鯊皮布西裝，還有那些燕尾服，顏色有黑有白，但總是不脫那幾種款式。我心想：「這不是我想像中的設計，這只是有樣學樣而已，我需要找點不一樣的事情來做。」

1950年代初，一個女生朋友邀我去帕沙第納看玫瑰花車遊行，她說我們前一晚可以睡人行道，我說：「我沒聽錯吧？我才不睡人行道！至少找間像樣的旅館吧。」她告訴我，旅館好幾個月前就都被訂光了。我們於是買了最好最貴的行軍床，只是為了維護我的自尊，那個跨年夜就露宿在人行道旁。

到了早上，遊行正式展開。隊伍中還有人騎馬，我一輩子沒見過那麼浮誇的裝扮：那些顏色！那些亮片！那些刺繡！看到魁梧的漢子身穿花花衣裳，帽子綴滿水鑽，我簡直目瞪口呆，我心想：「老天！這才是我想做的！」

在那之後，我開始為「紐迪牛仔西服店」（Nudie's Rodeo Tailors）工作，那是北好萊塢有名的閃亮西部牛仔服飾店。後來我自己出來開業，為搖滾歌手製作狂野的訂製服，從瑞奇‧尼爾森（Ricky Nelson）到滾石樂團；從傑克森五兄弟（Jackson Five）到死之華（The Grateful Dead），都穿過我做的衣服。

我能怎麼辦呢？如果店裡賣糖果，全社區裡的孩子當然都會來光顧！我的水鑽刺繡西裝

> 看到魁梧的漢子
> 身穿花花衣裳，
> 帽子綴滿水鑽，
> 我簡直目瞪口呆。

玫瑰花車遊行陣中一輛華麗的花車。

也遇上同樣的事。大多數人心中都有一隻孔雀，隨時準備好亮出驕傲的羽毛。很快地，我學會怎麼喚醒他們對表現的渴望，跟他們說：「不要光用想的，直接試試看吧！」

　　我替披頭四也做過幾套服裝。那幾個孩子，他們好「英國」，尤其是約翰，所以我決定為他們打點繽紛鮮豔的造型，用的還是剩下的布邊——你想像得到嗎？我是玩票性質地做，以為他們絕對不會中意，沒想到他們愛死了！那幾件衣服最終成了披頭四在「比柏軍曹」專輯封面穿的軍服。

　　設計服裝比起任何事情都來得有趣，它帶我進入美麗且紋理豐富的世界，還能遇到很多極富魅力的人。而這一切都要追溯到當年的玫瑰花車遊行，那場遊行填補了我的空虛，當頭棒喝一般，讓我聽見內心的呼喚，也改變了我的一生。

情報指南

地點：加州帕沙第納位於洛杉磯北方，距離洛城市區車程15分鐘，每年1月1日舉辦玫瑰花車遊行大賽。

背景：1890年，為了展現加州冬季溫暖的天氣，來自東岸的新移民開始舉辦花車遊行。至今從未有一場遊行在星期日舉行，這項規定始於1893年，為的是「避免栓在當地教堂外的馬兒受到驚嚇，打擾教堂內做禮拜。」遊行規定也要求，花車上的每一寸空間都必須黏滿鮮花或其他植物素材，例如樹皮、種子和樹葉，負責裝飾花車的人往往整天下來全身都沾滿了膠水和花瓣。近幾年出現的花車造型有：在花卉叢林裡踩腳的金剛、彈吉他的恐龍、跳草裙舞的豬、機器人廚師，還有真的會動的雲霄飛車。

旅遊資訊：www.pasadenacal.com；www.tournamentofroses.com

訂製服設計師**曼努埃·奎瓦斯**（Manuel Cuevas）——大家叫他曼努埃，是他讓貓王穿上連身喇叭褲，把強尼·凱許（Johnny Cash）改造成「黑衣人」，還為滾石樂團首創浮誇的紅唇徽章。志在利用造型確立表演者的形象，曼努埃為演員詹姆斯·狄恩（James Dean）裁製他在電影《巨人》（Giant）中所穿的牛仔褲；使歌手格倫·坎貝爾（Glen Campbell）搖身一變為閃亮牛仔；更造就歌手杜威·約肯（Dwight Yo-akam）的挺拔造型。從美國前總統雷根、畫家達利，到女歌手桃莉·芭頓（Dolly Par-ton）都是他的老主顧。他曾為90部電影及電視劇如《獨行俠》（The Lone Ranger）和《大淘金》（Bonanza）打點服裝。科蒂設計獎、MODA設計獎和鄉村音樂協會獎，也肯定他在時尚設計上的成就。曼努埃現居美國田納西州的納士維（Nashville），成立曼努埃基金會，培訓來自全球各地的時尚學徒。

傑米‧魏斯

美國緬因州，南方小島

我住在緬因州一座小島的燈塔內，小島的面積只有9公頃，站上最高處，就能把我這片天地的上下四方盡收眼底。

絕大多數時間，我都是島上唯一的一個人。陸地距離小島約1.6公里，我每星期會回去一趟補充民生用品。我整天畫畫，一個畫家反正也不需要有工作團隊，不需要樂隊、不需要出版商，真要說的話，我只需要專心，而這一點小島保證可以給你。

我住在燈塔看守員的小屋，一棟建於1850年代、新英格蘭風格的白色護牆板建築，想進入燈塔得先經過我家客廳才行。燈塔悉數是用磚頭和很重的花崗岩打造，當年的人把它蓋得像一座堡壘，因為他們不希望燈塔被暴風雨給吹垮。燈塔對船舶來說很重要，在霧號發明以前，人們也會用鐘聲當作警示。我在水邊就有一座鐘塔，內部有類似鐘擺的裝置能敲響警鐘，所以假如有人開船經過，他就知道自己身在何方。

燈塔和小島創造出一種獨特氣氛，但並不總是如想像中浪漫，小島生活也有很多現實面要克服，例如你隨時得留意氣象，強風大浪會讓人無法靠岸。我對外聯絡的工具只有一具無線電電話，通常都派不上用場。小島居大不易，但我喜歡這樣。

冬天我一樣會待在島上。當暴風撕裂海面，驚濤拍岸時，我會爬上燈塔頂端，從那裡看到的景象無比壯闊。

小時候，我一直很想在船上生活，但一艘船住個幾週很快就會覺得拘束。小島既有船的各種特質，也有陸地應有的條件，再適合我不過。

我太太當然也會到島上來，但她偏好美國本土寬廣的世界，只是偶爾才來小住幾天。畢竟也不是人人都受得了小島生活，有的人一踏上這座島就說：「真服了你！你在這裡做什麼？不怕畫畫題材用光嗎？」其實，我覺得就算我在這裡住上三輩子，也還畫不了多少皮毛。

我畫了一系列的海鷗作品——那是我在這裡最不缺的一樣東西。我在海鷗群之間生活了太久，牠們現在把我也看成是一隻海鷗，我坐在岸邊，

傑米・魏斯的家是緬因州南方島上一座燈塔。

牠們會在我身旁睡著。

　　另一種我始終很感興趣的鳥是渡鴉，我請教了很多鳥類學者，怎麼做才能吸引渡鴉到我的島上來。他們告訴我要每天穿同樣的衣服、定時餵食鳥類。沒多久，我就引來200隻烏鴉在我全身上下撲顫翅膀，甚至有烏鴉站在我頭上！但沒有引來半隻渡鴉。

　　最後，我請到一位名叫伯恩・海因利希（Bernd Heinrich）的渡鴉專家來島上教我如何吸引渡鴉。他是德國人，大好人一個，本人長得也挺像一隻渡鴉的。他告訴我：「這個嘛，你需要一頭乳牛。」我心想：他是在胡說八道些什麼？原來，他的意思是需要一頭乳牛屍體。於是我聯絡緬因州的酪農，跟對方說：「如果你們有乳牛死掉，請通知我一聲。」終於，某天清晨5點，我的無線電電話響起，話筒那一頭說：「我們有你要的牛了。」

　　當然，運送貨物到島上一向是小島要克服的難題，就算是小東西也很麻煩，何況是一頭將近900公斤的乳牛。我必須開一輛曳引機到農場，把乳牛抬上卡車，開到碼頭，卸下乳牛，裝進駁船，再把牠載回島上。我費了很大的工夫。

　　做這件事的時候正值早春，偏偏那年春天很溫暖，乳牛一下子就開

傑米・魏斯

始腐爛。風往西南方吹，把屍臭味都吹向本土上的坦納茲港區（Tenants Harbor），鎮上的每個人都在問，他到底在那座島上瞎攪和什麼？那隻牛的味道臭到令人不敢置信。

我也養了狗兒作伴，都是傑克魯梭狹（Jack Russell）。有一陣子，島上的田鼠鼠滿為患，有人建議我找隻野貓來對付，我就帶了兩隻回來。當然了，有貓就會招惹到狗，幾隻狗從此成天追著貓團團轉，到目前為止的對戰積分是：貓比狗，10比0。

有人說，住在燈塔裡有點像跟著馬戲團遠走高飛，我猜被他說對了。

情報指南

地點：南方島就位於緬因州聖喬治半島（St. George Peninsula）的坦納茲港區外海，大約在波特蘭（Portland）東北方145公里。

背景：不論使用電力或燃燒煤油，燈塔的光在英文都稱為「燈」（lamp）。每一座燈塔的閃光間隔長短各有不同，能幫助船員辨認不同的燈塔。南方島上的燈塔在1858年落成，1933年除役。傑米・魏斯的雙親在1978年買下這座島，他的兩幅畫作《海邊的愛麗絲》（Iris at Sea）和《南瓜頭拜訪燈塔》（Pumpkinhead Visits the Lighthouse）中都把這座燈塔給畫進去。渡鴉有驚人的智力（表現在解決問題的能力上），愛調皮搗蛋（年輕渡鴉會和狗或狼玩「你追我跑」，甚至會在積雪的河岸「溜滑梯」），會一生維持固定伴侶。渡鴉在世界神話中被賦予很多象徵，可以代表騙子、鬼魂或天神等。

旅遊資訊：www.visitmaine.com

傑米・魏斯（Jamie Wyeth）19歲在紐約舉辦首場個展，不久即為美國總統甘迺迪、普普藝術家安迪・沃荷、演員阿諾・史瓦辛格繪製肖像畫，但他長久以來取材的對象是緬因州的人物、動物和鄉村風景。在1990年代早期搬到南方島以前，他一直在孟西根島（Monhegan Island）上工作、生活。傑米主要以油彩作畫，但也擅長水彩、蛋彩、版畫、蝕刻、素描與複合媒材，作品廣受展藏，美國的法恩沃斯藝術博物館（Farnsworth Art Museum）、魏斯中心、白蘭地酒河美術館（Brandywine River Museum）、國家藝廊、國家肖像畫廊和現代藝術博物館都有展出。小的時候，他隨姑姑卡洛琳（Carolyn Wyeth）研習藝術，跟在父親安德魯（Andrew Wyeth）身邊作畫，他的祖父紐威・康瓦斯・魏斯（N. C. Wyeth）也是知名藝術家。傑米支持妻子成立的非營利學校「鯡魚腸學習中心」（Herring Gut Learning Center，網站：www.herringgut.org），向各年齡層的學生教授海洋科學和海洋文化，推廣並保存緬因州沿海地區漁業的永續發展。

凱文・克萊

坦尚尼亞

去坦尚尼亞的目的是拜訪馬賽族。馬賽人的穿著——他的用色、珠寶首飾——帶給我的作品不少影響。所以我希望能親身與他們見面，而且最好不是在觀光客氾濫的地方。

首先，我進行了幾趟其他的冒險。我住在塔蘭吉雷國家公園（Taran-gire National Park）邊緣的奇可蒂營地（Kikoti），那是一座傳統的帳篷營地，很多帆布營帳，還有一座洗手檯，稱不上豪華，但是能看到的草原和野生動物景觀令人驚為觀止。接著我們前往賽倫蓋蒂，全世界沒有什麼事比得上賽倫蓋蒂的動物遷徙。你會看見上百萬頭牛羚和幾十萬匹斑馬川流不息的場面。

路邊販賣傳統束卡的商店。

下一站，我們開車進入恩戈羅恩戈羅火山口（Ngorongoro Crater），火山口內自成一片天地——光線、天空，湖中倒影，一切都在不斷變幻，彷彿像見到了抽象藝術，在一張超過250平方公里的畫布上動了起來。一邊開車前進，一邊會看到成群的動物：瞪羚、長頸鹿、大象。這個地方之所以特別，是因為萬物不是人類刻意安排，動物自顧地做自己的事。假如樹木倒下，它也只會留在原地。我相信人類做不出任何事，能夠媲美非洲這一塊渾然天成的土地。

最後，我見到了馬賽族。我搭飛機來到一座名為「因波瑞」（Emboreet）的偏遠村落，當地人住茅屋土房，沒有電力，沒有自來水，什麼也沒有。他們依舊獵殺獅子，茹毛飲血。環境嚴苛，但他們是美麗的民族。他們的身高！他們的臉孔！他們的服裝品味！不只衣服的色彩涵蓋了各種濃淡的紅色、粉色和橘色，而且他們還懂得混搭：烏黑、藏青、條紋、彩格、方格——所有圖樣和顏色全穿在一位黑美人身上。而他們的脖子和耳朵則垂掛了各式各樣的珠串和寶石。

1980年代早期，我根據自己看過的馬賽族照片設計過一系列服裝。馬賽人衣著色彩濃豔，而我通常喜歡比較柔和的色調，但他們熟練的搭配激發我不少靈感，那些色彩和圖樣的組合十分獨特。30年後，終於當面見到馬賽族，看到他們奇妙的風格就在眼前躍動，真的很振奮人心。

情報指南

地點：坦尚尼亞位於東非，國界與印度洋相鄰，並與肯亞和其他七個國家接壤。

背景：坦尚尼亞國名結合坦加尼喀（Tanganyika，大陸）和尚吉巴（Zanzibar，外島），是由兩個前英國殖民地合併而成，境內有非洲最高峰：吉力馬札羅山（Mount Kilimanjaro，海拔5895公尺）與最大湖泊：維多利亞湖（Lake Victoria，面積6萬8870平方公里）。因為少有人到訪，坦尚尼亞國家公園仍保有非洲原始的風貌。奇可蒂營地就在國家公園外圍，營地內有搭建在平臺上的帳篷套房，視野開闊，房間有遊廊，床鋪附有被單，並以太陽能發電提供電力；營地就位在非洲象一年一度的遷徙走廊旁。賽倫蓋蒂大遷徙是全世界最壯觀的動物地面遷徙：100萬頭牛羚排成近40公里長的隊伍前進，牛羚交配造成了「數量爆炸」，一天能增加超過8000頭牛羚寶寶。恩戈羅恩戈羅火山口——全球最大、完好無缺且沒有積水的火山口——是許多草食動物如斑馬、瞪羚和巨羚的家園，捕食者的密度可能也居非洲之冠，境內總計2萬5000隻動物，包括「五大獸」：犀牛、獅子、獵豹、大象和水牛，也全體到齊。傳統馬賽族人會

用一整塊布裹住身體，稱為束卡（shuka），以紅色居多，但粉紅色或印花束卡也不少見，就連戰士也會穿。用在串珠首飾中的珠子，不同顏色各有象徵意義：紅色（血、戰士、勇敢）、白色（和平）、藍色（水）。馬賽族會刺耳洞，並且拿各種物品把耳洞撐大，從整捆樹枝到底片筒都有人用。

旅遊資訊：www.tanzaniatouristboard.com

美國時尚界現代主義設計師中的翹楚，**凱文 · 克萊**（Calvin Klein）開創了世界級的時裝名牌。他在1968年成立公司，短短幾星期，就售出價值5萬美元的服飾給當年時髦的邦維特百貨公司（Bonwit Teller），而他時髦優雅的設計，也很快受到《Vogue》雜誌和《哈潑時尚》專文介紹。1970年代，他首創「設計師牛仔褲」，產品線也擴展到內衣、香水、泳裝、飾品、眼鏡等領域，年銷售總額破60億美元。至今他得過七座美國設計師協會時尚大獎，以及三座科蒂時裝評論獎，是歷來獲獎者當中最年輕的設計師。紐約藝術指導協會也頒發總統獎章，肯定他的創意行銷廣告。凱文 · 克萊支持致力對抗愛滋病的同志關懷團體「男同志健康危機」（Gay Men's Health Crisis，網站：www.gmhc.org）。

塞吉歐‧阿拉貢斯

墨西哥，墨西哥市

當有機會去墨西哥市，我的心跳就會開始加速。我從小在那裡長大，所以那裡不單是一個地方，更是一個充滿回憶的地方。每一個街角都能讓我想起曾經發生過的事。有一次去墨西哥市，我回到奇魯巴斯科片場（Estudios Churubusco），我父親是電影製片，以前在片場裡有一間辦公室。我小時候放學後常常到片場玩，書包一扔，不管他們正在拍什麼電影，我都會衝進道具部門，自己穿上整套戲服。西部小鎮是我的最愛，配一把左輪手槍、戴上大盤帽，我就成了牛仔！

我會跑到布景裡去，推開酒館的木門，門的另一邊什麼也沒有，只有田野，跟一些撐著房屋立面的木頭支架。前面則是一排讓飾演牛仔的演員栓馬用的欄杆。沒有人在拍電影的時候，我喜歡跑來這裡和看不見的壞人決鬥。我喜歡假裝中槍。我會從酒館裡面撞開門衝出去，兩腳朝天翻身越過欄杆，穩穩地落在塵土飛揚的街道上，然後再跑回去，再中一次槍，樂此不疲，誰叫我是小孩子嘛。

我想，這段日子對我日後創作漫畫、構思橋段有很大的幫助。置身電影場景，想像力真的會無限擴張。

說到電影，我以前放學後常常和朋友去一票可以連看三場的戲院。當時是50年代初，電影票很便宜，一張才一披索。我們會跑進影廳，因為是白天，從來沒有半個人，我們一人挑一階坐下，一邊看電影，一邊就著每排座椅尾端微弱的燈光寫功課。回家以後爸媽會說：「你又跑去看電影！你的功課呢？」我就會說：「寫完啦！」

多年後，我和《Mad》雜誌的同仁一起去墨西哥市。雜誌發行人比爾‧蓋恩斯（Bill Gaines）每年都會舉辦免費旅遊，招待雜誌的固定合作對象，包括漫畫家、作家，還有在版權頁上列名為「一群普通的傻瓜」的編輯群。我們去過很多地方：巴黎、肯亞、香港、蒙地卡羅、大溪地、摩洛哥、威尼斯。

因為我是在墨西哥市出生長大的，比爾就請我辦這次的旅遊，於是我先過去那邊安排，規畫了一般觀光客不會做的活動，比方說「自助式」鬥牛。我找到一座老農莊，裡面有美麗的鬥牛場，四周是一間餐廳，大家可以坐下來。想體驗當鬥牛士的人就進到場內，由職業鬥牛士傳授基本動作；這時候其他團員就坐在餐桌旁享用豐盛的大餐，看著你鬥牛的蠢樣笑到岔氣。場上的牛是真正的鬥牛，跟一般的公牛品種完全不同，不過只有六個月大，體格還小，給牠撞一下頂多只會唉唷一聲。

　　《Mad》雜誌的幾位勇士決定要當鬥牛士，所以我也被拖下水。職業鬥牛士教我們幾個訣竅，例如怎麼把斗篷擋在牛的眼前，引開牠衝撞的方向。他告訴我們，斗篷掠過自己身體的距離愈近，代表愈勇敢！

　　他們放牛出閘，我們幾次閃身而過，桌邊的觀眾哄笑個不停。這時有人問，我們這群人裡面最勇敢的是誰？我們都指向傑克・戴維斯（Jack Davis），一個喬治亞州來的大個子，什麼都敢嘗試。那些人告

墨西哥市內索奇米爾科水上花園的觀光遊船。

訴他：「你一定要跪著等牛靠近，然後把斗篷拿在面前。這些牛非常危險……你勇氣可嘉！」

那頭鬥牛等在閘門後面，門上有一道裂縫可以看到牠的眼睛。接著「砰！砰！」，牠開始撞門。傑克跪在地上，屏息以待。門一打開——慢吞吞走出來一頭騾子，繞著傑克踱了一圈又回到門裡面，牠是被訓練成會這樣做的。我們其他人都笑得歇斯底里。

職業鬥牛士教我們幾個訣竅，例如怎麼把斗篷擋在牛的眼前，引開牠衝撞的方向。

這趟旅程中，我們也參觀了一些一般觀光景點，例如著名的水上花園：索奇米爾科（Xochimilco）。索奇米爾科是古代湖泊的遺跡，有人在稱為「架田」（chinampas）的人工島上栽植花卉，乘坐小船在水道上移動。

索奇米爾科充滿我的回憶，因為以前每天上學前，我都會到這裡划船。我們一隊有四個人外加一名舵手。一大清早，水面上低低籠罩著一層濃霧。我們划船的時候只看得到彼此的頭！時至今日，小船載著觀光客在水上花園上觀光，每艘船的船篷上都有鮮花妝點，拼成諸如「瑪格麗特」、「墨西哥萬歲」或「愛」之類的可愛小花樣。《Mad》雜誌的團隊經常拿發行人比爾・蓋恩斯開玩笑，所以我事前已經安排好，在我們船篷的標語寫上關於比爾的粗鄙笑話。大家看到的時候都笑到東倒西歪。但最好笑的是，其他觀光客為了拍照留念差點沒掉進水裡。

後來，一行人全到我母親的家，她在院子裡搭了漂亮的棚子和燈籠，為我們做了一鍋什錦海鮮燉飯。

所以說，我愛墨西哥市。但我拜訪墨西哥市得到的快樂，和精采的歷史或偉大的博物館無關，而是因為我的回憶，也因為它是我心靈上的家。

情報指南

地點：墨西哥市是墨西哥首都，位於墨西哥中央高原，海拔約2240公尺。

背景：大墨西哥市地區人口1940萬人，是全世界僅次於東京的最大都會區。市內有160座博物館，電影院的數量高居全球第四（前三名是紐約、倫敦和多倫多）。1968

年因籌辦奧運，索奇米爾科的其中一條運河為了划船競賽而改道；索奇米爾科日後獲聯合國教科文組織指定為世界遺產。《Mad》雜誌有一年員工旅遊前往海地，發行人蓋恩斯下令全體開車直奔海地唯一一位訂戶的家，再由他把一張雜誌續訂卡正式頒給一頭霧水的男主人。

旅遊資訊：www.visitmexico.com

塞吉歐‧阿拉貢斯（Sergio Aragonés）據說是全世界作畫速度最快的漫畫家，並且肯定是最受讚譽的漫畫家，囊括了漫畫界的每一項大獎，包括美國漫畫家協會頒發的最高榮譽魯本獎（Reuben Award）。他出生於西班牙，在墨西哥市長大，1962年移居美國，隨即開始替漫畫雜誌《Mad》供稿，自1963年起，除了「郵局砸了」（The post office screwed up）這一期以外，每一期雜誌都有他的作品。他的「瘋狂邊欄」系列（Mad Marginals）是沒有對白的幽默漫畫，刊登在頁面上的空白部分，他也會配合時事話題繪製每月的〈瘋狂看世界〉（A Mad Look at……)專欄。塞吉歐演過喜劇節目《Laugh-In》，畫過廣告插畫和電視節目動畫。他的《流浪者格魯》（Groo the Wanderer）是史上由原作者擁有著作財產權的漫畫中刊行時間最久的之一，比出版過該作品的許多公司壽命更久。

蔣志

中國北京，涼亭

座涼亭位於北京通州區。在中國，但凡有庭園的地方一定有涼亭。涼亭是中國建築和風景很重要的一部分，反映出中國文化獨特的一面：由小見大、見微知著。

中國文化同樣也強調性靈與「空」之間的和諧。涼亭小而空，但它的「空」又涵納了天地之廣，一如中國古代許多文人所描述的：身在亭臺樓閣之中，別無他物，觀覽萬物之情，莫過於此。

涼亭向來是中國詩詞鍾情的題材，也是繾綣情事上演之處。也因此，涼亭是付諸行動的地方——無論是實質意義或情感方面的行動。

「事情一旦發生就會變得不可思議之一，2006」，蔣志作品。

這個女人是被拉向聚光燈，還是主動追求亮光？這個問題沒有標準答案，觀看者可以決定自己想怎麼解釋，我在這裡做的只是想呈現一起神秘事件，試圖把看照片的人變成說故事的人。

情報指南

地點：通州區位於中國北京市東南部。

背景：通州區位在京杭大運河尾端，因地處「往來交通之要地」，是進入北京中心的水陸要道，所以被命名為「通」州。蔣志的攝影作品名為「事情一旦發生就會變得不可思議之一，2006」，攝影師用鋼絲吊住模特兒（電影中常見用來懸吊演員的技術），後製時再消除拍到的鋼絲。除此之外，他沒運用任何特效，僅在現場一片黑暗中利用慢速快門，拍攝出這個作品。這張照片是一項為期兩年的攝影計畫的一部分，這項計畫旨在研究照明。「光與暗是相對的，」他說，「而且同時存在。光明，就如同黑暗，也是生命的一種原始力量或能量。」

旅遊資訊：中國：www.cnto.org

蔣志生於1971年，中國美術學院畢業，目前在中國深圳與北京兩地工作生活。作品曾於中國、歐洲、泰國、巴西和美國等地展出，在美國由洛杉磯DF2藝廊代理（網址：www.df2gallery.com）。

第四章

影視明星最愛的地方

泰德‧丹森 闔家同樂的小島

寶黛麗 西班牙駿馬與花香的城市

威爾‧法洛 電影明星的農場小屋

艾力克斯‧崔貝克 走訪咆哮山莊

西薩‧米蘭 公園藏身好萊塢

威廉‧沙特納 適合裸泳的野溪

娜塔莉‧波曼 熱情與憤怒之間

強納森‧溫特斯 與英國人鬥嘴

傑夫‧福克斯沃西 癌症病童的夏日營區

傑瑞‧賽恩菲爾德 中央公園的壘球場

喬治‧盧卡斯 到美國沙漠拍電影

嘉莉‧費雪 遇見巨蟒劇團與滾石樂團

摩根‧費里曼 藍海中的小港

羅賓‧威廉斯 加州綠野仙蹤

蘇西‧歐曼 大都會的一張長椅

泰德・丹森

美國麻薩諸塞州，瑪莎葡萄園島

在 我眼中，瑪莎葡萄園島堪稱完美。假如有人給你一組油彩或一臺相機，在島上任何一個地方停下來，你都有最迷人的景物可以臨摹或者拍攝。

我在亞利桑那出生長大，後來離家到康乃狄克州讀高中，之後又在紐約待了七年，因此我心中的某一部分對新英格蘭地區也懷有一份愛。而在瑪莎葡萄園島，新英格蘭的鄉土以最棒的方式與水交會：島上有樹林也有池塘；有大浪也有沙丘。

我太太瑪麗・史汀柏格（Mary Steenburgen）向來會在夏天到葡萄園島訪友，於是有一年7月，當時才剛交往的我們第一次一起到島上度假。我們住在小漁村孟內莎（Menemsha）的「李子海灘旅館」（Beach Plum Inn），這是瑪莎的子女和我的小孩第一次見面，我們能玩的都玩遍了！挖蚌殼、划船、散步，還去衝浪。我們度過了一個再婚家庭最快樂的時光，更從此愛上了這座小島。

島上居民出奇地和善，而且是個很多元民主的地方。美洲原住民生活在島上一個名為阿奎那（Aquinnah）的小鎮，奧克布拉夫斯（Oak Bluffs）則是全國最早的非裔美國人度假勝地，可以追溯到內戰剛結束的年代。島上也有由基督教衛理教徒（Methodist）的帳篷營地發展而成的薑餅小屋。每年夏天的點燈之夜（Illumination Night），傍晚時所有小屋全都會在門外掛起中國風的紙燈籠。日落時分，燈籠一盞接一盞點亮，氣氛如夢似幻。那裡有……我不確定，暫時先亂編一個數字，大概60間小屋吧，排列成圓圈，圍繞著一間大的戶外禮拜堂而建，每星期三晚上可以過去吟唱聖歌，那感覺就像回到美國作家辛克萊・路易斯（Sinclair Lewis）筆下，俄亥俄州哥倫布（Columbus）的中西部小鎮生活。

> 每年夏天的點燈之夜，傍晚時所有小屋全都會在門外掛起中國風的紙燈籠。日落時分，燈籠一盞接一盞點亮，氣氛如夢似幻。

瑪莎葡萄園島上的孟內莎碼頭。

　　島上也聚集了最富才華、最有意思的人：藝術家、畫家、作家、歌手和樂手。有一位造船師傅，家裡歷代製造美麗的小船，已經傳了四、五代。歌手詹姆斯・泰勒（James Taylor）也住在這裡。事實上，他還在我們的婚禮上演奏吉他，他妹妹凱特負責演唱。

　　初次造訪，瑪麗和我已經決定在島上找地方置產，我們在一座可以俯瞰奇爾馬克池（Chilmark Pond）和遠方海景的圓丘上，找到一間1950年代的古怪小屋。房子並不合我們的品味，但當我們在屋內一間房間裡坐下，看著窗外的景色，忽然就好像兩眼之間被一根木條打中一樣，頓時放鬆——太舒服了。包括身體、頭腦在內，全身上下都發出「哇喔——」的長嘆。

　　為了舉辦婚禮，我們在自家土地的一片原野上整理出一塊草坪。原野上有許多巨大的石頭，都是很久以前，冰河倒退形成島嶼時遺留下來的。其中一塊石頭將近有180公分高，外觀有如一座聖壇，看起來就很適合讓人在它前面結婚。

　　婚禮辦在戶外，結果下起雨來，典型10月的颱風尾天氣。我們新栽的草坪被淹成一片沼澤，原本想讓賓客席地而坐的主意也泡湯了。幸好中間雨停了一陣子，時間恰好足夠我們成婚，我們一共80幾個人全擠進唯一的

泰德・丹森

帳棚底下，氣氛好溫馨。現場來了好多親友，包括我們雙方的父母，還有瑪麗的摯友柯林頓夫婦，當時比爾‧柯林頓還是總統。瑪麗從阿肯色州小岩城教會找來的牧師走上臺前，在那塊大石頭前為我們完成證婚，那真是美麗的一刻。

如今，我們大多時間都盡可能待在葡萄園島上。我們家附近有一條小巷，路旁長了成排的黑莓，開車經過，只要把手伸出兩側車窗就能摘到，因為巷子只有一輛車那麼寬，一路通往奇爾馬克池。到了池畔，跳上獨木舟，一邊划過池塘，一邊就有天鵝在身旁的水面上游泳。抵達大沙丘後，雖然還看不見大海，卻已經能聽見浪聲滔滔。沿著木臺階爬上沙丘頂端，左右2公里內的風景盡收眼底。你可能會看到200多公尺外有人在遛狗，或有三三兩兩的人坐在沙灘上，而這樣已經算是海灘人多的日子了！

說來好笑，我在洛杉磯工作，但我很受不了在洛杉磯出門辦事，誰願意忍受塞車？但是在葡萄園島，假如有人派我出去辦差事……遵命！叫我用跑的去幫你買半包糖也沒問題，我不在意，讓我去！隨便讓我……開車亂晃也好！

情報指南

地點：瑪莎葡萄園島位於麻薩諸塞州鱈角灣（Cape Cod）南岸外海4.8公里。
背景：最早的居民（現仍居於島上）是萬帕諾亞格族（Wampanoag）原住民，19世紀，島上捕鯨業盛行。城鎮有阿奎那、奇爾馬克、愛德加鎮（Edgartown）、奧克布拉夫斯及提斯布里（Tisbury）。從知名記者華特‧克朗凱特（Walter Cronkite）到創作歌手卡莉‧賽門（Carly Simon），不少顯赫人物在此定居；導演史派克‧李（Spike Lee）在奧克布拉夫斯有棟房子，甘迺迪總統的遺孀賈桂琳也在島上有一個家。1974年，史蒂芬‧史匹柏在此拍攝電影《大白鯊》（Jaws），選用當地人演出許多不同角色。
旅遊資訊：瑪莎葡萄園島商會：www.mvy.com；也可上：www.mvol.com

泰德‧丹森（Ted Danson）在喜劇影集《歡樂酒店》（Cheers）中飾演山姆‧馬龍，贏得兩座艾美獎喜劇類影集最佳男主角；他憑藉電視電影《艾蜜莉亞二三事》（Something About Amelia）中的角色拿下金球獎。丹森長年提倡環保，創辦美國海洋組織（American Oceans Campaign，現名Oceana，網址：www.oceana.org），他稱海洋是「反映地球健康的一面明鏡」。

寶黛麗

西班牙，塞維爾

近30年前，我隨手翻到一本書，書名叫《所有愛馬的少女》（All Those Girls in Love with Horses），作者是羅伯·法弗拉（Robert Vavra）。我在書裡看到一名少女在西班牙塞維爾市郊知名的安達魯西亞騎術學校拍下的幾張照片。她好漂亮，烏黑的長髮及腰，她輕鬆自如地命令座下那匹安達魯西亞馬跳躍、起舞，她那頭長髮也總是隨之與飛揚的馬鬃和馬尾一同飄逸。我一心只想變成她。

許多年後，我和我先生以當年看到的那些照片為題材，合寫了一部電影，叫《波麗露》（Bolero）。為了拍攝電影，我們遠赴塞維爾。記得有一個深夜，當天下榻的是阿方索十三世飯店（Alfonso XIII），那是一間位於舊城區的大飯店，我因為嚴重時差，凌晨3點醒來，整個人頭暈目眩、昏昏欲睡。我走到窗邊，拉開窗簾布幔，猛然聞到一股芬芳的柑橘花香。

橘子樹花開滿城，窗外的街燈是美麗的琥珀色，一陣悸動當下湧上我全身，我愛上了塞維爾，可我甚至還沒開始遊覽這座城市！這一點道理也沒有，但我就是知道，我與這個地方很投緣。我不相信有所謂的前世今生，但假如我上輩子曾經住在某個地方，那一定就是這裡。

隔天，我去了鄰近的赫雷斯夫隆特拉市（Jerez de la Frontera），與阿瓦羅·多梅克（Alvaro Domecq）見面，他是皇家安達魯西亞馬術學校的董事。這所學校和維也納的西班牙騎術學校（Spanish Riding School）性質相近，只是歷史更悠久。我在那裡欣賞到他那些高貴的灰色公馬，現場表演舞步和驚人的競技動作。

阿瓦羅看著我，問說：「你想騎哪一匹？」我大感詫異，他竟然願意讓我從這些高貴的生物中挑一匹來騎。我怯怯地指向我認為最美的一匹馬，不到幾分鐘內，馬兒已載著滿懷感激的我，時而騰躍，時而起揚，時而起舞。我立刻愛上了這種馬：安達魯西亞馬。從此以後，我就在我加州的小牧場騎乘、培育牠們。

安達魯西亞馬是人類已知最古老的騎乘用馬，古希臘羅馬人把牠當作

四月節慶典中的西班牙駿馬與騎士。

戰馬，比起其他馬種，牠更願意與人互動，讓人很有成就感。由於我們人類本身也是捕食者兼群居動物（pack animal），與狗的關係良好；相反地，跟貓相處起來就略有困難，所以養貓也有比較大的成就感。至於馬，馬是畜群動物（herd animal），又是逃跑型動物（flight animal），跟人完全不一樣，所以光是讓馬願意理你就夠令人感激的了。

　　我熱愛與西班牙馬有關的一切，也包括製作馬鞍、馬銜和馬刺的工藝。不妨看看17世紀西班牙畫家維拉斯奎茲（Velázquez）的畫作，畫中的馬具與現代騎士使用的一模一樣。另外，在我第一次到訪時，我還瘋狂到──果然像我會做的事──買下一套傳統馬裝（traje corto），那是鄉村騎士所穿的服裝，有一條高腰長褲和一件短夾克（我現在還塞得進去）。

　　每年，我都會回塞維爾參加春天舉行的四月節（Feria）慶典，而且每次都住阿方索十三世飯店，那裡已經像家一樣熟悉，因為拍攝電影《波麗露》期間，我在那裡住了好久。飯店裝潢有北非摩爾文化（Moorish）的

風格，很多圓拱和阿拉伯花飾。我還記得有一年四月節，兩名瘋狂的騎士還把馬騎上大理石階梯，直接走進飯店大廳。

阿方索十三世飯店位於舊城區，我很喜歡和朋友相約在這一帶，喝一杯雪莉酒——在西班牙叫「赫雷斯」（jerez），吃點乳酪、橄欖和伊比利火腿。當然，在西班牙所有事都會拖到很晚，不到半夜是不會吃晚餐的。

也是第一次去塞維爾的時候，有一天晚上，我和幾個很有趣的人出去，聊得很開心，深夜才漫步走回飯店。那時大概凌晨3點，我走在舊城區一條窄巷。巷子的一側，還感覺得到白天太陽曬過的牆面散發出的熱度，但巷子另一側的牆壁已在入夜後變得冰涼。各家酒館飄送出吉普賽人的音樂，我又聞到了柑橘花香。那個當下真的好美。

情報指南

地點：塞維爾是西班牙南部的藝術與經濟重鎮，也是安達盧西亞自治區首府。

背景：公元8世紀時，塞維爾曾遭摩爾人佔領，至今呈現許多摩爾文化的特徵。市內的主教座堂建於清真寺舊址，是目前全世界最大的羅馬天主教教堂。1929年，塞維爾主辦西美展覽（Ibero-American Exposition），為接待各國參訪元首而興建了阿方索十三世飯店。赫雷斯夫隆特拉市的皇家馬術學校所在的「鏈宮」（Palacio de las Cadenas），是19世紀由建築師加尼葉（Charles Garnier）設計的一棟巴洛克式建築，巴黎歌劇院也是他的設計。在該校的馬術「芭蕾」課程，馬兒會配合音樂表演騰躍、定後肢迴旋等動作。塞維爾的四月節始於1847年，早先只是牲口集市，後來發展成年度盛事，馬車與騎士在街上遊行，傳統塞維爾舞蹈徹夜表演，河岸邊搭滿裝飾繽紛的帳棚，宴會賓客在帳棚內吃Tapas點心、喝雪莉酒。

旅遊資訊：www.spain.info/TourSpain/?Language=en

寶黛麗（Bo Derek）因演出導演布萊克艾德華（Black Edwards）的電影《十全十美》（Ten）受到全國矚目，不只獲得金球獎提名，她在片中的玉米辮子髮型也一度蔚為風潮。她的其餘演出包括電影《人猿泰山》（Tarzan, the Ape Man）與電視電影《時尚圈》（Fashion House）。寶黛麗除了被提名擔任甘迺迪表演藝術中心理事，還出任傷殘退伍軍人大使，與美國聯合服務組織（USO）巡迴各地，而且是美軍特種部隊「綠扁帽」（Green Beret）的榮譽隊員。她也是動物保護機構（Animal Welfare Institute）的發言人，致力於終止屠宰馬匹。

威爾・法洛

瑞典，避暑小屋

太太薇薇卡（Viveca Paulin）是瑞典人，她的表親住在斯德哥爾摩，在離市區東南方約一小時車程的一座農場內擁有一間避暑小屋。農場先前的某一任主人把農地劃成小塊，蓋了這些小農舍，現在這裡大概有80間小屋。

自從1999年開始，我們每年夏天都會去瑞典，每次的探親行程一定不忘走一趟農場。這裡實在是個很棒的地方，去了四年之後，我們終於說：「嘿，假如農場有哪一間小屋打算出售，我們就下手吧。」果不其然，大概一個月後，薇薇卡的表親就打電話告訴我們，有一間小屋打算要賣。

於是就這樣，我們也沒親眼看過就把房子買了下來，頂多只看了網路上的照片，並請薇薇卡的親戚替我們去瞧一瞧。後來我們去到現場一看

瑞典漫長的夏天白晝裡一個適合納涼的角落。

——這絕對是我在地球上最喜歡的地方。我們的小屋位在山丘上，向下望去就是一座湖、一片原野和一棟古老的農莊大宅。

我們的房子外型很傳統，跟所有小屋一樣，外牆漆成紅色鑲著白邊。我不知道他們的紅色油漆是哪裡找的，但我聽說瑞典出產一種特殊的陶土，賦予建築物這種特別的色調，那是接近消防車的紅色，不過更黯淡一點。屋頂鋪的是紅磚瓦，不過我們有一間單房的客用小屋，上頭是茅草屋頂。

住在這裡其實有一點荒唐，因為薇薇卡身高177公分，我也有190公分，我們這些大個子卻住在可說是一間娃娃屋的房子裡。每年夏天，我都會猜自己今年又會撞到頭幾次。去年夏天成績不錯：五個半星期內，我只撞到五次。

小屋內有一間結合開放式廚房的客廳、一間小浴室和兩間小臥房，這就是我們整個家了。我猜恐怕不到22坪，可能連17坪都不到。但我們很愛全家人擠來擠去的感覺，那是很不一樣的體驗，貨真價實的家庭時光。

好玩的是，在我們買下小屋以後，原屋主才說：「喔，對了，這塊地後面有一座維京人的墳丘。」果不其然，這座考古奇觀就在我們家後面——距離只有6公尺。

瑞典人真的很低調，這要是在美國早就成了一大賣點：「房子緊鄰維京墳場！」但在瑞典，他們甚至一個字也沒提，直到房子售出之後才不經意想起似的說：「喔，對了，還有一件事⋯⋯。」

在瑞典，像我們家這樣的屋子稱為茅屋（瑞典語：stuga）或避暑山屋（瑞典語：summar hus）。我太太的瑞典語說得很溜，我們兩個兒子也是，唯獨我的瑞典語只有三歲小孩的理解程度，我只聽得出有沒有人在說我壞話。

平常，我們有時會準備好單車，騎到附近的小湖邊，在那裡待上一整天。湖邊有一片小小的沙灘，很受當地小孩子歡迎。或者，我們也可能會去採藍莓——就這樣而已！一天如果只做一種活動，表示我們玩得很開心。

我們的小屋附近的一片田野上，有一座破舊的網球場。我們都知道場地哪裡壞了，所以我們打的網球看起來很古怪：大家會想辦法不把球打進某些特定區域，不然球會以奇怪的方式彈走。

我們很喜歡招待從美國來訪的朋友，他們要不就是很愛這個地方，要

在瑞典，
像我們家這樣的屋子
稱為茅屋或避暑山屋

不就是會說：「好吧……是還不錯啦……只是，呃，這附近有城鎮嗎？網路在哪裡？」這裡不是把人家給逼瘋，就是讓人徹底放鬆。

去年夏天來拜訪我們的朋友很幸運，屬於「這種地方正合我意」那一派。他們形容我們住的地方有如《魔戒》故事當中，哈比人的故鄉夏爾（Shire）。

有一天，我們帶他們去看一棵千年老樹，我們自己每年夏天都會去看這棵樹過得好不好。你知道的，這裡確實有一種《魔戒》電影的氛圍，有夠酷的。

情報指南

地點：南曼蘭省（Södermanland）位於瑞典東南海岸。

背景：維京時代（公元700-1066年），古代斯堪地那維亞人（Norseman）探勘歐洲的途中，他們最遠航行至紐芬蘭。瑞典境內有許多維京古墓，在死者與各式陪葬品上覆蓋石頭與泥土形成墓丘。瑞典語有29個字母和9個母音，不同地區的方言有不同的抑揚頓挫、重音和音調，對講英語的人來說特別難學。不過有些字和英語看起來很像，很容易猜對意思，例如：mannen（the man，那個人）和en stinkande fisk（a stinking fish，一條臭魚）。

旅遊資訊：www.visitsweden.com

喜劇演員兼編劇**威爾‧法洛**（Will Ferrell）演出電視綜藝節目《週六夜現場》（Saturday Night Live）的七年間，以許多令人印象深刻的角色奠定名聲，例如「斯巴達啦啦隊」克雷格‧布坎南（Craig Buchanan），以及模仿美國歌手羅伯特‧古雷（Robert Goulet）和電視主持人艾力克斯‧崔貝克（Alex Trebek）。節目中的一個虛構人物也成為他日後在電影《舞翻天》（A Night at the Roxbury）中的角色原型。之後他陸續演出多部電影，如《重返校園》（Old School）、《精靈總動員》（Elf）、《銀幕大角頭》（Anchorman: The Legend of Ron Burgundy）、《口白人生》（Stranger Than Fiction）、《王牌飆風》（Talladega Nights: The Ballad of Ricky Bobby）和《冰刀雙人組》（Blades of Glory）。他曾獲金球獎與艾美獎提名，並獲得都柏林大學學院文學與歷史協會頒發的喬伊斯獎。威爾‧法洛支持慈善機構「癌返校園」（Cancer for College，網址：www.cancerforcollege.org），提供獎助學金給癌症病患與康復的患者，他也支持美國自然資源防護委員會（Natural Resources Defense Council，網址：www.nrdc.org），致力於保護野生動物與野外環境。

艾力克斯・崔貝克

英格蘭，哈沃斯

一直很喜歡《咆哮山莊》（Wuthering Heights）這部英國文學經典。我和太太在婚前去了一趟位於約克郡的白朗特鄉（Brontë Country），拜訪她的家族故居，順便在那裡的高沼散步踏青，我想看一看故事發生的地方（雖然1939年的經典改編電影，實際上是在加州千橡市〔Thousand Oak〕拍攝）。

我和晶前往頂莊（Top Withens）——據說就是艾蜜莉・白朗特（Emily Brontë）筆下的恩蕭家族農莊：「咆哮山莊」的靈感來源。當然，這點未經證實，但廢棄的農莊上仍掛有說明牌。

我們徒步出發，正是石南花盛開的時節，步道兩旁是大片的紫色田野，浪漫得不可思議。不久，天空下起雨來，雨勢猛烈。但晶和我沒有打退堂鼓，兩人溼成落湯雞卻歡喜得不得了。伴隨著笑聲，我們一路爬上頂莊再折返，全程大約9.6公里。

途中，我們在一間石砌的羊舍停下來躲雨，為了紀念到此一遊，我在羊舍內一塊質地軟的石灰岩上刻下我們的名字。結了婚幾年後，我們再度回到羊舍看當初刻的名字，那時我們的老大馬修已經出生了，於是我們把他的名字刻在我們名字旁

> 假如途中
> 有小狗累了，
> 我會把牠放進背包，
> 讓比較大的狗背牠。

邊。後來又有一次，我們第三度前往那裡，想把女兒艾蜜莉的名字也刻上去，但羊舍這時已被夷為平地。我猜可能有人想清出這塊地，或是要利用這些石頭。所以說，在約克郡某處，八成有一塊石頭刻著我和晶和馬修的名字……如此而已。

英格蘭最棒的一點在於，不管你身在何處，幾乎都能被歷史包圍。英國又是英語系國家，我們從小都學過這些歷史，所以更有幫助。在哈沃斯，我和晶曾坐在艾蜜莉・白朗特的小弟似乎是飲酒至死的同一間酒館。我們住的民宿就在白朗特故居對街一間藥房樓上，從窗戶望出去就是連綿

哈沃斯鎮上的白朗特故居。

的丘陵和山谷。

　　白朗特家族故居的外觀幾乎和200年前一模一樣，只是一棟平凡卻令人難忘的灰磚二層樓房，中間一扇大門，屋內裝潢是按照她們那個年代的風格。離開故居時，我們行經小教堂的墓園，風景如詩如畫。

　　雖然哈沃斯是一座觀光小鎮，但輕易就能遠離人群。白朗特家不在大街上——不只是地理上，時空上也一樣，有如屬於另外一個世界。它與大街上招攬遊客的小店和茶館只相隔兩條街，但周遭忽然靜了下來，人到這裡也跟著回到了過去。

情報指南

地點：哈沃斯小鎮位於約克夏西部，座落在沃斯谷（Worth Valley）與奔寧高沼（Pennine Moors）上方。

背景：小說《咆哮山莊》中描寫了大量的疾病與死亡；在那個年代，艾蜜莉白朗特一生（1818-1848）中，哈沃斯都是一個擁擠的工業城鎮，平均死亡年齡是25歲，近半數的新生兒在出生六年內就會夭折。艾蜜莉白朗特（Brontë發音是「bron-tee」，不是「bron-tay」）應該知道威森斯頂莊這個地方，但那間農莊與小說中的咆哮山莊外觀並不相像。當地的健行步道深受日本遊客歡迎，路旁的指標甚至也寫了日文。

旅遊資訊：www.visitbrontecountry.com；www.visitbradford.com

答案：艾力克斯‧崔貝克（Alex Trebek）

問題：誰是電視益智問答節目《危機情境》（Jeopardy!）自1984年以來的主持人，得過四座艾美獎，在好萊塢星光大道擁有一顆星星？哪一位電視名人在1991年創下紀錄，同時主持三個全國每日益智問答節目（另外兩個節目分別是《集中大考驗》（Classic Concentration）和《實話大家說》（To Tell the Truth））？哪位加拿大人在渥太華大學取得哲學系學位，日後成為美國公民？國家地理學會贊助舉辦的年度地理知識競賽由誰擔任主持人？哪一位益智問答節目主持人是世界展望會（World Vision International，網站：www.wvi.org）的發言人，常隨美國聯合服務組織赴海外巡迴？

西薩・米蘭

加州洛杉磯，魯尼恩峽谷公園

狗不會知道自己身在義大利、中國或法國，但不論在哪裡，牠都知道自己當下這一刻開不開心。而我最愛的時刻，就是在魯尼恩峽谷與我的狗群一起健行，那裡是好萊塢郊外山區的一座公園，狗在裡頭可以不用繫上牽繩。

　　魯尼恩峽谷公園是個神奇的地方，因為它的環境很天然，有山嶺、岩石、草叢和樹木，但同時間，你人還是身處城市中，所以狗也享有兩個世界的好處。

　　我會一早開車走穆荷蘭大道（Mulholland Drive）前往公園，把車停在峽谷頂上。我的狗知道不能因為車門開了就跳下貨車，我只有在狗乖乖聽話的時候才准牠們下車，而且要一個一個來。下了車，這些狗會排好隊，坐下來等。

　　大多數的大狗身上都掛著背包用來裝水，假如途中有小狗累了，我會把牠放進背包，讓比較大的狗背牠。狗在自然情況下不會做這種事（「來，上來吧，我載你一程！」），但牠們可以學習，向人類學習互助合作。

> 假如途中
> 有小狗累了，
> 我會把牠放進背包，
> 讓比較大的狗背牠。

　　我喜歡一大清早走在峽谷中，空氣涼爽，這時候狗也最精神抖擻，你的活力此刻比地球上任何人都還要充沛。我要是從谷底出發向上走，重力會阻撓我，狗群很快就會超前我100公尺。所以我都從山頂出發，我希望山勢成為我的助力。狗群排成一列，由我帶頭，我們用高速下坡前進。

　　路上我們也會遇到別人，但狗狗不為所動，也不會在意郊狼或野兔的氣味。牠們全心全意地移動，類似鳥在遷徙時一致的飛翔頻率，全體狗兒的步調相同，會一起向右轉或左轉。我會確定狗群的全都處在相同的頻率，而且動作要快，要是讓牠們有時間對週遭事物產生好奇，那麼這30隻狗會往30個不同方向跑。

從魯尼恩峽谷眺望洛杉磯。

　　我喜歡狗群毫不懷疑地跟著我的感覺。我們彼此之間步調協調，合為一體。我很高興能身處大自然中，也很高興有牠們作伴，不論當下你的感受為何，狗都感覺得到，所以你若覺得快樂，有30隻狗相當於快樂要乘上30倍。

　　我們上下峽谷各兩趟，要花大約四個小時，當然，中間也會休息。從山上出發到山腳的半途中，我們有一個專屬的休息基地，那是一棵樹。當地人稱它為「耶穌樹」，因為樹籽上有十字架的形狀。樹下舒適又陰涼，狗兒也知道那裡是休息的地方，牠們替自己挖出小洞或小窩，一隻狗占一個坑。牠們很快樂，因為今天達成了一些成就。我們會一起坐著、放鬆、喝口水，不說半句話，只是休息。

　　那裡帶給我極大的快樂，我能單純地享受當下，不必看時間、不用趕去哪裡開會，什麼也不用做，只有我和我的狗群，多美好的一件事。

情報指南

地點：魯尼恩峽谷公園地處聖摩尼加山（Santa Monica Mountains）東部，位於好萊塢公路（美國101號公路）以西，距離好萊塢大道兩個街區，公園北端與穆荷蘭大道相接。

背景：早期，魯尼恩峽谷曾是加布列萊諾族（Gabrielino）印第安人的季節性營地、傳奇大盜華克斯（Tiburico Vasquez）的藏身之地、礦產大亨卡門‧魯尼恩（Carman Runyon）的獵場兼馬場，他在1919年買下這塊土地；世界知名愛爾蘭男高音約翰‧麥考梅克（John McCormack）的莊園，他曾修建一座宅邸，租給演員查爾斯‧博耶（Charles Boyer）和珍妮‧蓋諾（Janet Gaynor）等名流居住，但早已拆除。這裡也曾是A&P連鎖超市繼承人喬治‧杭廷頓‧哈特福德二世（George Huntington Hartford II）的土地，他聘請建築師法蘭克‧洛伊‧萊特（Frank Lloyd Wright）在此設計一座鄉村俱樂部飯店，但遭到鄰居的反對。峽谷於1984年劃定為公園，如今這片既自然又處於都會區的綠洲內，有郊狼、鹿、蛇（包括響尾蛇）和老鷹棲息，洛杉磯捷運紅線（Metro Red Line）有兩條隧道從山底下通過。

旅遊資訊：魯尼恩峽谷公園：www.runyon-canyon.com。峽谷南面有兩個登山口（維斯塔街 [Vistas Street] 與富勒大道 [Fuller Avenue] 盡頭），北面一個登山口（穆荷蘭大道7300號街區旁）。公園每天從日出開放到黃昏，一共占地65公頃，狗兒在36公頃的範圍內可以不繫牽繩。

西薩‧米蘭（Cesar Milan），知名的犬行為專家，天賦異稟，能與大自然進行原始對話，因為擁有一次遛一大群狗的神祕能力而聞名。他對調教凶暴的狗特別感興趣，尤其喜歡他所謂的「力量品種」（power breeds），例如比特鬥牛犬和羅威納犬。他所主持的系列節目《報告狗班長》（Dog Whisperer with Cesar Millan）在國家地理頻道播出後，一躍成為該頻道最受好評的節目，獲得兩項黃金時段艾美獎提名。著有暢銷書《西薩的待犬之道》（Cesar's Way）、《當狗好老大》（Be the Pack Leader）和《狗班長的快樂狗指南》等。西薩‧米蘭曾獲美國人道學會特別表揚，並與妻子成立「西薩與伊露西亞‧米蘭基金會」（Cesar and Ilusion Millan Foundation，網站：www.millanfoundation.org），拯救受虐和遭遺棄的狗，導正行為之外，也把狗兒安置到新家。

威廉・沙特納

加州，內華達山脈山麓

加州中部內華達山脈的山麓間有個地點，就在一條野溪旁，我不想說得太詳細，因為那個地方專屬於我，姑且說它在維沙利亞（Visalia）以東吧。

多年前我發現了這個地方，那是一片寬闊的土地，夾在於遠方交會的兩座山之間。冬天處處可見白雪融化成水，流入溪中，這時天冷得無法下水，必須等上一整個夏天，讓來自聖瓦金谷（San Joaquin Valley）的熱氣融化積雪，使溪水回溫。

我在這條野溪邊的一塊花崗岩上蓋了一間小屋。屋子外觀反映了環境特色，顏色與周圍的矮木叢一樣，是樹葉的綠色配上樹皮的褐色。

內華達山脈山麓下的野溪。

一位雕刻師傅用紅杉木為我做了幾尊雕像——是印第安人像，數百年前曾生活在這片土地上的美洲原住民。我讓這些木人有的躲在樹幹後面；有的跪在炊事場，那裡都是樹木死去留下的樹樁，象徵印第安人的靈魂。

我在溪邊擁有一個神祕空間，附近沒有半個鄰居。但人生中我曾一度遭遇重大的財務危機，那時我坐在溪水中，全身赤裸，思索著是否應該賣掉這片土地好籌點錢。好巧不巧，我瞥向附近一塊石頭，看到一隻小蜥蜴抬著頭想接住溪水滾落岩石在空中濺起的小水滴。我看著那隻蜥蜴喝水，彷彿也看到一個向我揭示的奧祕：原來蜥蜴都是這樣喝水的！

我的下一個念頭是：「我瘋了嗎？我真的打算賣掉這個地方，還是我該用下半輩子化為這片土地靈魂的一部分？」

我當下立刻有了答案。時至今日，我依然擁有那幢野溪旁的小屋。

情報指南

地點：內華達山脈南段山麓位於加州中部，維沙利亞（Visalia）以東。

背景：遊客到內華達山脈南段可以拜訪世界爺國家公園。世界爺國家公園成立於1890年，是美國第二座國家公園（時間只晚於黃石國家公園），園內景點包括美國本土的最高峰惠特尼山（Mount Whitney，海拔4421公尺）與薛曼將軍樹（General Sherman）——全世界體積最大的一株世界爺。

旅遊資訊：紅杉國家公園：www.nps.gov/seki

威廉·沙特納（William Shatner）的職涯豐富多變，曾參與加拿大斯特拉福莎士比亞戲劇節，也演過電視劇如《90分鐘劇場》（Playhouse 90）以及百老匯舞臺劇。因為在《星際爭霸戰》（Star Trek）系列影集和電影中出演寇克艦長而聲名大噪，隨後又在影集《律師本色》（The Practice）和《波士頓法律風雲》（Boston Legal）中飾演一名陰陽怪氣的律師事務所夥人丹尼·克瑞恩（Denny Crane），鮮活演出為他贏得兩座艾美獎與一座金球獎。沙特納著有《Tekwar》系列科幻小說，音樂方面的作品則有專輯《曾經》（Has Been）。他也培育馬匹，成立了「威廉與伊莉莎白沙特納／猶太國家基金會以色列馬術治療聯盟」，這個慈善組織旨在為以色列、貝都因、巴勒斯坦和約旦孩童提供復健治療，凝聚遭戰爭摧殘地區的孩童，以期建立長久的和平。

娜塔莉 · 波曼

以色列，耶路撒冷

耶路撒冷是我出生的城市。我搖擺不定，一方面認為它是世界上最特別的地方，可另一方面又是最不幸的。只有深愛的事物才能在一個人身上喚起這麼多的熱情和憤怒。

我三歲那年，全家從以色列搬到紐約長島，但從我小時候開始，每隔一段時間就會回耶路撒冷一趟。2004年，我搬到耶路撒冷六個月，在希伯來大學修課，我爸爸曾在這裡讀書，爺爺也在這裡教過書。我不是很認真的學生，在那裡有更多是為了體驗以色列的生活。

身在遠方，先是替一個城市編織了種種神話，之後居然能實際生活在其中，這真的很有意思。耶路撒冷沒有你想像中那麼混亂，也沒那麼戲劇化。外人第一次見到這座城市會想：「電視上都說這裡的人會互相攻擊。」但他們來了之後會看到：日子一天一天地過，人與人之間，一切都還挺和平的。

行經市集兩旁的小攤販，會看到阿拉伯男子叫賣香料和涼鞋。再走遠一點，是觀光客聚集的猶太紀念品店。轉過下一個街角，會看到亞美尼亞祭司穿過亞美尼亞區，攤販都在賣藍色瓷磚。耶路撒冷的市場是你品味各地風情的地方。

這個地方帶有一種神奇的味道，既是沙漠又靠海，雖然那是極鹹的死海。這裡有一些山，陸地本身在這麼小的範圍內有這麼多變的地形，確實讓耶路撒冷感覺起來就好像某種更大的宇宙的縮影。但人類重視一個物理空間、一個地方，到這種令人髮指的程度——仔細想想，領土爭議實在很愚蠢。

不過，一旦你來到這個地方，就能完全明白耶路撒冷為什麼是這麼多人心中的重要地方。這裡的空氣很凝重，承載了一種超脫世俗且充滿激情的氣氛。

聖殿山（Temple Mount）對猶太人和穆斯林來說都是聖地。可是有點好笑，通道外有張告示寫著：「猶太人，注意！擅入聖地者必立即死

人群聚集在西牆前等待日出。

去，而且會下地獄。」我猜除非彌賽亞降臨，否則誰都不該進去，所以才貼了警告吧。

不過聖殿山好美，山上有花園與一座清真寺，而且雖在市中心，卻是至為祥和寧靜的核心地。但顯然，這裡有時也會淪為暴力流血之地，四處走都會看到身穿鎮暴裝備的以色列軍警。

很難想像一個地方可以同時既是東又是西——既是最平和、寧靜、性靈的地方，但人性最醜陋的一面同時也在蠢蠢欲動。

哭牆（又名西牆）位於聖殿山的其中一側。第一次看到它的時候，我久久不能自已。想到就覺得不可思議，自己竟然是流傳了數百年的傳統中的一分子——還有那隨之而來的所有重擔，以及喜悅。

但是以色列的種種，我最喜歡的還是希伯來語（Hebrew）。1948年，以色列聚集了來自許多不同國家的難民共同立國，他們各自說著阿拉伯語、俄語、德語、英語和其他語言；有摩洛哥猶太人，也有印度猶太人。但他們就這樣決定了未來要說希伯來語，一個基本上已經死了的語

言。日常生活中，猶太人講的一向是意第緒語（Yiddish）。

因為希伯來語是一種學術語言，從來不是口語，連神職人員自己也不用，所以能夠復興希伯來語真的是奇蹟。這個語言藏有不少詩意，我阿姨教過我，希伯來語指稱「世界」的字，與表示「消失」或「隱藏」的字有語源上的關係，所以說，存在的事物也是隱藏的事物。其他還有很多類似這樣的微妙之處。

1948年，以色列聚集了來自許多不同國家的難民共同立國，他們各自說著阿拉伯語、俄語、德語、英語和其他語言；但他們就這樣決定了未來要說希伯來語。

希伯來語也像是一種祕密的語言，在以色列境外可以使用的暗語。出門到外地，我和父母可以互相交談卻沒有人聽得懂！我一度快把我的希伯來語忘光了，住在耶路撒冷那陣子最棒的事，就是我又找回了這個語言。

過去，我曾說過自己心在耶路撒冷，或是在耶路撒冷比較有猶太人認同感。但這一點隨時都在改變，目前，我偏向處在「反對」的階段。我想，這也是耶路撒冷與以色列整個國家吸引人的原因之一——它在我眼裡幾乎像是真人，像一個朋友，你深愛對方，但它卻有嚴重的缺點，致命的缺點，使得你們的關係不斷變化，隨著時間進入不同的階段。

耶路撒冷是世界上唯一讓我有這種心情的地方，唯一真的像和我建立起情誼的人。我猜，耶路撒冷在一段關係中是個沉默的伴侶，但它會用自己的方式與我對話。

情報指南

地點：耶路撒冷位於以色列猶大山地（Judean Mountains），地處地中海與死海之間。

背景：耶路撒冷的歷史可追溯至公元前4世紀，猶太教視其為聖城，在伊斯蘭教則是第三大聖地。耶路撒冷的希伯來大學創建於1925年，是以色列歷史最悠久的大學，擁有世界最大的猶太學圖書館。第一屆校董事會成員有佛洛伊德和愛因斯坦，愛因斯坦將他的個人論文、論文版權及使用他本人肖像的權力都交給希伯來大學；如今，校內的愛因

斯坦資料庫（Einstein Archives）收藏有5萬5000件他生前留下的物品。2002年，一名哈瑪斯恐怖份子在校內的法蘭克·辛納屈餐廳引爆炸彈，導致10人喪命，包括7名美國人。聖殿山是全世界爭議最大的宗教場所，猶太人相信上帝收集這裡的泥土創造了亞當，穆斯林則相信先知穆罕默德從這裡上了天堂。以色列政府委由穆斯林組成的委員會管理聖殿山，並頒布禁令，禁止非穆斯林的遊客在此禱告。始於19世紀、與以色列建國關係深切的希伯來語復興運動，為全世界提供了唯一的典範：一個沒有人說的語言卻能發展成一個有數百萬國民的國家的官方語言。以色列與巴勒斯坦的衝突持續不斷，耶路撒冷的地位依然是其中一項核心議題。

旅遊資訊：www.goisrael.com

演員**娜塔莉·波曼**（Natalie Portman）在哈佛大學取得心理學學位，發表過多篇心理學論文。她在《星際大戰》前傳三部曲中飾演艾米達拉皇后，也主演《管到太平洋》（Anywhere But Here）、《情歸紐澤西》（Garden State）和《偷情》（Closer）（奪得金球獎最佳女配角及奧斯卡獎提名）。其他演出電影還包括《V怪客》（V for Vendetta）、《哥雅畫作下的女孩》（Goya's Ghosts）和《美人心機》（The Other Boleyn Girl）。娜塔莉·波曼一生茹素，提倡動物權，也是非營利組織國際社會援助基金會（FINCA International，網址：www.villagebanking.org）的「希望大使」。基金會提供「微型貸款」（micro-loans）給開發中國家的赤貧階層，對象大多是婦女，幫助他們維持買賣生計，提高生活水準。

強納森‧溫特斯

英格蘭

旅行是絕佳的教育機會，我把每一趟旅程都看成一間教室，運氣夠好才能踏進教室修課，學到知識——或者也有可能被當掉，跟我大學時修中世紀歷史被當一樣。

幸好，歐洲提供了「補修」歷史的機會。我是個歷史迷，造訪英國的好處多多，舉例來說，英國人相當堅守傳統：城堡、坐四輪馬車的女王、大文豪狄更斯寫作的宅邸，歷史和藝術全在那裡，任大眾前來一探究竟。不論你信仰什麼宗教，一樣能在星期日踏進西敏寺，聽唱詩班唱聖歌，看光線從窗戶外灑落室內。

我發現英國人很喜歡一見面就要找美國佬的碴：就是要唇槍舌劍一番，跟你比劃比劃，看看你有些什麼底細。波多貝羅路（Portobello Road）是倫敦的一個跳蚤市集區，我第一次去的時候，有個滿口倫敦腔的傢伙對我說：「大哥，我問你——希望這樣問不算失禮，不過你們美國

英國小鎮桑森德（Sandsend）風景如畫的農舍。

人是不是都住農場？不然你沒事為什麼穿Levi's牛仔褲來波多貝羅路？」

「我來淘骨董的，」我回他，「我沒穿粗呢外套，是因為今天沒打算去考文垂獵松雞。」

英國人教你學會自我防禦，所以回到美國波啟普夕或隨便任何一個地方的時候，你根本所向無敵。

後來回到家，我參加一場宴會，席間有個法國人說：「不好意思，恕我冒昧，怎麼這裡所有人都認識你？敢問貴姓大名？」

我回答：「我是強納森‧溫特斯。大家之所以認識我，我猜是因為我以前是明星，可惜後來變成隕石，墜落到伊利諾州某片草地了。」你看，我損了他一句，這點嘴上功夫全拜英國人之賜。

英國人另一個歷史悠久的傳統，就是他們向來很愛社會中的瘋瘋怪咖。在美國，我們看到怪人會說：「那個人腦袋有問題，應該關進精神病院。」但英國人對這些人的態度不一樣：「他說他是誰，溫斯特‧邱吉爾？太可愛了，我知道邱吉爾死掉很久了，但要是他能讓邱吉爾起死回生，那可真了不起。我們今晚邀請他過來坐坐，就喊他首相好了。」

我還滿確定我就是邱吉爾的，所以我喜歡英國人！

情報指南

地點：英格蘭，大不列顛島（Great Britain）上最大的國家，也是不列顛群島（British Isles）中的最大島。

背景：英國王室依照傳統會在西敏寺舉行加冕。安葬在西敏寺的傑出人物包括中世紀詩人喬叟（Geoffrey Chaucer）、達爾文（Charles Darwin）及演員勞倫斯‧奧利佛。邱吉爾（Winston Churchill）是二戰期間的英國首相，他曾說：「歷史一定會寬以待我，因為我打算書寫歷史。」（History will be kind to me, for I intend to write it.）

旅遊資訊：www.visitbritain.com

□無遮攔的喜劇泰斗，即興幽默的創始先驅，**強納森‧溫特斯**（Jonathan Winters）廣為人知的有他的喜劇錄音專輯（收錄經典角色，例如嘴不太甜的費老太太〔Maude Frickert〕）、包括《瘋狂世界》（It's a Mad,Mad,Mad,Mad World）在內的多部電影、諸多電視節目與著作《溫特斯故事集》（Winter's Tales）。2013年去世，曾獲得一座艾美獎、一座葛萊美獎以及馬克吐溫美國幽默獎。

傑夫・福克斯沃西

美國喬治亞州，第開特陽光營區

我的工作有個很酷的特點，那就是美國50個州，我分別都去過很多次。遊覽過國內所有的風景名勝，我最喜愛的其中一個地方，還是喬治亞州這一個專為癌症病童設立的營區。

每個人生命中多少都有自己害怕的事，但一般人很難想像，年僅八歲就要害怕活不過下個學期，那是怎樣的心情。對我來說，能與恐懼抗衡的只有希望。讓這些獨自對抗癌症病魔的小朋友走出醫院或家裡、參加營隊活動，對他們大有好處。

陽光營區位於喬治亞州的野外森林。裡面有一些小屋和一間大食堂，孩子們每晚就在食堂內敲桌子等吃飯、唱傻氣的兒歌。有件事很好笑：假如第一天去游泳池，會看到一群小朋友穿戴整齊，乖乖坐在池畔。但到了第四天，游泳池畔全部都是假髮、義肢和義足，小朋友都下水去玩了。這個營區是很神奇的地方，小朋友聚在一起時會發現：「嘿，原來我不孤單。」

小孩子在這裡終於可以當個小孩子。他們可能一早才做完化療，下午又回到戶外騎馬。三更半夜，他們會偷溜出去，在其他小屋門口插上粉紅火鶴的裝飾。營隊期間，家長不得參加，不過可以來看營隊結束前的才藝之夜。

我主持過很多次晚會，小朋友才華有限但都興致高昂，而且不會動不動就覺得丟臉。何況患了這麼嚴重的病，這些小朋友都已經是老靈魂了，明白生命中什麼重要、什麼不重要。

我經常在他們面前自嘲，打扮得像十足的傻瓜，例如穿短褲、戴高帽，配一雙牛仔靴。晚會中，我會唱所有我知道的愚蠢歌曲，小朋友則合演一齣滑稽短劇，然後每次一定

> 患了這麼嚴重的病，
> 這些小朋友都已經是老靈魂了，
> 明白生命中什麼重要、
> 什麼不重要。

小隊員每餐飯後會一起唱歌，〈有我依靠〉（Lean on Me）這首歌很受歡迎。

都會拿刮鬍霜派砸營隊隊輔大哥、大姊臉，而對輔也都會配合演出完全不知情的樣子。這個活動已經持續了30年！

每個人都玩得很開心，有的小朋友在此之前，已經很久不曾感到快樂趣或開懷大笑。對我來說，無論任何形式的喜劇，魅力都在於它有「排氣閥」的作用。我們每個人內心都會累積壓力和煩惱，但每當按下那枚「笑」的小按鈕，總是能暫時釋放一些壓力。

才藝晚會上，我會盡可能讓每個小朋友都覺得自在，想表演什麼都可以，以前還一度有人用打嗝念出英文字母。有一次，一位韓國裔的小隊員唱了一首韓文歌，聽起來有點走音而且唱得實在太久了。可是等他終於唱完，我告訴他，那是我最喜歡的一首韓文歌。

小朋友都知道我是電視節目「你比小學五年級學生聰明嗎？」的主持人。有一次，我問一個五歲的小女生：「丹妮兒，告訴叔叔，你媽媽有比小學五年級學生聰明嗎？」她回答：「沒有！她永遠答不到後面的題目！」我點點頭告訴她，叔叔也沒有小學五年級學生聰明。

我特別記得某一年的才藝晚會上有個小男生，他是當晚最後一個上臺的人。他真的是全天下最可愛的小傢伙，只是相對於年紀而言，個子很嬌小——他大概八歲或九歲，但身高卻不超過90公分。他患了某種類型的腦瘤，接受化療又導致他雙眼失明。那天他帶著全世界的信心集於一身的氣勢走上舞臺，我把麥克風交給他，這個小不點隨即開口唱道：「我的小小光芒，我要讓它發亮！」

　　我看向觀眾，臺下每個人臉上都有淚珠滑落，同時他們卻也面露微笑。這時我才明白：就是這個！就在這裡！這個男孩的人生被發了一副壞牌，誰都不該拿到這種牌的，何況是這麼小的孩子。但他不讓厄運以任何方式擊潰他。大家都看得到：這堅強的小靈魂，穿透所有病痛發出光亮。

　　對我來說，陽光營區是對生命的禮讚，而不是對死亡的恐懼。這裡是充滿希望的地方。

情報指南

地點：陽光營區於喬治亞州的拉特利治（Rutledge）舉辦，約在亞特蘭大以東80公里。

背景：陽光營區讓癌症病童也能參加傳統夏令營的活動：游泳、射箭、騎馬、網球、捏陶、釣魚。營隊成員每天發行一份日報，並參與傍晚的舞蹈與戲劇演出。每年夏天約有375名小朋友報名，期間會有一支完整的醫療團隊與200名志工協助看顧。

旅遊資訊：www.mycampsunshine.com

傑夫・福克斯沃西（Jeff Foxworthy）是全美最受推崇的喜劇演員，他的喜劇錄音專輯創下史上最高銷售紀錄，本人多次獲得葛萊美獎提名，且以作家身分寫有超過24本書，包括《傑夫的鄉巴佬辭典》（Jeff Foxworthy's Redneck Dictionary）以及《紐約時報》排行榜暢銷書《衣服髒了》（Dirt on My Shirt）和《高爾夫落敗指南》（How to Really Stink at Golf）。他也主持過益智問答節目《你比小學五年級學生聰明嗎？》（Are You Smarter Than a 5th Grader?），及介紹鄉村樂排行榜前25名歌曲的廣播節目《福克斯沃西倒數榜》（The Foxworthy Countdown）。

傑瑞・賽恩菲爾德

紐約中央公園，漢克夏球場

年輕時我剛從長島搬到曼哈頓，每天晚上都會往喜劇俱樂部跑。我尚未出師，大多時候都在「連環泡」（Comic Strip）俱樂部表演。這家俱樂部在百老匯壘球聯賽（Broadway-show league）有一支壘球隊——百老匯每一個劇組都有一支隊伍，我們的隊伍在其中。

我們都在中央公園的漢克夏球場比賽，那裡距離公園南界只有幾十公尺，是打壘球的理想場地，人雖然在公園裡，但周圍卻有摩天大樓環繞。

真是太夢幻了！一來，我當上了喜劇演員，成為俱樂部的一員。我是「連環泡」的固定班底，每晚在店裡表演。二來，我們進到中央公園打球。我這輩子一直都想搬來這座城市，而中央公園又是曼哈頓的中心。當下我赫然明白，我人生的所有追求：在曼哈頓生活的夢想、當喜劇演員的夢想，全都碰在了一塊兒。

> 我們竟然還在這個最世故、成熟的城市中央，做著孩子氣的事。

而且我們竟然還在這個最世故、成熟的城市中央，做著孩子氣的事。星期二下午，我們穿著牛仔褲和球鞋，跑來跑去傳接球，一邊看著摩天大樓裡那些「真人」在工作討生活。你無法不去想這件事，自己躲掉了人生中一枚巨大的子彈：我不用在大樓裡上班。

我記得在1970年代後期，我們和百老匯舞臺劇《帕夫洛・赫梅爾的基本訓練》（The Basic Training of Pavlo Hummel）的劇組打過一場球賽，那齣劇主角正是艾爾・帕西諾（Al Pacino）。比賽當天，「即興俱樂部」（Improv club）的隊員賴瑞・大衛（Larry David）突然想到：「萬一在這種亂七八糟的比賽裡，把大明星弄傷了，影響到某一齣百老匯大戲，那怎麼辦？」後來，我們在《歡樂單身派對》就用這個橋段做了一集節目，由貝蒂・米勒（Bette Midler）飾演百老匯明星的角色。

如今，我每天走路去57街的辦公室，路上都會經過漢克夏球場。那裡

中央公園的球場。

依舊非常美麗，五座球場的草皮相互交錯，在鋼筋建築的都會中央形成一大片綠地。

這裡是那種會令人納悶：「我怎麼有辦法來到這裡？」的地方。我想它肯定是全世界最適合打壘球的場地。

情報指南

地點：紐約市的中央公園，南北界分別是西59街和110街；東西界則是第五大道和第八大道。

背景：中央公園面積約340公頃，幾乎是摩納哥（Monaco）的兩倍大，每年有2500萬人次造訪，是美國人氣最旺的公園。公園內有26座球場、多間劇院，與一座容量為378萬5000立方公尺的蓄水池。，蓄水池周圍有慢跑步道、運動場、動物園，還有許多其他景點，可以賞鳥（公園內出現過全國25%以上的鳥種）或從事各種活動。

旅遊資訊：www.centralpark.com

傑瑞‧賽恩菲爾德

由喜劇演員**傑瑞・賽恩菲爾德**（Jerry Seinfeld）共同製作、編劇、演出的電視劇集《歡樂單身派對》（Seinfeld），從1989年持續播出至1998年，是美國電視史上最成功的節目之一，榮獲艾美獎、金球獎及美國演員工會獎肯定，當年有近7600萬觀眾收看完結篇。賽恩菲爾德的著作《歡樂寶典》（Seinlanguage）是排行榜暢銷書，經典脫口秀表演橋段都收錄在1998年HBO的特別節目與專輯《不要讓我再說一遍》（I'm Telling You for the Last Time），當中有以下花絮：

傑瑞：忘了說，我現在單身。單單我一個，身上沒附帶別人了。（觀眾喝采）
傑瑞：多謝你們。
臺下女子：傑瑞，我愛你！
傑瑞（對該名女子）：謝謝，我也愛你，不過我還想和其他人交往。

賽恩菲爾德回歸俱樂部現場表演的心路歷程記錄在2002年的電影《美國喜劇之王》（Comedian）。他也是電腦動畫片《蜂電影》（Bee Movie）的共同製作人兼編劇，並獻聲為主角配音。他支持關懷團體「寶寶推車」（Baby Buggy，網站：www.baby-buggy.org），修繕二手嬰兒用品捐給紐約有需要的家庭。

喬治・盧卡斯

美國亞利桑那州與猶他州界，紀念碑谷

我第一次實際走入紀念碑谷是大學時代的事。我獲得一筆獎學金，參與製作電影《麥坎納淘金記》（MacKenna's Gold）
，劇組交給學生一輛路華休旅車和一臺攝影機，要我們替電影的拍攝過程紀錄花絮。

我在約翰・福特（John Ford）的西部片當中看過紀念碑谷，景色很美。拍完紀錄片之後，我決定留下來，自己拍一部關於沙漠的電影。於是我花了兩個月坐在沙漠中，大多獨自一人，看著日出日落，白雲流逝，陰影壟罩方山，昆蟲緩緩爬過沙地，風吹拂野草——在環境中用每一個感官去感受一切。從此我愛上了那裡。沙漠寧靜又別具深意。

我是在加州莫德斯托（Modesto）鄉間的農場長大的，家裡是一座核桃園，旁邊有葡萄園和一座桃子園。我家前面的牧場養了馬，也有苜蓿田。我常在戶外玩耍，也喜歡新鮮空氣。

但沙漠的廣闊，大概相當於我長大的環境再乘以十倍那麼大，無時無刻都是那麼樣漂亮而上相。我喜歡看萬物隨太陽位置的改變而產生變化。於是我拍了一支抽象短片，片名叫「6-18-67」，那是我開始拍攝的年月日。那部短片算是一首音詩（tone poem），呈現了所有我在沙漠中看到的景物。

> 紀念碑谷
> 是個令人感動的地方，
> 在那裡
> 我難得有機會能得到
> 平靜。

當沒有任何事情發生，或者周遭的動靜微乎其微的時候，你會感受到一種獨特的寧靜。如果只在沙漠中站個一秒，不會看到太多東西；但若佇立得夠久，就會看到所有事情的小細節——所有上演的小事、動靜、影子的移動、光線的變化、不同的氣味。沙漠中有一種特殊的氣味，很難形容，但基本是新鮮空氣的味道。快要下雨的時候也有一股特殊味道。

紀念碑谷是個令人感動的地方，在那裡我難得有機會能得到平靜。當

時我是個瘋狂的學生，成天事務纏身、東奔西跑，過著忙碌的生活。但幸好，在那幾個月之間，一切都暫時停擺，我得以利用電影去觀察、捕捉各種畫面和想法。

在我後來的電影裡，常常會拍攝沙漠。如果要我在雪地和沙漠中選擇拍攝，我選擇拍攝沙漠。很多人喜歡到山裡去，山是他們獲得平靜的地方。我的平靜來自沙漠，我彷彿能和沙漠對話。

我想部分原因在於沙漠的遼闊和純粹。我對空間的感受有一點像亞洲人，應該說像日本人。我喜歡極簡寫實，那差不多正是沙漠的樣子：很多水平線條，很少垂直線條，風景中央可能有一塊位置恰如其分的岩石，或者零散分布了幾株仙人掌。沙漠景觀是佛家思想和連環漫畫《瘋狂貓》（Krazy Kat）的結合──兩樣都是我的最愛。

有一次，我在山丘上拍攝白雲，往下眺望可以看到一座又一座岩石方山，美麗極了。人在沙漠中的平地時，很少能看到它完整的樣子，但那幅

紀念碑谷的東手套峰（East Mitten）。

景象至今仍深深印在我腦中：登上高處，遠望綿延好幾公里的大地，方山一座接著一座，彷彿永無止盡一樣。

　　置身在一個特別的地方最大的意義，我想是讓人得以走進自己的內心。它讓你進入舒緩、平靜的狀態，沒有外物威脅，沒有擔心焦慮，只有美景安安靜靜地浸潤著你。並不是它給予你多少東西，恰好相反，它讓你給了自己一點什麼。而這就是我會給一個所謂「特別」的地方下的定義：它讓你做自己。

情報指南

地點：紀念碑谷位在亞利桑那州與猶他州交界，地處納瓦荷印第安保留區內。

背景：一名傳統納瓦荷族的禱告者，祈求創造紀念碑谷的神族賜予祝福：「願我的前方美麗，願我的後方美麗，願我的上方美麗，願我的下方美麗，願我行走在美麗之中。」紀念碑谷是多部電影的拍攝場景，最早始於約翰‧福特導演的《驛馬車》（Stagecoach），之後從《2001：太空漫遊》到《不可能的任務2》（Mission Impossible II）都曾在此取景。《麥坎納淘金記》由葛雷哥萊‧畢克（Gregory Peck）和奧瑪‧雪瑞夫（Omar Sharif）擔任主角。150萬年來，紀念碑谷壯觀的巨石逐漸形成，堅硬的岩帽保護了其下的沉積物不受風化侵蝕。

旅遊資訊：紀念碑谷納瓦荷部落公園（Navajo Tribal Park）：www.navajonation-parks.org；紀念碑谷：www.utah.com/monumentvalley

喬治‧盧卡斯（George Lucas）結合先進的創新科技，講述歷久不衰的故事，曾拍出影史上多部成功作品，包括《美國風情畫》（American Graffiti），以及《星際大戰》和《法櫃奇兵》系列電影。《星際大戰》系列更創下視覺音效的新標竿，贏得八座奧斯卡獎。「盧卡斯影業」的子公司光影魔幻工業（Industrial Light and Magic）以領先業界的視覺特效，創造出《侏羅紀公園》中的大大小小的恐龍、《神鬼奇航》中的骷髏海盜，及諸多令人難忘的數位影像。喬治‧盧卡斯曾獲美國影藝學院頒發塔爾柏克紀念獎、美國電影學會的終身成就獎，以及科技成就最高榮譽的美國國家科技獎章。喬治‧盧卡斯教育基金會（George Lucas Educational Foundation，網址：www.edutopia.org），設立宗旨為鼓勵校園創新。

嘉莉・費雪

英國，倫敦

有些你造訪過的地方，不知怎麼地，總能讓人有家的感覺。對我而言，倫敦一直都是這樣的地方。當然，一座城市之所以吸引你，多少會有具體原因，不論是人的友善幽默，還是當地的歷史、劇院或古董市場，這些倫敦全都有，但除此之外還有別的──一種無以名狀的感受，一種經歷漫長旅程終於抵達、再次找回歸宿的心情。

從17歲在這裡讀戲劇學院子起，我就一直深愛倫敦。倫敦各區我都很熟悉，過去34年我住過很多區。當年我就讀北倫敦瑞士小屋區（Swiss Cottage）中央演講暨戲劇學院（Central School of Speech and Drama），第一學期住在學校附近的公寓，後兩學期住在赤爾夕（Chelsea）區。

開始拍攝《星際大戰》系列那年，我住在肯辛頓大街（Kensington High Street）旁。之後為拍攝續集，我起先住在演員艾力克・埃鐸（Eric Idle）在聖約翰伍德（St. John's Wood）的房子。有天半夜我醒來聽到樓下傳來噪音，下樓到客廳一看，發現艾力克正在和滾石樂團開派對。艾力克那陣子在突尼西亞拍攝電影《萬世魔星》（Monty Py-

倫敦諾丁丘社區的連棟住宅。

thon's Life of Brian），那一次是回來過週末，還帶了一種可怕的飲料一起回來，他稱之為「突尼西亞死亡水」。正好哈里遜‧福特順道來訪，於是我們通宵喝起那瓶萬惡的酒，直到清晨，我和哈里遜被接回在波罕塢（Bore-hamwood）的艾斯特里片場（Elstree Studios），提早為拍片做準備。

我們整夜沒睡，不算宿醉，事實上我們根本醉意未消，《星際大戰五部曲：帝國大反擊》（The Empire Strikes Back）中有一幕能看出我倆前一晚放肆豪飲的副作用。那場戲是韓蘇洛和莉亞公主抵達雲城，要去見韓蘇洛的老友藍道‧卡利森（Lando Calrissian）——即比利‧威廉斯（Bil-ly Dee Williams），看你從戲裡或戲外的角度去看。總之，那是星戰三部曲中，哈里遜和我唯一一次面露微笑，我們剛從巨蟒劇團（Monty Python）和滾石樂團的星球，醉醺醺駛著千年鷹號（Millennium Falcon）返航。

直到現在，我每年至少回倫敦一次，通常借住朋友諾丁丘（Not-ting Hill）的公寓，我把那裡當成第二個家。希望再過幾年女兒上大學後，我可以搬回倫敦。為了這個緣故，我還訂閱了《鄉村生活》（Country Life）雜誌，每月定期仔細研讀介紹住宅的篇章，這本雜誌就像我的郵購寶典。我夢想有一天擁有一棟茅草屋頂的百年老屋，然後邀朋友來家中喝茶。

情報指南

地點：倫敦位於英國東南部。
背景：就讀過中央演講暨戲劇學院的演員包括勞倫斯‧奧利佛（Laurence Olivier）、茱蒂‧丹契和凡妮莎‧蕾格烈芙（Vanessa Redgrave）。據星際大戰創造者喬治盧卡斯表示，千年鷹號造型的靈感來源是漢堡，一側有一顆「橄欖」駕駛艙。諾丁丘是藝術家與非主流文化集散地，曾是多部電影的場景，如滾石樂團主唱米克‧傑格主演的《迷幻演出》（Performance）及茱莉亞‧羅勃茲與休葛蘭主演的《新娘百分百》。喜劇演員艾力克‧埃鐸形容自己是「第六條最善良的巨蟒」（sixth nicest Python）。
旅遊資訊：www.visitlondon.com

嘉莉‧費雪（Carrie Fisher）是女演員（曾演出《洗髮精》、《當哈利遇上莎莉》，最有名的是在《星際大戰》系列中飾演莉亞公主）、小說家（《來自邊緣的明信片》（Postcards from the Edge）、《拜倒石榴裙》（Surrender in Pink）、《婆媽春夢》（Delusions of Grandma））、劇作家，同時也是好萊塢最搶手的「劇本醫生」。她曾巡迴全美演出獨角戲劇《一廂情願》（Wishful Thinking）。

摩根‧費里曼

加勒比海

英屬維京群島可能是全世界最美的島嶼群。我是會駕駛船的水手，很喜歡從維京戈達島（Virgin Gorda）延伸到聖約翰島（St. John）之間的海峽，全長大約48公里，宛如一座小小的內海。海水極清澈，還有那顏色！大部分是深藍色的，但在淺灘，海水因為底下的白沙變成像藍寶石般的顏色。有的地方，海水則一片碧綠。

我是典型那種喜歡暖和天氣的人，而維京群島的平均氣溫是攝氏30度，正合我意。早晨一踏出戶外，因為不冷，身體自然就放鬆了。通常我們去加勒比海都是為了度假，所以說真的，這裡沒有什麼事會帶給人壓力。

另一片我喜歡航行的海域是格瑞那丁群島（Grenadines）——從格瑞那達島（Grenada）開始，往北直達聖文森島（St. Vincent）。我在島與島之間「定點推移」（gunhole）（這個字的意思是從一個錨點移動到另一個錨點），遇到喜歡的地方就把船停下來，拋出釣線、現抓晚餐。或者，可能會有人駕著小船靠近，賣給你新鮮的漁獲。

我不喜歡煮飯，但身為水手想吃飯就得自己煮。要是能找到願意煮飯的船員，那也不壞，我非常歡迎他們——不過我當慣了獨行俠，這種事很少發生。大多數時候，我都一個人航行。這是最愜意、最好的生活方式。

我有一個特別喜愛的地點，但我不想告訴任何人。美麗寧靜的地點常有這種麻煩：一旦把那個地方說出來，那個地方很快就要不得安寧了。我就只透露一些：那是一座小島，島上的一片海灣有成排的潮口，水深由淺慢慢變深，所以在水深四公尺的地方就有很好的下錨點。在這裡游泳十分愜意，而且因為受到潮口嚴密保護，水勢始終很平靜。

有一年，我在這裡遇到一位稀客。我和孫子原本在游泳，我剛離開水中，但他們還在到處戲水。忽然，他們急匆匆跑回來，說水裡有個「大傢伙」。我探出船外一看，的確，水裡有一條金梭魚（barracuda），長度應該不到120公分，只算是一條小魚。

碧藍的加勒比海海灣，沿岸的潔白沙灘很適合船隻停泊。

　　我試過把牠趕跑，但這條魚顯然玩心不小，始終游在我前面。這條梭魚後來逗留不走，我們每天早上起床都會看一看小船底下的暗處，牠又在那裡！我們替牠取名叫巴瑞，每天都會確認：「他在嗎？」「在，巴瑞在那裡！」

　　我猜，在加勒比海這樣的地方，值得學習的人生功課就是學會放鬆。現在的人常常活得壓力很大，最難學會的就是順其自然。我已經找到一個任我順其自然的地方。

情報指南

地點：加勒比海屬於大西洋海域的一部分，位在墨西哥灣的東南方。維京群島位於波多黎各束方，地處背風列島。格瑞那丁群島則位於委內瑞拉東北方，地處向風列島。
背景：維京群島分為英屬維京群島（英國海外領土）與美屬維京群島（美國外島）。

1493年，哥倫布開歐洲之先，發現了這個島群，並命名為「聖烏爾蘇拉與她的1萬1000名處女」（Santa Ursula y las Once Mil Virgenes）——後來簡稱為「處女群島」（Las Virgenes）。據傳，他將其中一座小島命名為「維京戈達」（Virgin Gorda，胖處女），因為島的輪廓看起來像個凹凸有致的豐腴少女。格瑞那丁群島分屬兩個島國：聖文森及格瑞那丁（St. Vincent and the Grenadines）與格瑞那達（Grenada）。格瑞那達又名香料島，生產了全球五分之一的肉荳蔻，以及肉桂和丁香。2004年，格瑞那達九成民宅遭颶風伊萬吹垮或損壞。某些種類的金梭魚身長可達180公分。金梭魚全速前進時，時速最高達43公里。雖然是肉食性動物，但梭魚很少咬人，歷來只發生過一次咬人事件，因為人肉不合牠們平時的胃口。
旅遊資訊：英屬維京群島：www.bvitourism.com；格瑞那達：www.grenadaexplorer.com；聖文森及格瑞那丁：www.svgtourism.com

眾所景仰的演員**摩根‧費里曼**（Morgan Freeman）得過奧斯卡獎、金球獎、美國演員工會獎和多座奧比獎（Obie award）。他的演員生涯始於外百老匯的小劇場和兒童電視節目《電力公司》（The Electric Company），進軍電影界後，他為多部電影詮釋了令人難忘的角色，如《溫馨接送情》（Driving Miss Daisy）、《光明戰役》（Glory）、《刺激1995》（The Shawshank Redemption）、《全面追緝令》（Along Came a Spider）、《王牌天神》（Bruce Almighty）、《登峰造擊》（Million Dollar Baby）、《蝙蝠俠：開戰時刻》（Batman Begins）和《一路玩到掛》（The Bucket List）。他曾協助成立格瑞那達援助基金會（Grenada Relief Fund），幫助遭颶風伊萬侵襲的格瑞那達島重建，基金會後來重組為天災援助組織「Plan!t Now」（網址：www.planitnow.org），提供相關情報，協助高風險地區的居民預防暴風雨和颶風帶來的災害。

羅賓 · 威廉斯

美國加州，舊金山

對舊金山的想像向來是：找到了，就是這個地方！我爸爸從底特律的汽車業退休那一年，我16歲，全家搬來舊金山灣區。金門大橋就在那裡，有如一幅巨大的「歡迎！」標誌。在我看來有一種《綠野仙蹤》（Wizard of Oz）的氛圍：

> 走入陽光，走入光明
> 筆直前進
> 前往那個地球上
> 最壯麗的地方

舊金山看起來的確很像是奧茲王國的翡翠城。市內那一座原先眾人唾棄的尖塔——泛美金字塔（Transamerica Pyramid），如今成了市區景觀主要的特徵，為舊金山增添一股介於神祕和魔幻之間的氣質。

爸媽和我開車抵達的時候，霧正好從山丘上瀰漫過來。我不知道那是什麼，暗自想著：那到底是……不是火，也不是毒氣……我爸解釋那是霧，在舊金山是常有的事。我覺得霧還挺美的，飄進來後能為整座城市降溫。

長大後我也發現，舊金山是由很多不同社區組成的一座城市：中國城、諾布山（Nob Hill）、教會區、日本城、太平洋高地（Pacific Heights）。我喜歡北灘和百老匯大道，脫衣酒吧在那裡，但「城市之光」（City Lights）書店也在，這家書店就像一個朝聖地點，是詩的聖地之一，曾經是「垮世代」的大本營，書店的創始人、詩人勞倫斯 · 弗林蓋蒂（Lawrence Ferlinghetti）還在世，店裡的樣子一如從前，而且到現在仍會出版許多新進詩人的作品。

作家和藝術家都會去書店對面一間名叫「托斯卡」（Tosca's）的酒吧。店裡提供「改良版」卡布奇諾，加了白蘭地和巧克力，另外又以愛

爾蘭咖啡最出名。百老匯大道街角的「Hungry i」俱樂部又重新開始演出脫口秀了，這家俱樂部最早可以追溯到強納森‧溫特斯、莫特‧薩爾（Mort Sahl）和比爾‧寇斯比（Bill Cosby）的年代，當年由一個名叫恩力可‧班杜奇（Enrico Banducci）的怪人經營，他是天底下唯一擁有一間俱樂部又自己把它偷走的人。

　　另一個有名的社區是海特艾什伯里（Haight-Ashbury），那裡就像是個由迷幻藥教父提摩西‧李瑞（Timothy Leary）仿南北戰爭風格打造出來的地方，人行道擁擠不堪，甚至還有60年代留下來的店鋪。近來雖也新開了一些以年輕族群為號召的質感商店，但依舊是當年的嬉皮區。

　　卡斯楚街（The Castro）是個名副其實的同志村，但我在那裡住過一陣子，它是一個貨真價實的社區，而且氣氛美好。維多利亞時期的老屋子都經過整修，行人漫步大街，在名為「美國男孩」（All American Boys）之類的商店購物，你也可以到「莫比迪克」（Moby Dick）酒吧吃早午餐。舊金山是通過同性婚姻法案的先鋒，這在這座城市似乎是理所當然、絲毫不必猶豫的事。

　　附近的諾伊谷（Noe Valley）有點像是位在舊金山市中心的柏克萊大學城，五臟俱全，什麼都有──古怪的商店、餐廳，在這裡幾乎可以品味整座城市的各種風貌。

> 舊金山人大多自傲，
> 但沒兩下子就會願意自娛娛人。
> 人在這裡會養成一定程度的謙卑，
> 因為地震三不五時就會撼動既有的事物。
> 當你住在斷層線上，
> 「及時行樂」這四個字就有了真切的意義。

　　有一則老笑話說：「我遇過最冷的冬天，是舊金山的夏天」，說這話的人一定是在講伸向海灣的日落區（Sunset District）。但天氣好的時候，那裡可是美麗無比，太陽升起時不禁想大呼：啊，讚美上帝！接著你就會看到甘願冒著皮膚癌風險來做日光浴的愛爾蘭勇者的龐大陣容。

　　太平洋與海灣讓舊金山成為世界一大水岸城市，但我不認為有多少人真的會下水──頂多偶爾會見到那些以身懷乳頭為傲的冬泳社成員。大洋灘（Ocean Beach）有人衝浪，但我不愛衝浪，一想到離岸不遠的法拉榮

從阿拉摩廣場（Alamo square）看「彩繪仕女」（Painted Ladies）房屋和舊金山天際線。

羅賓・威廉斯

187

群島（Farallon Islands）是大白鯊的繁殖地，我就更沒興趣了。

水域是舊金山的重要元素，也是這座城市的肺，把空氣代謝清新。經常有人會說：「好冷喔！」少抱怨了。我覺得就算在陰霾的日子裡，大霧瀰漫也挺美的。另外，舊金山仍會使用霧號，雖然現在都是電子式的，鳴鳴響兩聲就有氣無力。霧號的聲音總讓我想起老電影《梟巢喋血戰》（The Maltese Falcon）和主角山姆・史培德（Sam Spade）：「對，我看到她了。她穿過迷霧走來，我在橋邊等她……。」

起風的日子裡到海港區（Marina District）去，海灣內滿是帆船，看上去好像是來求偶一樣，很不可思議，那會是你此生見過最美麗的景象之一。

歐洲人也喜歡舊金山，我猜是因為這裡是他們所能找到最接近歐洲的環境——有水，有山，有眾多街區。另一個很歐洲的特點是這裡的人享受美食，而且活得自在，不那麼汲汲營營，生活步調比較緩慢。我爸在舊金山退休之後，我看到他突然間開始懂得享受人生。

美食和佳釀是舊金山文化的一部分。原本老舊的渡輪大廈（Ferry Building）經過重新改裝，現在開滿餐廳和小商店，販賣起司、麵包、橄欖油、巧克力和很多很多東西。愛吃的人來到這裡都會失控，試吃日的場面跟西班牙奔牛節沒什麼兩樣。

舊金山富有充沛的活力，這也包括金融方面的活力。從早些年的網路時代——後來化為網路泡沫；到現在的生技產業，這座城市的抱負遠大。事實上，舊金山就像一隻愛吠的小狗，長得是很英挺，可能還是一隻領頭狗，不過也只是一隻小不點頭頭：汪汪，我們很大哦！不，孩子，你真的不大，不過不要緊。

就以新建的球場來說，它小得剛剛好有一種溫馨的氣氛，就像常見的小型球場那樣，地點也理想，就在海邊，天氣十有九成晴朗。球場的名字前後換了好幾次，現在叫什麼？「請贊助冠名」球場？X-Box 360球場？「老子有500萬美元」球場？

舊金山人大多自傲，但沒兩下子就會願意自娛娛人。人在這裡會養成一定程度的謙卑，因為地震三不五時就會撼動既有的事物。當你住在斷層線上，「及時行樂」這四個字就有了真切的意義，你會想到，這一切都有可能消失！但這也帶給你一種體認：今日真的是好日，這是一種很舊金山

式的想法。

這是一座有很多特色的城市，但也不僅於此。在這裡你會深刻感受到，自己來到這裡是因為想擺脫拘束。我不認為到目前有哪一幕電影場景真正捕捉到舊金山的這一面。要拍的話，可能會是一個侏儒變裝修女在……吃早午餐。

我很驕傲舊金山聚集了各種有趣的人，我們還有一個彷彿「巴別塔」的市議會，裡頭議題紛陳，而且都和諧共存──還不到無風無浪的和諧，但我們努力允許各式各樣的人和需求存在。

格萊德紀念教堂（Glide Memorial Church）就是一個好例子。它提供大眾一系列優良的推廣活動，從課外活動到免費遊民法律諮詢都有，而且在這裡確實能感受到它是開放給所有人的，不論你的信仰、主張、性向，全都無所謂──儘管進來！這和舊金山本身很像，我的意思是，我們有一個戒毒中的市長，甚至連住在諾布山的鄉親──基本上就是有錢人──也都有一些不拘一格的特質。

有時候習慣了很容易以為，大家都是這樣的吧。但是一開車離開舊金山約40幾公里後，你就會說：「嗯，我錯了。動作快，回城裡去！快逃！」

舊金山有很大的藝術、文學聚落，另外也有一個電影聚落，很多人叫它「北好萊塢」（Hollywood North）。但是──噓！別提這個詞，我們可不希望那些人跑來這裡。

對我而言，距離好萊塢600多公里遠再理想不過。這種感覺好比身在瑞士，假如真有原子彈爆炸你也只會納悶：「什麼聲音那麼吵？」住在舊金山，我可以到好萊塢旅遊、享受當個觀光客、做我的工作，然後在我開始煩惱自己的事業以前離開。

知道自己回家是回到舊金山，回到一種不被「我混得好不好？」的念頭打擾的生活，這種感覺真好。我真的很愛這個地方。

情報指南

地點：舊金山位於加州北部，地處太平洋與舊金山灣之間一座半島的尖端。

背景：夏天霧漫金門大橋的速度是每小時32公里。比起標準的箱型設計，泛美金字塔的造型能讓更多陽光照射到街道。整棟樓有3678扇旋轉窗戶，能輕鬆從大樓內部清

潔，全部打掃一遍要花一個月。「城市之光」書店支持小眾作家與詩人，店名取自卓別林演出的一部電影，象徵小人物挺身對抗巨大、無情的世界。「Hungry i」夜總會的舞台後方有一面裸磚牆，這項特色後來成為喜劇俱樂部的標準裝潢。1967年的「愛之夏」（Summer of Love）活動前後，是嬉皮區的全盛時期，又因為空氣中常飄著味道可疑的團團煙霧，又被稱為「哈麻區」（Hashbury）。這一區也是許多迷幻搖滾（psychedelic rock）樂團的發祥地，包括「死之華」和「傑佛遜飛船」（Jefferson Airplane）。AT&T棒球場是舊金山巨人隊（The San Francisco Giants）的主場，位置緊鄰水岸，可以看見海灣大橋（Bay Bridge）。威爾·史密斯（Will Smith）主演的電影《當幸福來敲門》（The Pursuit of Happiness），改編自真實故事，講述一名無家可歸的男人和兒子受到格萊德紀念教堂推廣活動幫助的過程。舊金山從很早開始就扮演了「自由、自決」精神的堡壘，這是由於在加州淘金熱的年代，不同文化與國籍的人紛紛湧入這座城市，日常生活變成一場狂熱慶典，眾人稀奇古怪的特色，舊金山一概接納，兼容並蓄中，創造了一個獨特、多元且寬容的社會。日後又由1950年代的垮世代與60年代的「花之子」（flower children）發揚光大。
旅遊資訊：舊金山旅遊局：www.onlyinsanfrancisco.com

奧斯卡與葛萊美獎雙料贏家，**羅賓·威廉斯**（Robin Williams）職業生涯之初是一名脫口秀喜劇演員，從早年大受歡迎的電視劇《莫克與明迪》（Mork & Mindy），到後來多不勝數的電影角色，先後創造了無數令人難忘的人物。1997年，他以電影《心靈捕手》（Good Will Hunting）獲得奧斯卡獎和美國演員工會獎，在此之前，他也曾以《奇幻城市》（The Fisher King）、《春風化雨》（Dead Poets Society）和《早安越南》（Good Morning, Vietnam）等片獲奧斯卡獎提名。羅賓·威廉斯的諸多電影作品還包括賣座喜劇《窈窕奶爸》（Mrs. Doubtfire）、《鳥籠》（The Birdcage）、《野蠻遊戲》（Jumanji）、《虎克船長》（Hook）、《博物館驚魂夜》（Night at the Museum）；角色風格較為黑暗的《針鋒相對》（Insomnia）和《不速之客》（One Hour Photo），以及動畫片《阿拉丁》（Aladdin）、《機器人歷險記》（Robots）和《快樂腳》（Happy Feet）等。他的劇場經歷則包括在麥克·尼可斯（Mike Nichols）執導的《等待果陀》（Waiting for Godot）中，與史提夫·馬丁（Steve Martin）共同演出。闊別脫口秀16年後重回舞臺，他交出不俗成績：2002年由HBO頻道特別製作的《羅賓威廉斯：百老匯人生》（Live on Broadway）榮獲五項艾美獎提名。私底下，羅賓·威廉斯曾四度隨美國聯合服務組織遠赴中東勞軍。他也在1986年「喜劇救濟」（Comic Relief）基金會成立之初就全力相挺，至今基金會募得的善款已超過5000萬美元。羅賓·威廉於2014年去世。

蘇西・歐曼

加州舊金山，克里希菲爾德公園的一張長椅

金門大橋（Golden Gate Bridge）旁的水岸邊，有一片1920年代的機場改建成的公園，我喜歡去那裡，固定坐在某一張搖搖晃晃的長椅上。我會走一段路過去，然後在長椅坐上幾個鐘頭，看人散步、慢跑和騎腳踏車經過。同時間，也有漁人在碼頭上釣魚碰碰運氣；海獅在水中嚎叫；船隻從橋底下通過。

世界以一種不受金錢干擾的步調變換流轉。對像我這樣的人來說，這感覺很好，我的生活真的是繞著錢打轉——不是我的錢，但理「財」正是我的謀生之道。

經過我長椅前的人，有的用走的、有的用跑的；有胖有瘦；有的穿著體面，也有的近乎赤裸。海灣內，船隻冒著蒸汽把貨物從亞太地區載來舊金山，另幾艘船則正要出港。有的人駕駛遊艇，也有衝浪客在衝浪。馬拉松舉辦期間，跑者經過長椅都會揮揮手。我看著世界從我眼前經過。就這麼看著一切發生，自己則靜止地坐在那張搖晃的長椅上，感覺很棒。

我喜歡那種感覺，因為在那個當下，我知道人生是真實的。

人生是真實的，衡量它的不是你擁有什麼，而是「你是誰」。重要的都在那裡了——那些錢買不到的東西，只待你放慢步伐，坐下來瞧一瞧。錢買不了舊金山灣的蔚藍海水；買不了海獅和螃蟹；沙子和岩石；天空和陽光。

我那張搖晃的長椅，神奇地賜給了我人生的入場資格。當我走向它，坐下來，我覺得人生好像已經有所成就，已經成功了。

情報指南

地點：克里西菲爾德公園面對舊金山灣，就在金門大橋東邊，屬於舊金山普雷西迪奧（Presidio）的一部分。

背景：現今克里西菲爾德公園的所在地，一度是奧隆族（Ohlone）印第安人採集食物

在克里西菲爾德公園看到的黃昏晚霞。

遇見我最愛的地方

的鹽沼，並為西班牙探險家及日後來自俄羅斯、英國與美國東岸的商船，提供了靠岸的地方。1915年，這裡經過填海造陸，興建了巴拿馬太平洋萬國博覽會（Panama-Pacific International Exposition）的會場，場內的最大亮點是132公尺高的「寶石塔」（Tower of Jewels），表面掛有10萬片彩色切割玻璃，在陽光下閃閃發亮，入夜後則以探照燈打亮。這場博覽會讓世界看見：舊金山已從1906年的震災與大火中復原。1919年到1963年間，該地區又改建為美軍機場，在克里西菲爾德達成的飛航成就，有航空郵件服務、夜間飛行及跨大陸飛航服務等。美國國家公園管理局接手把原來的柏油礫石地擴建成40公頃的海岸公園，園內有10萬株原生植物、一片大草坪與一條水岸步道。不少人利用風勢在這裡玩風浪板和風箏衝浪，也有人駕駛帆船。

旅遊資訊：造訪克里西菲爾公園（www.crissyfield.org）可以開車走梅森街（Mason Street），也可以走路或騎單車經金門步道／舊金山灣岸步道抵達。遊客在魚雷碼頭（Torpedo Wharf）不需執照即可釣魚，或在海灘上撿蟹殼、水母和小圓卵石。「暖暖屋」（Warming Hut，位在海濱路上）附近的草坪或海灘有販賣吃食，可以欣賞海景。

理財專家蘇西‧歐曼（Suze Orman）主持美國CNBC電視頻道的獲獎節目《蘇西‧歐曼秀》（The Suze Orman Show），獲得兩座艾美獎及四座美國婦女廣播電視協會葛蕾西‧艾倫獎。暢銷著作包括《敢於致富》（The Courage to Be Rich）和《年輕就學會當有錢人》（The Money Book for the Young, Fabulous and Broke）。蘇西‧歐曼是《O：歐普拉》雜誌（O, the Oprah Magazine）的特約編輯，也為雅虎財經（Yahoo! Finance）撰寫專欄。她的演講激勵人心，最盛大的一次臺下曾有5萬名聽眾。1987年到1997年間，她擔任蘇西歐曼理財集團主席，早些年則在保德信證券公司任職投資副總裁，在美林證券投資銀行常過業務經理。更早以前，她只是加州柏克萊一間連鎖蛋糕店的服務生。

第五章

企業大亨最愛的地方

瓦利・艾莫士 <small>彎路盡頭的天堂</small>

李納多・布魯特克 <small>卡美哈梅哈大帝的王國</small>

克雷格・紐馬克 <small>垮世代大本營</small>

唐諾・川普 <small>大亨的歷史豪宅</small>

理查・布蘭森爵士 <small>億萬富翁的私人島嶼</small>

雪麗・蘭辛 <small>水都</small>

瓦利・艾莫斯

夏威夷茂伊島，哈納

夷的茂伊島像一粒巨大的定心丸，每次我人在那裡，所有緊張和壓力就會從我的身體裡消失，感覺全然放鬆，而我已經在夏威夷生活30年了！

哈納更放大了這種感覺，只要去到那裡，我整個人就會融化。最近一次出遊以前，我已經在歐胡島新開張的餅乾店埋頭苦幹了兩年，我和太太克莉絲汀很需要度假放空一下。要說休養生息，哈納這個地方再適合不過，在那裡沒有任何事情可做，正符合我們的需求。我肯定我們回家時會煥然一新。

我們開車上了有名的哈納高速公路，那可能是你開車走過風景最壯麗的一段路。每一個轉角都能看到瀑布、竹林、熱帶花卉、番石榴樹和一望無垠的美麗大海。車子每次過彎都會引起驚呼：「哇！你看！」簡直像變魔術一樣。

兩個小時後，我們抵達哈納。超過20年沒來了，但時光在這裡似乎靜止不前，一派祥和寧靜，沒有重大開發，彷彿世界上別無其他地方的存在。我不知道還有哪裡可以感受到這種空無。但我打從心底感到滿足。

我們每天都懶洋洋地在哈納－茂伊飯店（Hotel Hana-Maui）的游泳池畔消磨時光。夜晚，雨水啪答啪答地打在屋頂上，周遭萬籟無聲，到了每天早上又會聽見鳥鳴。

像哈納這樣的地方對人往往有深刻的影響，如同我第一次看到大峽谷的時候一樣。那時候我還在好萊塢擔任私人經紀人，一直拼命想成為大人物、賺大錢，窮忙個沒完。但忽然間我身處那裡，在大峽谷的南緣（South Rim），我一輩子沒見過如此壯闊的風景。太陽漸漸西下，光線美麗無比，隨著每一分鐘過去，峽谷的光影也不斷變化。我對自己說：「天啊，我在好萊塢疲於奔命，一心想成為大人物，但大峽谷光矗立在這裡就夠了，不必奔波就威震八方！」那一刻我醍醐灌頂，人生從此改變。我把感動謹記在心，一生不敢或忘。我明白了人生無關乎我有多忙碌，無關

哈納高速公路蜿蜒通過蒼翠的瀑布。

瓦利・艾莫斯

乎我以為自己多重要。人生的答案在於恆定、在於寧靜。

　　哈納對我也有同樣的作用。人在這裡無憂無慮，剝去層層的繁忙和活動，回歸到人的核心。住在這裡的人也受到這種氛圍影響，他們不急著做事，人人客氣友善，樂於付出。大家會互道「啊囉哈」，這句話雖然常用作「你好」和「再見」，但「啊囉哈」的精髓其實是愛。「啊囉哈」是與他人分享自己，不帶任何期望。這在哈納處處可以感受得到。

　　許多人稱這個地方為「天堂哈納」——如果地球上真的有天堂，那麼無非就是這裡了吧。

情報指南

地點：哈納位在茂伊島東側，是夏威夷最偏遠的城鎮。

背景：哈納高速公路從卡胡魯伊（Kahului）到哈納市區距離約83公里（天氣晴朗時單趟車程約兩個半小時），再到奇帕胡魯（Kipahulu）約22公里，全程超過600個彎道和59座橋，其中46座只有單一車道。公路沿途有許多水果花卉供遊客自由欣賞。喬治‧哈里森（George Harrison）在哈納有一棟寓所，歐普拉也在當地買下大片精華地段。飛行先鋒查爾斯‧林白（Charles Lindbergh）在奇帕胡魯安享晚年，並下葬當地墓園。哈納居民稱開車到外地叫前往「彼岸」。

旅遊資訊：www.visitmaui.com

　　瓦利‧艾莫斯（Wally Amos）在創辦美國知名餅乾品牌Famous Amos以前，曾是美國老牌經紀公司「威廉‧莫理斯」（William Morris）旗下首位非裔美國籍的經紀人，發掘了至上女聲三重唱（The Supremes）、賽門與葛芬柯（Simon and Garfunkel）等頂尖藝人。一開始他烘焙巧克力餅乾只是作為週末的消遣，後來覺得不妨自己當藝人來賣餅乾。他先創辦了Famous Amos公司，後來把公司賣掉，在歐胡島開了瓦利叔叔瑪芬公司（Uncle Wally's Muffin Company）和巧克力餅乾專賣店（Chip & Cookie），曾獲頒美國總統傑出企業獎和國際白手起家獎（Horatio Alger Award）。艾莫斯致力於消除文盲，曾擔任美國掃盲志願協會的全國發言人，並創辦「美國大聲讀」基金會（Read It LOUD America!，網址：www.readitloud.org）推廣兒童閱讀風氣。每逢星期六，他都會在夏威夷的店裡為孩子朗讀。

李納多・布魯特克

夏威夷大島，普阿凱灣

第一次抵達夏威夷時，才走出機艙，我就知道自己到家了。因為空氣中的花香、微風輕撫肌膚的觸感——除此之外，還有更深層的原因，我稱之為「瑪那」（mana），玻里尼西亞人用這個字指稱一種魔法般的心靈力量。

大約20年前，我決定在夏威夷置產。我在加州家中的牆壁貼上夏威夷每一座島的地圖，尋找所有在我和海洋之間不會有道路阻擋的地方。哪裡的季風最為理想？哪裡降雨適中，不會像考艾島那麼潮溼，但又不至於乾燥到寸草不生？我縮小搜尋範圍，鎖定大島從科納（Kona）到最北端之間的區域。

我在普阿凱灣找到一大塊帕克牧場（Parker Ranch）的土地，被劃分為幾塊大小約4公頃的地，每塊，位置緊鄰海岸，地勢向海岸邊緣緩坡下降，而後形成斷崖陡落至海面。以前的人都在這裡裝運牲口，利用滑車把牛從45公尺高的峭壁頂端，垂吊到下方等待的船隻甲板上。

海岸沿線，鯨魚會帶著幼鯨來尋找避風港，因為斷崖向海底下探21公尺，鯨魚即使游近岸邊，依然身在深水之中。這一帶正好位處鯨魚的遷徙路線，人待在岸上就能賞鯨，尤其每逢二月更是聲勢浩大。

不用說，我當然買下了這塊地。

但我直到簽下地契後才知道，原來這裡是距離卡美哈梅哈大帝出生地最近的私人土地。這位戰士國王統一了夏威夷諸島，1758年出生在一座古神殿附近。神殿至今仍是夏威夷群島最神聖的信仰中心，每年大巫師都會祭獻一次，保持供奉不絕。我當初並不知道這層典故，單純因為感覺到「瑪那」就買下這塊地，是它擄獲了我。

在我那塊地上，眼前盡是180度的海景，可以看到離岸約29公里的茂伊島，哈來亞卡拉火山就這樣從海洋升起。每天幾乎都有環狀雲形成，就在火山口下方，像光環一樣，景色非常壯觀。

買下這片土地之後有一天，我出外散步，在土地中央的山丘頂端看見

一棵原生樹木伴著夏威夷鮮豔的日落。

一棵美洲角豆樹，底下樹影成蔭。我心想這裡肯定是個好地方，可以沉思冥想，體會身處當下的感受，與「瑪那」交流融合。我在樹蔭下坐了足足一個多小時，到了該離開的時候，我站起身，回頭望著角豆樹。

　　樹枝由中心向外開展，但原本應該是樹幹的地方居然有一枚光滑的石柱，大約40公分長。只有特定種類的岩石在流水中經年滾動才能生成這種形狀。印度教徒稱之為「林伽」（lingam），是溼婆神的象徵，印度聖河恆河經常產生這種石頭。

　　這棵角豆樹中有一枚林伽，哪裡來的？怎麼來到夏威夷群島上的古老神殿附近？這些問題我沒有答案。發現林伽的時候，我才領悟到：這塊地並不是我的財產，而是歸天地宇宙所有，我僅僅是管家。

　　最終這片土地將會成為世界企業學會的本部，推廣用心設想的企業文化。這麼多年來，我持有這片土地，未曾予以開發，只等有一天可以由學會接管。而那些景物至今仍舊坐落在那裡——那枚林伽、那棵樹，還有那片土地。

情報指南

地點：普阿凱海灣位於夏威夷大島（Big Island）北端，靠近科哈拉（Kohala）海岸的哈偉（Hawi）。

背景：帕克牧場最早創建於1847年，占地600多萬公畝，比德州很多牧場年代更久、規模更大。傳說預言，註定統一夏威夷群島的國王誕生之際，天空中會出現火光。而就在1758年，哈雷彗星通過，正是卡美哈梅哈大帝根據推斷出生的那一年。人稱「太平洋的拿破崙」的卡美哈梅哈一世，身高198公分，在位時頒布法律禁止活人獻祭，並致力實現夏威夷群島獨立。美洲角豆樹，又稱基阿威樹（kiawe tree），是豆科灌木的一種，原生於南美洲，1828年引入夏威夷。

旅遊資訊：www.gohawaii.com/big_island

企業顧問**李納多・布魯特克**（Rinaldo S. Brutoco）創辦美國第一家付費有線電視營運商，也是全美最大男裝零售連鎖店「男士倉庫」（Men's Wearhouse）的董事。1986年創辦世界企業學會（World Business Academy，網址：www.world-business.org），作為企業領袖的網路絡，創造「更多資源讓個人在商業、社會和個人生活當中更有能力、更有效率也更負責任」。

克雷格・紐馬克

紐約市，格林威治村

我一再幻想在格林威治村擁有一套公寓。我喜歡我在那裡看到的知識氣息濃厚的生活，而且那裡有一種波希米亞氛圍，可以追溯到垮掉的一代。（我也幻想可以搭時光機回到過去，看看垮世代的人真正的樣子。）

我愛在咖啡館打發時間，而我在格林威治村最喜歡的店之一，是麥克道格街（MacDougal Street）上的「瑞吉歐咖啡」（Caffe Reggio）。我去過那家店非常多次，記得看過一部電影叫《下一站，格林威治村》，敘述一個年輕人搬到村子來，夢想當上演員。片中重要的一幕戲就發生在瑞吉歐咖啡，真的很酷。另一家我喜歡的咖啡店是在天后廟街（Waverly Place）的「喬伊：咖啡技藝」（Joe: The Art of Coffee），我喜歡它那種社區咖啡館的氣氛，而且咖啡也很好喝。前一陣子，我走進店裡，吧臺後的那張臉很眼熟。她在舊金山科爾谷區（Cole Valley）的「幻想咖啡」（Reverie Café）當過咖啡師，那是當地我最愛出沒的店家。這實在很有趣，你橫跨全國走進一家咖啡店，結果吧臺後的人竟然知道你平常喝什麼！

情報指南

地點：格林威治村是紐約市一處住宅區，西邊以哈德遜河為界，東邊與百老匯大道相鄰，北至14街，南臨休士頓街（Houston Street）。

背景：格林威治村歷來的名人居民有艾倫・金斯堡（Allen Ginsber）、瑪丹娜和雕刻家克萊斯・歐登伯格（Claes Oldenberg）。這裡有名的音樂表演場地包括Electric Circus、Fillmore East和龐克搖滾的發源地CBGB。「瑞吉歐咖啡」第一代老闆將卡布奇諾咖啡引進美國，咖啡店內至今仍保留著1902年出產的第一代義式濃縮咖啡機。

旅遊資訊：www.iloveny.com

克雷格・紐馬克（Craig Newmark）創辦分類廣告網站「Craigslist」，刊登50個國家450座城市的分類廣告，每月瀏覽數有90億次，是所有媒體分類廣告之最。基於社群與服務理念，「Craigslist」網站不刊登網頁橫幅廣告，且在某些特定城市只向商業廣告收費。根據報導，該網站年收益達1億5000萬美元。

格林威治村的咖啡館。

克雷格・紐馬克

唐諾・川普

美國佛羅里達州棕櫚灘，馬阿拉歌莊園

我向來喜歡棕櫚灘的氛圍和天氣，而我也有能夠買下這個地方公認的豪宅：馬阿拉歌莊園（Mar-a-Lago）。它最早是在1927年，由喜瑞爾食品繼承人瑪裘麗・波斯特（Marjorie Merriweather Post）和她的經紀人夫婿艾德華・哈頓（E. F. Hutton）所建，當作過冬的別墅。

興建馬阿拉歌一共花了四年時間，耗資2500萬美元，2500萬美元在當年可不是小數目。這座宅院的規模超越多數人畢生所見，有148個房間、高得離譜的天花板和巨大的玻璃窗、一座塔樓，還有包括精緻雕刻和3萬6000枚西班牙瓷磚在內的裝飾。

馬阿拉歌一詞的意思是「海與湖之間」，這裡是棕櫚灘唯一一棟前眺大西洋、後臨沃斯湖（Lake Worth）的房子。在棕櫚灘，房子如果面朝沃斯湖，那很好，面朝海岸，那也很好。很多人兩種都沒有，但這棟房子既有海景也有湖景，沒有別的地方像它一樣，你不可能再蓋一棟這樣的房子，也不可能再找到這樣一塊土地。

馬阿拉歌近27公尺高的塔樓是棕櫚灘的最高點，人人仰望，但很少人知道塔內有一間無限奢華的臥室套房。

我認為客廳是整棟宅子裡最美輪美奐的空間，天花板有10公尺高，鑲滿金箔，仿自威尼斯的學院美術館，但實際上更大。波斯特女士總是會仿效她喜歡的事物，而且做得更大更好。

有一間臥室套房名為「狄妮屋」（Deenie's House），波斯特女士的女兒、演員狄娜・美林（Dina Merrill）就在這裡長大，它也曾經是我女兒伊凡卡的房間，我至今保持它當年的模樣。浴室牆上，在小孩子等高的地方，有幾排童謠主題的插畫瓷磚，都是當年華特・迪士尼本人設計的。

1985年，買下這棟房子時，我也重現了它原來的顯赫風華。10年後，我把它開放作為馬阿拉歌俱樂部，成為美國首屈一指的俱樂部，會員都是

馬阿拉歌莊園的客廳東牆。

有頭有臉、家財萬貫的人物，囊括了棕櫚灘的新舊世代。入會費用最早是2萬5000美元，現在加入要花17萬5000美元。

馬阿拉歌俱樂部什麼人都接待過，我的意思是，基本上所有人都住過這裡，哪裡也比不上。這裡的設施是十星級的，而且我另外增設了水療池、網球場、游泳池和海灘俱樂部。我還把一個露臺改裝成茶室，以布做尖頂。你可以從涼廊走進來，它就是最初的樣子，以石雕猴像做擺飾。

馬阿拉歌近27公尺高的塔樓是棕櫚灘的最高點，人人仰望，但很少人知道塔內有一間無限奢華的臥室套房。我多半都讓年輕人住在上面，因為

賓客要有體力爬那些樓梯。1994年，麥可・傑克森和麗莎・瑪莉・普萊斯利（Lisa Marie Presley）就在那間套房度蜜月，他們住了三天，中間從沒離開塔樓。我不清楚發生了什麼事，但想必有好戲上演吧。

我也在馬拉阿歌增建了一間700多坪的舞會大廳，垂掛著巨大的水晶燈，其中一面牆鋪滿了落地鏡。這間舞會大廳真的風靡全棕櫚灘，我們在此舉辦過多場盛會，包括冠蓋雲集的年度盛事：國際紅十字晚會，晚會歷年來募得了大筆善款。

有員工跟我說過，波斯特女士過去在馬阿拉歌也辦過許多盛大宴會。我想，她一定會很滿意我對這棟房子做的安排，因為我延續了她當年的傳統，棕櫚灘所有大宴如今都在馬阿拉歌舉辦。

情報指南

地點：馬阿拉歌莊園在佛羅里達州棕櫚灘南海大道（South Ocean Boulevard）1100號。

背景：馬阿拉歌莊園名列美國國家歷史名勝，由建築師馬里昂・西姆斯・韋思和約瑟夫・厄本設計，是西班牙－摩爾建築風格。厄本早年從奧地利來到美國，為齊格飛富麗秀（Ziegfield Follies）和大都會歌劇院設計場景。為了打造馬阿拉歌客廳的天花板，瑪裘麗・波斯特用光了美國買得到的所有金箔，還必須從歐洲進口更多。藏書室（現在是供俱樂部賓客使用的酒吧）用的胡桃木層板，是她從英國一座莊園進口來的。有一次舉辦宴會，波斯特夫人請來玲玲馬戲團，就在花園內架設帳棚表演。另一次，她專機請來一齣百老匯歌舞劇的原班演員，演出後還招待他們住了一週。棕櫚灘的社交季節期間，馬拉阿歌一共有73名員工管理內務。

旅遊資訊：www.maralagoclub.com

唐諾・川普（Donald Trump）熱衷於開發從紐約到杜拜各地的房地產，以及足賭博、運動競賽和娛樂事業。他以出眾的交易手腕聞名，目前是川普集團的總裁兼董事長。紐約市有多座建築以他命名，包括由名建築師菲力普・強森（Philip Johnson）所設計的川普國際酒店大廈，以及世界最高的住宅大樓、樓高90層的川普世界大廈。他的冠名企業還包括一款伏特加酒和男裝品牌。川普合資擁有全球三大選美比賽：環球小姐、美國小姐和美國青少年小姐。他的自傳《交易的藝術》（The Art of the Deal）賣破300萬冊，他的電視實境節目《誰是接班人》（The Apprentice）曾獲三項艾美獎提名，他也在好萊塢星光大道擁有一顆星星。川普曾受邀為習技公司（Learning Annex）演講，出場費一小時100萬美元，成為全球酬勞最高的演講者。

理查‧布蘭森爵士

英屬維京群島，內克島

很幸運，我在這地球上最喜歡的地方正巧就是我的生活場所。我遊歷過世界各地，去過峇里島、非洲、南美洲，天涯海角無處不至，也有過多次少年漫畫般的冒險，曾經墜機在北極，有一次還乘坐熱氣球意外造訪了夏威夷。我極其幸運能夠打造一個私人去處，一座加勒比海中的小島，內克島（Necker Island）。我熱愛在島上消磨時光。

26歲那年，我在英屬維京群島間偶然發現這座無人荒島，自此全心全意愛上它。島上未受人類開發，空氣無比清淨，海面也同樣澄澈，四周全是原始珊瑚礁和舉世最美麗的海水。站在山丘頂上就能看見魟魚和海龜優游，那海水就是這麼乾淨。

珊瑚礁岩間僅有一道小缺口，通過缺口可以從汪洋怒濤進入一座完美的潟湖，湖中有形形色色的魚群和魟魚。鸕鶿俯衝入水，蠣鷸在島上築巢。

島上有巨型鬣蜥，全世界只有兩座群島看得見牠們的蹤影。成年鬣蜥可以長到180至200公分，有如迷你恐龍。這裡也有巨大的陸龜，體型龐若加拉巴哥群島（Galapagos Islands）上的象龜。陸龜平日閒閒沒事，偶爾才賣力爬到沙灘上，看看能否找到島上其他同伴一起生一窩小陸龜。

最近我們也救起兩隻革龜寶寶，牠們倆不往海裡去卻朝池塘裡衝。還有一隻紅鸛栽進帶刺的樹叢，得靠我們拉他出來。

我從小在英國鄉間長大，樂於與大自然為伍。雖然我在全球各地有200家公司和6萬名員工，但我擅長的還是發想新點子，埋下種子任其開枝散葉。所以我歸隱海島，把事業交給別人去經營，對公司其實利大於弊。創業家不一定是經理人才。

由於內克島形勢特殊，吸引風雲人物來訪並非難事。英國音樂人彼得‧蓋布瑞爾（Peter Gabriel）與我發起名為「長者領袖」（The Elders）的組織，由南非前總統曼德拉選出世界上12位最有智慧的男女代表，齊力發揮他們的道德影響力解決全球衝突。組織成員包括前聯合國

祕書長安南、美國前總統吉米‧卡特、前南非聖公會大主教戴斯蒙‧屠圖（Desmond Tutu）。他們來到島上可以稍事休息，同時盡力研議世界上的棘手難題，例如發生在蘇丹達佛地區的人道危機。小島中央有「長老殿」（Elders' Temple）供眾人會晤。

我們的世界，地球美麗而脆弱的環境，正受到人口急遽膨脹和全球暖化的威脅，兩者相加形成的災害有可能波及數十億人。我在內克島上就看得出海平面將節節上升，這使得危機與我個人也息息相關，有如芒刺在背。

我們在島上舉行了會議，為全球組成環境戰情指揮中心，視碳排放為頭號大敵，召集研究小組尋找最佳解決方案。許多大人物如Google創辦人賴瑞‧佩吉和前英國首相東尼‧布萊爾都曾到場關切。

海島是世界的縮影，而內克島將會示範它——以及大半個地球——如何能實現碳中和。在這裡不需要空調，因為島上終年微風吹拂，平均風速每小時約26公里。我們利用風力和太陽能、配合備用電池為島嶼發電。所以內克島也有認真的一面。

當然，這座島一樣也是個度假天堂，不少名流前來，因為在這裡才不用成天感覺被人用放大鏡檢視。他們可以卸下防備，獲得絕對的隱私。

我很喜愛峇里島，內克島上的房子就是以那裡的建築為範本。主屋位在山丘頂端。比起讓賓客各自在獨立的餐桌用餐，我們這裡通常只有一張大長桌，讓所有人都能坐在一起，互相交換想法和當天的體驗，但之後大

內克島上其中一棟民宿小屋「峇里海」。

家也可以回到自己私人的空間休息。島中央也有供蜜月夫妻入住的小屋。游泳池中有一座水上涼亭，同樣是峇里島風格。

我自己也會到小島放鬆。我在島上從不穿鞋，一次也沒有。不受鞋襪束縛的生活多麼美好！現在孩子也都大了，我太太和我決定在島上定居。早從青少年時代開始，我一向在家工作，從沒坐過辦公室。我認為在宜人的環境下工作，其實會更有效率。而且話說回來，要讓孩子和他們的朋友回家顯然也不難，這座島本身就有強大的吸引力。

我發覺，現在要我離開內克島去外面的世界旅行十分困難。但我很幸運，因為我知道小島始終會在這裡等我回家。即使身在某個城市的辦公大樓開會，我也能在腦海中描繪出島嶼、珊瑚礁，還有鸌鷲俯衝來去的蔚藍大海。那是地球上的伊甸園。

情報指南

地點：內克島地處加勒比海，位在英屬維京群島的維京戈達島（Virgin Gorda）北方。
背景：內克島面積僅約30公頃，臨加勒比海的一面綠意盎然，臨大西洋的一面較為乾燥，長滿上千株仙人掌。島上兩座湖泊重新引入紅鸛。曾親臨小島的貴客包括黛安娜王妃、影星哈里遜・福特與名主持人歐普拉。訪客可以包下整座島，也可以在特定的星期到訪，與其他夫妻情侶以家庭派對的形式共用島嶼。入住可選擇主屋或峇里島風格的小屋，島上隨時隨地供應飲食，也有專人指導的活動，例如網球、風箏衝浪、駕船和水肺潛水（曾有遊客在海中發現西班牙大帆船遺留的砲彈）。過夜每晚的價格從4萬7000美元起跳，最多可容納28人；特定共享的星期則以每對情侶2萬3500美元起算。
旅遊資訊：www.neckerisland.com

理查・布蘭森爵士（Sir Richard Branson）是英國企業家，維珍集團創辦人，旗下200家公司跨足音樂、旅遊、保健、金融等各項產業，遍布全球30多國。其中旅遊業品牌包括維珍航空、維珍美國廉價航空，以及計畫送遊客上太空的維珍銀河（Virgin Galaxy）。布蘭森在15歲時靠著一份雜誌成功起家，隨後又創辦了唱片郵購事業。他成立的維珍唱片公司，首張發行的就是麥克・歐菲德（Mike Oldfield）的暢銷專輯《Tubular Bells》，日後並簽下性手槍樂團（Sex Pistols）。布蘭森身為愛競爭的冒險家，曾刷新以帆船橫渡大西洋的最快紀錄，他還首開先河，乘熱氣球飛越大西洋。高中輟學的他，如今身價逾50億美元，且以企業家身分受封爵位。2006年，布蘭森承諾要把他在運輸業的營收利潤直接投資在清潔能源，估計10年來投資總額上看30億美元。布蘭森也設立「維珍地球挑戰獎」（Virgin Earth Challenge），提供2500萬美元獎金，獎勵研發商業上可施行的設計，解決大氣溫室效應，協助穩定地球氣候。

雪麗·蘭辛

義大利，威尼斯

還沒遇過不喜歡的旅行。我最愛的時刻包括在波札那騎著大象，欣賞太陽升起；還有在斐濟浮潛，水中的魚美得像博物館的展品。

但一切都比不上一年之中任何時間、任何一區的威尼斯。我最喜歡的景色是從朱德卡島（Guidecca）遙望對岸的總督宮和聖馬可廣場。

威尼斯路上沒有車，到哪裡都用走的，我就愛這樣。我喜歡在任一街角轉彎，都能看到美麗的建築和生氣蓬勃的人。我喜歡城市的光影變化，我喜歡隨意走進一間博物館，可以是學院美術館，也可以是古根漢美術館，並體認到藝術與文化的源遠流長。

聖馬可鐘樓與總督宮。

每次有人告訴我一定要去這家或那家餐廳，我都會忍俊不禁。根本不重要！威尼斯任何一家餐館都會是你這一輩子享用過最美味的一餐。

在威尼斯從來不必盛裝打扮，或者擔心沒有合適的衣裳可穿。義大利人做任何事都有種不可思議的自在。這裡沒有矯飾做作，出外散步就交到新朋友——可能是請你喝咖啡、花時間跟你聊天的人，也可能是在博物館工作的人，帶你去看他喜愛的一幅畫。

那是最熱情的文化，我馬上就愛上了威尼斯，而且是長久的愛戀。只要太久沒去威尼斯，我著實會感到心痛。而當我人在那裡，心情就會忽然一陣平靜，感覺到什麼才是重要的。你也知道，有時候你搞不清楚一天是怎麼過的，從沒好好看過天空，也沒跟任何人交談，只是匆匆忙忙過日子。在威尼斯，最簡單的事物也能帶來喜悅。慢慢體會，事物就有了深刻的意義。

每分每秒都感覺具體而真實。在威尼斯，總是能感受歷史，但同時也有活在當下的感覺。

情報指南

地點：威尼斯位於義大利北部，地處亞得里亞海（Adriatic Sea）。
背景：威尼斯是由鹹水潟湖內的118座小島所組成，小島間以150條運河和400道橋梁相連。聖馬可廣場是威尼斯的最低點，因此遇到暴風湧浪或豪大雨時總是最先淹水。總督宮建築採用拱廊結構，使整棟樓房看似在無重力狀態下飄浮。佩姬‧古根漢美術館（The Peggy Guggenheim Collection）本身是18世紀的宮殿，收藏了20世紀歐洲與美國的藝術品，包括畢卡索與超現實主義畫家馬格利特（René Magritte）的畫作。
旅遊資訊：www.italiantourism.com

雪麗‧蘭辛（Sherry Lansing）是好萊塢史上第一位主要電影製片廠（20世紀福斯）的女總裁。出任派拉蒙影業董事長時，監製了多部奧斯卡得獎電影，如《阿甘正傳》（Forrest Gump）、《英雄本色》（Braveheart），以及影史最賣座電影《鐵達尼號》。現在她是雪麗‧蘭辛基金會（Sherry Lansing Foundation，網站：www.sherrylansingfoundation.org）董事長，支持癌症研究、教育、藝術和文化。蘭辛也是加州大學校董，並任多個董事會成員，包括非營利組織卡特中心和「為美國而教」（Teach For America）。2007年在奧斯卡頒獎典禮獲頒珍赫蕭人道精神獎。

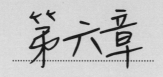

音樂人最愛的地方

布萊恩・威爾森

英國，倫敦

我第一次去倫敦是在1964年，這些年來又去過好幾次，在那裡最棒的經驗是在皇家節慶廳（Royal Festival Hall）。皇家節慶廳的音響效果真的很好，2004年，我們就是在那裡舉行《微笑》專輯的發行首演。2007年，我一樣在那裡首演我的新專輯《希望朝陽》（That Lucky Old Sun）。（你如果聽過藍調名曲〈希望朝陽〉，我就是以那首歌的第一和第三段歌詞作為根據）。2008年夏天，我又回到皇家節慶廳，表演我的精選金曲。

倫敦人很友善，我在自己的演唱會上認識了艾瑞克・克萊普頓（Eric Clapton）、艾爾頓・強（Elton John）和保羅・麥卡尼（Paul McCartney），他們都曾在我的專輯《忘懷》中演出。

黃昏下的哈洛德百貨公司。

我喜歡倫敦的城市設計，街道規畫得很漂亮。跳上計程車隨便去一個地方，用這種方法遊覽城市也滿刺激的，街道左彎右拐——我愛每一個轉彎！每次去倫敦，我都住洲際飯店。不用表演的時候，我就去餐廳吃飯，到哈洛德百貨購物，買幾件衣服，然後在海德公園散步——很好玩！

情報指南

地點：倫敦位於英國東南部，泰晤士河畔。

背景：倫敦是全球一大文化、財經、時尚與音樂之都。保羅‧麥卡尼曾說他歷來最喜歡的歌是布萊恩‧威爾森的〈God Only Knows〉。倫敦的計程車迴轉半徑只有7.6公尺，在狹窄巷道也能輕鬆迴轉。倫敦洲際公園路飯店（InterContinental London Park Lane Hotel）位於梅菲爾區（Mayfair）和騎士橋（Knightsbridge）間，由飯店內可以看見白金漢宮。哈洛德百貨有330個銷售部門，樓層地板面積超過9萬平方公尺。

旅遊資訊：www.visitlondon.com

搖滾樂界最受尊敬的人物之一**布萊恩‧威爾森**（Brian Wilson），集作曲、製作、編曲和演奏能力於一身，他在1961年與團員共組「海灘男孩」樂團（The Beach Boys），樂風結合查克‧貝瑞（Chuck Berry）的搖滾風格，與四個新鮮人樂團（Four Freshman）繁複的流行和聲。創作出《寵物之聲》（Pet Sounds）專輯後，威爾森的音樂事業更上一層樓，《寵物之聲》結構豐富，不僅影響了披頭四日後的《花椒軍曹》（Sgt. Pepper）專輯，在《滾石》雜誌「史上最佳專輯」排行榜上也僅次於披頭四該張專輯，排名第二。他的個人專輯包括《布萊恩威爾森同名專輯》、《想像》（Imagination）、《忘懷》（Gettin' In over My Head）、《微笑》（Brian Wilson Presents SMiLE）和《希望朝陽》等。威爾森得過一座葛萊美獎及獲甘迺迪中心榮譽獎。海灘男孩在1988年入選搖滾樂名人堂。

拉維‧香卡

印度，瓦拉納西

幻而神聖的城市貝那拉斯（Benares）——如今稱作瓦拉納西——是我出生的地方。它是世界上最古老的城市之一，即便到了今天，仍能夠保有它的魅力。

這座城市是一股給人無法理解、難以言喻的強烈感覺。在瓦拉納西，你會發現奔流的色彩和聲音，挑戰人腦在同時間意識到一切變化；而心之所見則超越塵俗，感受聖城的靈性之美。這裡是印度教徒最重要的朝聖之地，吸引來自印度全國和世界各地的人。

日出或日落時分在恆河上乘船，是心靈的體驗。我記得曾經日出時坐在小船上，看著瓦拉納西在金黃的晨曦之下揭開她璀璨動人的美麗。寺廟的鐘聲與古老禱文的吟誦迴盪在空中，使人沉浸於平靜。瓦拉納西依然擁有古代世界的魅力。

沿著城市內無數的街道（gallis）遊走，狹窄的巷弄間滿是店鋪，堆著鮮豔的絲織紗麗（這是本地名產）、琉璃手鐲和美麗的羊毛手織圍巾，這種經驗無可比擬。還有，哇！——那麼多的小吃攤，販售乳製品、小菜、鹹點和甜點，伴隨著茉莉花、檀木和芒果的香味，真的會讓人受不了。

在這座城市人居歷史超過5000年，可以目睹生命自出生到死亡的完整循環。通往恆河的石階平臺，印度語稱為河壇（ghats），嬰兒在這裡浸浴河水以慶祝誕生，而每一名印度教徒都希望回到這裡死去，按照印度教儀式火化。因為他們相信，如此就能真正超脫輪迴。不論老少，每一個人都會在恆河浸聖水。

我最大的樂趣是跟母親和兄弟一起到河壇遊，因為這裡到處都是自然娛樂和音樂：拜讚歌 （bhajan，祈禱歌）、科爾坦（kirtan，聖歌吟唱），還有一大清早動人的印度嗩吶（shahnai，一種雙簧片樂器，類似雙簧管）。我從小就在這種崇高靈性和音樂的氛圍中長大，但時到今日，攙雜了商業化的拉格樂（raga）、流行樂和寶萊塢音樂，大概已經不那麼純粹了。

瓦拉納西主要的河壇五彩繽紛。

在恆河兩岸也會遇見一些悟道聖僧，以及許多半裸上身的賣藝人，滿頭糾結的長髮和鬍鬚，嗑了藥正在興頭上，吸引了天真的觀光客和嬉皮青年。

我記得並深愛的還是我人生早期的老瓦拉納西。有些記憶我永生難忘：我的母親——她臉龐美麗，把我環抱在懷中，哼唱搖籃曲。我們一起坐在露臺上仰望天空，她會告訴我所有星辰的名字和諸神的神話。

我母親是那種會把所有痛苦和悲傷藏在心裡、依然散發微笑的女人。我記得她的氣味、她的撫觸、她的聲音，還有她煮的簡單美味的飯菜，那香氣依舊縈繞在我的腦海中。直到今天，我仍然記得她做的菠菜有多好吃。

我在瓦拉納西有過很多初體驗，所以這個地方對我格外具有意義。我在這裡第一次看見我父親，當時大概八歲。這裡應該也是我第一次看見白人女子的地方，她們是我父親的朋友，一個豐腴一個消瘦，但兩人都很英國。我在父親投宿的高級旅館內看起來一定很笨拙，我那時第一次吃到英式早餐的煎蛋，不知道該拿蛋黃怎麼辦才好，它最後掉到我大腿上，因為

我不會用刀叉。那兩位淑女和我父親第一次向我示範了使用餐具和餐巾的技巧。我至今依然不明白自己當時是怎麼撐過考驗的，想必給人看了不少笑話！

瓦拉納西也是我第一次見到哥哥烏德．香卡（Uday Shankar）的地方，他改變且形塑了我的人生。在歐洲和美國闖蕩了十年，他以畫家和舞蹈家身分回國，「白馬王子」般的個性令我欽佩。他匆匆帶我出國，還有我的家人和幾個瓦拉納西的音樂人，一起去了令人心馳神迷的巴黎。後來我就是在巴黎遇見了沙洛琴（sarod）演奏大師巴巴．阿洛丁汗（Baba Allauddin Khan），並且拜入他門下學習。

1973年，我懷抱著許許多多夢想，在瓦拉納西蓋了自己第一個家。但也是在這裡，我必須打交道的無恥小人，粉碎了那所有的夢想。

在不同時候，我的三個孩子都曾來到瓦拉納西和我相聚。我的兒子舒荷（Shubho），現在已經不在了，曾經來看過我，並和我一起演奏。諾拉，我都叫她吉莎莉（Geetali），在很小的時候來過，我抱著她逛了很多地方。我也曾經帶著最小的女兒安舒卡，去了市區幾公里外的鹿野苑（Sarnath），釋迦摩尼就是在這個鹿公園第一次講授佛法。這些美好的回憶始終常伴著我。

瓦拉納西是溼婆神（Shiva）永恆的居所，而我最喜歡的是供奉猴神哈努曼（Hanuman）的寺廟。我一生的許多奇蹟也是在這座城市發生的：我遇見了擁有偉大精神靈魂的人，聖者阿南達瑪依．瑪。看見她臉龐和心地之美，我自此成為她虔敬的信徒。

我現在88歲了，坐在位於南加州恩西尼塔斯的家裡，身旁環繞著美麗的草木、繽紛的花朵、藍天、乾淨的空氣和太平洋，常常回想自己在世界上看過的所有精采地方。我珍惜在巴黎、紐約和其他幾個地方的回憶，但只有瓦拉納西似乎雋刻在我心上！

情報指南

地點：瓦拉納西位處印度北部的恆河平原，隸屬北方邦（印度語：Uttar Pradesh）。
背景：瓦拉那西是世界上持續有人居住的古老城市之一，對很多印度人而言是印度最神聖的城市。恆河發源於喜馬拉雅山，奔流2525公里注入孟加拉灣，流經印度四分之

一的土地，沿岸有將近100處河壇。印度人視恆河為「恆河女神」，加以膜拜，希望一生中至少能在恆河沐浴一次。他們認為能死在瓦拉納西是吉事，在這裡，遺體會在河壇上火化，骨灰撒入恆河。每年有超過100萬人來到瓦拉納西朝聖，很多人會用容器盛裝神聖的河水帶回家，相信垂死之人喝了聖水就會上天堂。室利‧阿南達瑪依‧瑪（Sri Anandamayi Ma）來自孟加拉，是一名性靈導師與神祕主義者，她的名字意思是「充滿喜樂的母親」。

旅遊資訊：www.tourisminindia.com

德高望重的西塔琴作曲家**拉維‧香卡**（Ravi Shankar）是印度最知名的古典音樂家，也是最受景仰的音樂大使。喬治‧哈里森譽之為「世界音樂教父」。曾寫過交響樂團和西塔琴的協奏曲，為指揮家曼紐因（Yehudi Menuhin）和自己創作小提琴與西塔琴曲，為長笛演奏家尚皮耶‧朗帕爾（Jean-Pierre Rampal）譜寫樂曲；影響了從披頭四到爵士樂手約翰‧柯川（John Coltrane）等音樂人。他曾在蒙特利流行音樂節（Monterey Pop Festival）和胡士托音樂節（Woodstock）登臺演出，向西方年輕世代介紹了充滿靈性的音樂。香卡一生灌錄過數十張專輯，並廣為電影作曲，包括配樂獲奧斯卡獎提名的《甘地傳》（Gandhi）及印度導演薩雅吉‧雷（Satyajit Ray）的「阿普三部曲」（Apu Trilogy）。他是美國藝術暨文學學會的榮譽會員、聯合國國際作曲家評議會成員，獲得三座葛萊美獎及印度公民最高榮譽的國寶勳章。他也是爵士歌手諾拉‧瓊斯（Norah Jones）與西塔琴手安努許卡‧香卡（Anoushka Shankar）的父親，著有自傳《我的音樂，我的人生》（My Music, My Life），並成立拉維‧香卡基金會（Ravi Shankar Foundation，網站：www.ravishankar.org/foundation.html）保存自己的音樂作品、教授學生，致力透過音樂推動世界和平與心靈和諧。

傑克・強森

夏威夷歐胡島，管道

在歐胡島北海岸的「管道」附近長大，高中時代，我幾乎每天都去衝浪。風平浪靜的時候，我們就去浮潛，四處看珊瑚礁。風大浪大的時候，我會和四、五個朋友聯群結隊——人多就是安全！——看看我們能做什麼。

偶爾會有很美的時刻。當「管道」的浪正好到了一定大小，會在離岸1.6公里左右的地方潰成浪花，從那裡回望島嶼，風景截然不同——好比太空人在外太空回望地球，只是沒那麼浩瀚。

真正大浪滔天的時候就可以深入管浪：你在水道裡等待，看著朋友在暗礁上方起乘，下浪時短暫失去重心，但緊接著他們調整好姿勢，隨即消失在浪管中。最後，海浪在盡頭潰散，噴濺出漫天白花，你的朋友才順勢飛躍而出，整個過程看似不可能辦到。

接著，幾乎全憑肌肉記憶，你也做出了同樣的動作。馳騁在管浪裡讓人感覺與周遭的一切更加親近，與自然合而為一。

在巡迴演唱時，我也喜歡去衝浪，任何地方都可以。假如好幾星期沒運動這些肌肉，我就會渾身不對勁，感覺不像自己，所以我們總是會找地方衝浪。有一年夏天在英格蘭，我們跑去康瓦爾一片風強浪小的海灘衝浪。就連在德國，我們也到萊茵河去衝浪。

回到家大概一個月後，我又回到日常作息，每天去「管道」衝浪。「管道」教給我很多寶貴經驗，17歲那一年，我在那裡受了重傷，那無疑是我人生的轉捩點。當時我受邀參加「管浪大師賽」（Pipe Master），這個比賽至今應該仍是最負盛名的衝浪賽事。我晉級到決賽，對自己信心滿滿。在那個年紀，你很容易會以為自己無堅不摧。

但大約一星期後，我就一臉撞上珊瑚塊。現在回首當年還是很可怕，我只差一點就死了。我在海底一時昏沉。我知道自己狠狠撞到頭，可我心想：我只需要放輕鬆，恢復一點力氣，就能游上去。但我的意識逐漸模糊，讓我想到早上很累很累，忍不住一直按掉鬧鐘想多睡一會兒的那種感

衝浪客在夏威夷「管道」鑽浪管。

傑克‧強森

覺。你明知上班要遲到了，但卻一直想：再睡五分鐘就好，我還是會趕得上。

我不斷想多給自己幾秒鐘，到最後，我昏沉到張開嘴想呼吸，灌進一口口海水，然後猛然驚醒。我這才意識到：哇，我快淹死了。我真的很幸運可以浮上水面，游回岸邊。我失去了三顆牙齒——現在前排裝了假牙，撞上珊瑚的臉一共縫了150針。

那次受傷，確實讓我在謙虛一點才好的年紀學會放低姿態，也讓我學到了大自然的力量。我以前把大自然視為理所當然，有點拿它當兒戲，自以為所向披靡。受傷之後，我感到自己不過是血肉之軀。

在那個需要謙遜的年紀

情報指南

地點：「管道」（又稱萬歲管道）是礁岩浪點，位於歐胡島北岸的葉互凱海灘公園（Ehukai Beach Park）。

背景：「管道」這個名字最早出現在1961年由布魯斯‧布朗（Bruce Brown）拍攝的衝浪記錄片。在此成名的衝浪好手有布奇‧范‧阿茲達倫（Butch Van Artsdalen）和凱利‧史萊特。那裡是世界上最危險的浪，比其他浪點奪走過更多人命（部分原因是因為人太多了）。

旅遊資訊：www.gohawaii.com

創作歌手**傑克‧強森**（Jack Johnson）五歲開始衝浪，2001年以首張專輯《虛擬故事》（Brushfire Fairytales）開始音樂生涯，其他專輯包括《永不止息》（On and On）、《仲夏夜之夢》（In Between Dreams）、《夢想國度》（Sleep Through the Static），以及為電影《好奇猴喬治》（Curious George）創作的原聲帶。他也執導過衝浪電影《衝浪高手》（Thicker Than Water）和《九月逐浪》（The September Sessions）。傑克強森發起的社會行動網路「同時協會」（All At Once Community，網址：www.allatonce.org），串連一般大眾與非營利社會團體，實現公共討論並促進改變。

傑克・懷特

美國密西西比州，克拉克斯代爾

西西比州好像幾乎每一座城鎮都培育過一位傑出的藍調歌手，例如查理・巴頓（Charlie Patton）、尚浩斯（Son House），或咆哮之狼（Howlin' Wolf）。而他們之中又有很多人不是克拉克斯代爾出身，就是在那裡演出過。

我並沒想到對克拉克斯代爾懷會有現在這樣的感覺。當初我以為這裡全都是沃爾瑪和商業化的連鎖店，就像現今絕大部分的西方世界一樣。

開車到美國各地，你會覺得要是能半路停車，找間家庭式小餐館或簡餐店吃頓便飯，一定很不賴，但已經辦不到了。小店都消失了，現在變成是「選一家企業吃午餐吧」，真的令人難過。所以我很擔心想像中的密西西比早已不復存在，但事實並非如此，克拉克斯代爾就是我腦中的密西西比。

那裡的文化還沒被切割、同化，捏造成虛假做作的東西。它依然像一片野草，欣欣向榮，生機勃勃。它還在呼吸。在克拉克斯代爾四處漫步讓我覺得活在真正的美利堅合眾國。

克拉克斯代爾被稱作「藍調的十字路口」。有天晚上，我走進摩根・費里曼開的藍調酒吧，他是當地人。現在很多地方的藍調都變得華而不實，但他這家店有藍調真正的精髓，實在而質樸。我在門廊坐了一會兒，覺得在那裡很舒服自在。

我的偶像尚浩斯，1902年出生於克拉克斯代爾附近，是第一個以藍調喚起我共鳴的人。他粉碎了我原先對音樂抱持的任何想法。在那以前，從《歡樂音樂妙無窮》（The Music Man）到披頭四，我什麼都有興趣。但當我聽到尚浩斯的黑膠唱片，彷彿一陣爆炸，忽然之間，所有的路都向我敞開了，不再有任何的限制，我對音樂、對社會互動、對環境的所有情緒和感受，全在同一時間交織在一起。我意識到一個值得驕傲的美國依舊存在，有一條線把我們所有人牽繫在一起，不管我們知不知道。我原本也不知道，直到尚浩斯用他的音樂告訴了我。

傳說中，藍調歌手羅伯・強森（Robert Johnson）南下密西西比州來

密西西比州克拉克斯代爾，藍調樂手法蘭克‧佛斯特（Frank Frost）吹奏口琴。

到一處十字路口，在那裡遇上了魔鬼，用靈魂做交易，以成為有史以來最厲害的藍調吉他手。在我開車來到克拉克斯代爾的時候，同行的還有幾個朋友，他們晚上把放我在一個十字路口。我才剛走下車，他們就開走了，以為這樣做很好笑。

　　到他們掉頭回來以前，我有將近五分鐘的時間獨處，一開始覺得，他們這個玩笑開得不錯，因為呼應了那個十字路口的傳說。我笑了幾分鐘，隨即轉為恐懼。也許我終於得面對這一切了，也許我即將要與——不是魔鬼，而是上帝——面對面了。某些事情，例如寂靜或者一個地方，真的能引人大量自省，很有意思。我可以想像1930年代的人碰到這種情況，身在郊外全然的黑暗中，會有怎樣的衝擊。

　　如今想到克拉克斯代爾，會浮現塵土的畫面，無論是泥路或是一片翻過的田——真實，就是它給我的感覺。美國很多城鎮都犯了一個錯誤，拆毀原本的老區，再按照好萊塢風格重建。但看到複製品其實很令人遺憾。

現在這個世代，「複製」或「復古」或「古物」——所有標榜復興、再現的用語，大眾都欣然接受。他們可以接受賭城有個地方看起來跟曼哈頓一模一樣，大家在那前面拍一張照，這樣就夠好了。

美國很多城鎮都犯了一個錯誤，拆毀原本的老區，再按照好萊塢風格重建。但看到複製品其實很令人遺憾。

　　但對於我這從來稱不上好，我瞧不起這種行徑，想到就起雞皮疙瘩。我希望找到有意義的東西好好把握。而當我在美國南方，類似克拉克代爾的地方，總會感覺那裡的文化——不管屬於誰，白人黑人或拉丁人——特別務實，我完全認同。居民的幽默感和禮貌大方太有魅力，使我最後也在南方定居下來。我就是不得不搬來這裡！

情報指南

地點：克拉克斯代爾地處密西西比河三角洲，位於密西西比州的西北部。

背景：1900年代早期，人稱克拉克斯代爾是「棉花帶上的金環扣」。城鎮坐落在美國國道49號與國道61號交叉的傳奇十字路口，在此出身的藍調歌手有羅伯‧強森、查理‧巴頓和約翰‧李‧胡克（John Lee Hooker）。1937年，貝西‧史密斯（Bessie Smith）在國道61號出車禍，死於鎮上的河岸旅館（Riverside Hotel，當時是一間醫院）；艾克‧透納（Iker Turner）在同一家旅館寫下名曲〈火箭88〉（Rocket 88）。1995年，三角洲藍調博物館欲尋找永久建地，當時發生的事，反映了種族主義留下的可悲遺毒，縣政府觀光局局長在一場會議中大吼：「沒有人會大老遠跑到密西西比州的克拉斯克代爾，聽一個黑人彈吉他！」如今位在克拉克斯代爾的博物館經營茁壯，館內展示著B.B. King的Lucille吉他、穆帝‧華特斯（Muddy Water）童年時代在附近農莊所住的單房小屋，及其他藍調相關文物。摩根‧費里曼的「原爆點藍調酒吧」（Ground Zero Blues Club）網羅三角洲出身的樂手，例如Super Chikan，他用雪茄盒、斧頭手柄和幾條鐵絲做出自己的手工吉他。尚浩斯在1930年代錄製專輯，唱片充滿了唱針摩擦噪音和刮擦聲響，但他情感豐沛的唱腔與吉他滑音，「穿透嘶嘶沙沙的雜音，像一塊磚頭打破骯髒的玻璃窗。」一位樂評這麼說。

旅遊資訊：www.clarksdaletourism.com

傑克‧懷特（Jack White）住在納士維，他是「白線條樂團」（The White Stripes）吉他手、主唱、作詞作曲兼演奏多樣樂器，與搭檔的雙人組合共得到五項葛萊美獎。他也在音樂祭常客、葛萊美獎三項提名的「虎爛樂團」（The Raconteurs）兼任主

唱、吉他手和鍵盤手。傑克‧懷特出生在底特律，在十個兄弟姊妹中排行老七，五歲就開始彈奏樂器，入選《滾石》雜誌「史上百大最佳吉他樂手」排行榜，名列第17位。作為演員，他曾在電影《咖啡與煙》（Coffee and Cigarettes）和《冷山》（Cold Mountain）客串（並為該片原聲帶演奏插曲）。他為鄉村歌手蘿瑞塔‧琳製作和伴奏的專輯《凡利爾玫瑰》（Van Lear Rose）拿下兩座葛萊美獎。他也曾與巴布‧狄倫（Bob Dylan）和滾石樂團現場同臺表演。懷特支持美國紅十字會（American Red Cross，網站：www.redcross.org）。

喬許・葛洛班

南非

打從孩提時代，我就對非洲音樂很有興趣，例如塞內加爾歌手尤蘇・安多爾（Youssou N'Dour）和巴巴・馬爾（Baaba Maal）等人的歌曲，以及保羅・賽門（Paul Simon）在專輯《恩賜之地》（Graceland）中與雷村黑斧合唱團（Ladysmith Black Mambazo）的合唱，我從小就聽這些人長大。所以當我和樂團得知我們終於要去南非巡迴演出時，大家全都興奮不已。

我們幾個都受到來自那一塊大地的音樂感動，那節奏有特別之處——吉他的聲音，以及貝斯推動歌曲行進的方式和曲調的流動，南非流行音樂總是引起我內心深處的共鳴，讓我通體舒暢。

當我們終於來到南非，三星期的旅程中發生了太多事，讓每個人都驚喜萬分。首先，歌迷非常熱情，演唱會也盡如我們所願。我先前就聽說，南非的歌迷比其他國家的人更早開始喜歡我們的音樂。

其次，我能聽多少音樂就聽多少。我在開普敦街上四處遛達，它是我全世界最喜歡的城市之一。開普敦是大自然造就的奇觀，氣候宜人，處處海灘，桌山（Table Mountain）聳立在遠方。我在這裡發現幾家厲害的小唱片行，收羅了各式各樣國內找不到的CD，就連洛杉磯最大的阿米巴唱片行（Amoeba）也沒有。

我偶然聽到一首歌，名叫〈啜泣〉（Weeping），由亮藍樂團（Bright Blue）所作，剛發行時引發不少爭議，內容關於曼德拉、種族隔離的結束、迎向未來，以及在衝突時刻擁抱共同的人性。這首歌深深打動我，而我也發現它傳達的訊息，很不幸地，到今天依然適用。

第三件發生在南非的事，也是最重要的事，就是受邀前往約翰尼斯堡與曼德拉總統會面。我走進他的辦公室，那裡也充當文物陳列館，擺放紀念物品，例如曼德拉的囚服和日記。日記翻開的那一頁，是關於理解與悲憫，大約在他漫長刑期滿一半時寫下。

我該對曼德拉說什麼呢？比起傾聽他可能會告訴我的事，我說什麼都

南非桌山腳下的維多利亞暨艾菲爾德水岸（Victoria & Alfred Waterfront）。

會浪費一分一秒。因此我盡可能記取他說的話，並告訴他，任何需要我幫忙的事，我都會鼎力相助。在此之後，我極其榮幸當上了曼德拉基金會的大使。

　　會面過後，我們坐上車，到曼德拉在索威多（Soweto）設立的供餐庇護所去親眼看看。南非的美不勝枚舉——自然、音樂、人民，但同時存在大量的貧窮，我一輩子沒見過像這樣的境況。我因此清楚認識到，當地真實的景況，這是跟單純聽人轉述或看電視截然不同的體認。

　　我們駕車抵達時，所有孩子都在庇護所門外列隊唱歌。庇護所位在孩子們生活的街坊，他們當中有很多人會來領取一天唯一的一餐。庇護所其實也只是一棟水泥建築，牆上開了一個洞，有人從洞口遞出兩片夾花生醬的麵包，跟一杯奶粉沖泡的牛奶。

　　小朋友也可以到庇護所畫畫、做手工藝。他們大部分人的父親都不在了，不是離家就是去世，他們的母親則在那裡學習，像是園藝和手工藝。這個計畫希望做到一體兩面：餵養孩子的同時，也教導母親如何賺錢維持

家庭生計。

庇護所的負責人談到運作的成本，那金額根本微不足道，我當下錢包裡、褲袋內的錢，就足以養活這些孩子一個月。這也讓我明白，對這樣的地方來說，首要任務是讓人活下去，涓滴幫助就能走得長遠。

這一趟南非之旅啟發我成立自己的基金會，我和歌迷共同募得近200萬美元，盡可能找出被忽視的地方，在那裡，一點點錢就能實現為數龐大的善行。其中一個地方是南非的孤兒院「尚米皮洛」（Zamimpilo），我們為它引進自來水、床鋪、攀登架和其他設施。

我們行程中造訪的另一個地方名為「太陽城」（Sun City），那裡更是南非社會矛盾的絕佳例子。我們開車前往，沿路都是住鐵皮屋的人家，最後來到一座巨大的人造度假村，比我這輩子見過的景象都更富麗、更堂皇。我們從這裡出發去獵遊，還看到獵豹和獅子。

在南非全國各地，每次開車去某個雄偉華麗的場所，總是必須行經絕望的深淵。看到兩者並存，我們意識到南非繁榮的潛力，但同時也難過，這個新興自由國家還有太多問題必須解決。

這一趟旅程中，我們汲取南非很多的美好事物，臨走時不免感到，這個國家給予我們這麼多，我們也想回報她。

回到國內，我決定與非洲音樂家合作，為我的專輯《覺醒》（Awake）錄製兩首歌。我以為要回南非才能完成，沒想到很多我們想合作的人正好都在紐約，因此我們就去了。我有幸遇見許多崇拜的樂手，例如創辦雷村黑斧合唱團的約瑟夫·夏巴拉拉（Joseph Shabalala）。他告訴我音樂對他和祖國有多重要。

南非的美不勝枚舉——自然、音樂、人民，但同時存在大量的貧窮。

與這些音樂人進錄音室錄製〈泣訴〉（Weeping）這首歌，令我想起小學時代參加合唱團。跟音樂風格不同的人一起唱歌，必須盡量別忘記自己的音調，但同時又要和其他人的聲音融合在一起。

那一次可謂是名家教學，光是與來自南非的音樂家合作，已經是童年的夢想成真。很多參與保羅·賽門專輯《恩賜之地》的樂手，和我一起錄製這首歌。巧合的是，保羅本人正好在隔壁排練，也過來聽這首歌。於是

一切的一切——從我對非洲音樂很早就產生的愛，到後來的南非行——全串連成一個完滿的圓。

情報指南

地點：南非共和國位於非洲最南端。

背景：南非憲法認可11種官方語言，英語在政府與商業使用上排名第一，但日常使用僅排名第五。曼德拉在反種族隔離運動期間入獄27年，出獄後當選總統，帶領國家進行改革，走向多元種族民主國家。他在非洲發起「46664活動」（46664 Campaign），名稱取自他的囚號，對抗人類免疫缺乏病毒（HIV）與愛滋病（AIDS）。南非音樂家約瑟夫·夏巴拉拉曾反覆做過相同的夢，夢中聽到一段祖魯族人的和聲，促使他組成雷村黑斧合唱團。遊客來到開普敦可以徒步或搭乘纜車登上桌山。

旅遊資訊：www.southafrica.net；www.southafrica.info/travel

創作歌手**喬許·葛洛班**（Josh Groban）曾獲葛萊美獎提名，專輯銷量總計超過2300萬張，包括首張同名專輯《喬許·葛洛班》、收錄金曲〈你鼓舞了我〉（You Raised Me UP）的《愛已近》（Closer），及後來的《覺醒》和《諾爾》（Noël）。他發行過兩張美國公共電視特輯，首張榮登2002年最暢銷DVD，還曾為超級盃、奧斯卡頒獎典禮及2002年冬季奧運閉幕典禮獻唱，收看閉幕式的觀眾有2億人。他也參加許多慈善活動表演。喬許葛洛班基金會（Josh Groban Foundation，網址：www.grobanitesforcharity.org）致力幫助有能力但資金不足的慈善團體，透過藝術、教育和醫療行動，造福世界各地有需要的兒童。

詹姆斯 · 泰勒

大西洋中央

$我$ 曾經有次跟著一位好海員，乘著美麗的船，航行在大西洋中央，從加勒比海到瑪莎葡萄園島。那是一艘柚木製的木造老帆船，堅固且禁得起風浪。船桅很高，船帆要由我們手動控制，我也是水手的一員。

我們的船長納特 · 班傑明（Nat Benjamin）在瑪莎葡萄園島上擔任造船師傅，也是遠洋航海的專家。我們的船上沒有衛星導航，他就是知道風雨何時會來。暴風雨到來以前，我們會縮短船帆，等到暴風雨襲擊時，大夥兒已早有準備。我們遇過一個驚險刺激的夜晚，高如大房子的海浪在船底下奔騰，我們跑在暴風雨前頭，全心信賴我們的船長。

我們這一趟旅程從聖馬丁島（St. Martin）出發，航行約五天之後到了藻海（Sargasso Sea），海面上漂浮著厚厚一層馬尾藻，各種獨特的動物和植物藏身其間，鰻魚在此產卵，其他動物在此棲息，它本身自成一個生態系統。

藻海位於百慕達三角洲，我們的船來到這裡便靜止不前，這在赤道無風帶（Doldrums）是常有的事。於是我們放下船帆、關掉引擎，任船靜靜停在油滑、平靜的波浪間。同時為了打發時間，我們也下水游泳——就在大西洋的中心，腳底下的海水有將近4830公尺深。想像你站在船上把一枚硬幣扔出甲板，它會一直一直一直往下沉，經過一天半才會碰到海底，這給我很神奇的感覺。

在船上，每個人都得日夜輪流守夜。晚上望向北極星，看見整個宇宙都繞著它轉動，你會深刻意識到自己正身處在太空中這顆行星上。我知道太空人回望地球時，能清楚了解到地球真正的樣子，在我們這艘船上，我則可以感覺到自己存在於這顆水行星的表面。

某方面而言，這很像我兩次乘小木船沿大峽谷而下的體會。穿越大峽谷一共要花19天時間，這讓你遠離平常的經驗和日程。在河上順水漂流，而非靠引擎動力驅策，這一點也會對你有所影響。你彷彿身在巨大的地理

在大西洋乘風破浪。

繪本，隨著船愈行愈深入峽谷，時光也回到了從前，給你對這顆行星的深刻感受，彷彿身在這個時光斷面的底部，同時也深入了地球的最深處。你經過曾經是海床的岩層，最後下來到毗溼奴片岩（Vishnu Schist）——地球上最古老的岩層，已有20億年歷史。看到這種東西，甚至從它旁邊漂流而過、與它一同呼吸生存，會改變你這個人——正如同置身在大西洋中央一樣。

從小到大，我不曾接受任何一種特定的宗教教育。我父親是科學家，我想，他因為出身美國南方，嫌惡已存的組織化宗教形式，所以從未給我強烈的宗教連結，但我卻有很強烈的精神需求。走進大自然之於我就等於上教堂，那是我臣服於更大的環境、臣服於整體的方式。

我認為地球表面的生命是一種共演化的生命體，它擁有的意識，被我們——只有個體意識、世界觀以自我為中心的人類——視為異種。但我信仰在這或許是獨一無二的行星上，它是單一獨特的生命體，生氣勃勃。我真的很需要感受那這樣的連結。

情報指南

地點：包含藻海在內的北大西洋。

背景：大西洋覆蓋20%的地球表面，面積約7676萬平方公里，大小僅次於太平洋，位居第二。平均深度近3627公尺。聖馬丁島分屬法國與荷屬安地列斯（Netherlands Antilles）。藻海是世界上唯一沒有岸的海，四周海流環繞。在藻海孵育的鰻魚會游向歐洲或北美洲的東海岸，再回到出生地產卵。海流也把大量塑膠垃圾碎屑和其他無法生物降解的廢棄物聚集到藻海來。百慕達三角洲雖然惡名昭彰，傳說有神祕力量致使船隻或飛機失蹤，但其實是一條繁忙的運輸路線，美國海岸防衛隊和倫敦勞依茲（Lloyd's of London）船舶保險公司都評定百慕達三角洲與大西洋其他海域一樣安全。

旅遊資訊：聖馬丁島（法語區）：www.st-martin.org；聖馬丁島（荷語區）：www.st-maarten.com；瑪莎葡萄園島：www.mvy.com；www.mvol.com

一代經典創作歌手**詹姆斯·泰勒**（James Taylor）曾贏得40項金唱片、白金唱片與多白金唱片獎項，以及五座葛萊美獎。他的歌曲從〈鄉間小路〉（Country Road）、〈火與雨〉（Fire and Rain）到〈霖澤萬民〉（Shower the People）和〈青春永駐〉〈Never Die Young〉都風靡一時。他也入選搖滾樂名人堂和創作歌手名人堂。泰勒小時候，爺爺是麻塞諸塞州的職業漁民，帶領他認識了大海，他常在夏天跟父親和兄弟姊妹一起開船在瑪莎葡萄園島（Martha's Vineyard）四周航行。他是自然資源保護委員會（Natural Resources Defense Council網站：www.nrdc.org）的董事會成員，該會致力於保護野生動物與原始環境，確保生態健康。他現與妻子凱洛琳及雙胞胎兒子魯佛斯和亨利定居在麻省西部。

蘿瑞塔‧琳

美國田納西州，哈里肯米爾斯

哈里肯米爾斯（Hurricane Mills）只是一座小鎮，經過時只要眨個眼，肯定就會錯過！但我喜歡這裡，這裡是我的家。

我和我先生阿杜在1966年前後搬來，從此就一直住在這裡。他很喜歡我們的農場，每次我回到家，就算我不過才出門兩天，他都會帶我到玉米田去看玉米又長高多少，我根本看不出差別！他真的與別不同。

有意思的是，哈里肯米爾斯跟我長大的肯塔基州看起來一個樣兒：綠意盎然，到處是樹，大家來騎馬，也能在這裡從事有各式各樣的活動。

只要我在家，阿杜和我星期天都會去騎馬，單純到鄉間走走而已。有一次，我們出去一整天，到處看看，經過這個地方。我抬頭看到一棟高大的白色房子，好像《亂世佳人》（Gone with the Wind）那棟，我就說：「我想要那房子，就在那邊！」我們在那棟大宅子一住多年，它建於

農場內的磨坊。

南北戰爭時期左右，我們都說它鬧鬼。

阿杜種玉米和大豆。有一次我替拖拉機公司拍廣告，他因此免費拿到全部拖拉機和農具。他的田有485公頃，所以他很賣力耕作。

現在我住的地方離那棟大房子不遠，你猜得沒錯，誰來我家都可以儘管去住。凡是不能讓我翹腳放鬆的東西，我都不想要，懂我的意思嗎？我希望在家就是舒舒服服。我家有一套組合沙發，跟一個老舊的大鼓，是我向每年都會來舉行帕瓦儀式的印第安人買的。我買下那四個人打的大鼓，在上頭擺一塊玻璃，把它當成客廳裡的茶几。每個人看到都會問：「哇，這是什麼？」

我家真的很舒適，電視臺的人來拍攝《今夜娛樂》之類的節目，拍完了都不想走。

但自從阿杜走了之後，日子很難熬。他去世時，我們結婚已經48年了。現在我都讓鄰居去耕種那片田，好過任它閒置在那裡，我看了難受。從我家門外算起，大約有40公頃的玉米田。每當玉米大致成熟，鄰居就會全部收割下來，剝下玉米粒，然後鋪上草。到了春天又從心開始。生活還是要繼續過……！

情報指南

地點：田納西州哈里肯米爾斯位於納士維（Nashville）西方104公里。
背景：哈里肯米爾斯最大的觀光景點是蘿瑞塔·琳的農場，裡頭有她的莊園洋房、一間博物館，跟一棟小屋，依照她兒時在肯塔基州布奇荷勒（Butcher Holler）的家仿建。
旅遊資訊：www.lorettalynn.com/ranch

鄉村樂代表人物**蘿瑞塔·琳**（Loretta Lynn），灌錄了70張唱片，創作超過160首歌曲，有些歌詞以強勢直率的女性第一人稱角度書寫，例如〈別醉酒回家〉（Don't Come Home A-Drinkin'），有些則探討時下社會議題（〈親愛的山姆大叔〉（Dear Uncle Sam）以越戰為主題。）。蘿瑞塔·琳的歌唱風格被形容是「揉合鼻音、沙啞、力量和情慾」。她一生由麻雀變鳳凰的故事，都總結在《礦工的女兒》（Coal Miner's Daughter）——既是賣座單曲和專輯名稱、暢銷同名自傳，也是奧斯卡獲獎電影。她生涯共有16首單曲和17張專輯登上鄉村排行榜冠軍，是首位獲美國鄉村音樂協會選為「年度藝人」的女歌手，得過四座葛萊美獎和十座美國鄉村音樂學院獎。入選美國鄉村樂名人堂和創作歌手名人堂，同時也是甘迺迪中心榮譽獎的受獎者。

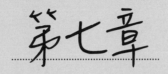

第七章

各界名人最愛的地方

沃夫岡．帕克 法國三星級餐廳廚房

珊卓．歐康納 西南部的原住民臺地

約翰．道 蘇丹流亡男童的故鄉

愛麗絲．華特斯 二戰勝利菜園

達賴喇嘛 西藏宮殿

羅伯．蒙岱維 高加索酒鄉

羅德尼．易 魔幻島嶼：看得見與看不見的世界

蘭斯．波頓 世界魔術之都

沃夫岡 · 帕克

法國普羅旺斯波城的L'Oustau de Baumanière餐廳

年輕時，我以為做菜不過就是照著食譜來。直到18歲那一年，我進了南法一家三星級餐廳當學徒，從此改變了我的世界和我的志業。

那家餐廳有一套美麗的廚房，壁面貼著藍色磁磚。我跟在當年已經73歲的主廚黑蒙・杜利耶（Raymond Thuilier）身邊做事。老先生用心在做菜，不時改變作法，依他的直覺烹調。我從沒見過那樣的菜色！那時候我說：「知道嗎？這才是我想做的事，我想用這種方式做菜。」

我們從來不看精確的食譜。任何食材調味料你想用多少都可以，只要最後好吃就行了。例如，我以前在奧地利不習慣用鮮奶油入菜，有一天，

普羅旺斯波城的古老村莊。

我們要做龍蝦濃湯，杜利耶主廚卻說：「好，倒多一點鮮奶油進去……多一點……再多一點。」我嚐了一口味道，心想：「我的天，這也太好喝了！」我也記得有一次做一道多佛比目魚（Dover sole），我們加進苦艾酒、青蔥和少許的魚高湯一起熬煮，然後把魚刺剔除後，改放魚子醬！

不知道為什麼，杜利耶主廚和我愈來愈投緣，可能因為我老是頂撞他吧！我做的菜他都要先試吃過，他老是會說：「不夠味，多放點鹽巴、胡椒再多一點。」換成他做的菜，他也會要我嚐一嚐，而我也會說：「不夠味，多點鹽巴，多點胡椒，還有多點檸檬汁。」所以他可能心想：「這小鬼真有兩下子！」真要說的話，我其實只是學他做事的方法，努力想模仿他。

波城是一座美麗的中世紀村莊，周圍的鄉野有典型的普羅旺斯風景：崎嶇多岩，很多香草植物，例如野生鼠尾草和迷迭香。餐廳建築用的是附近山區開採的石頭，年代可以上溯至17世紀。

我在餐廳待了兩年半，學到很多事情，度過了兩輪四季更迭。餐廳聘用了五位園丁，我們可以取得最新鮮的青豆和杏桃。我們有自己的橄欖園，用的魚是由馬賽港新鮮直送。我們也會使用附近以橄欖油、山羊乳酪和其他食材聞名的城鎮所出產的農產品。

回想當年，那段日子真的是一個轉捩點。在那之前，我並不清楚自己想不想做菜。廚師週五和週六晚上都要工作，根本是瘋了，年輕人週末夜只想跟女孩子出去約會，所以當廚師哪裡好玩？但自從進了「Baumanière」餐廳以後，我絲毫不在乎工作時間多長，從那時候起，我才真正開始喜歡現在做的事。

情報指南

地點：普羅旺斯波城（Les Baus-de-pravence）位於法國南部的隆河河口（Bouches-du-rhône）地區。

背景：普羅旺斯波城座落在阿比勒山區（Alpilles mountains）一座裸露的石灰岩床頂端。8000年前，該地區已有人定居，後來成為一座塞爾特特丘陵要塞（公元前2世紀），之後又成為一名封建領主的田莊（中世紀）。但丁在《神曲》地獄篇中刻劃入神的煉獄景象，據說靈感就來自這個地區險峻的峭壁與岩石。今日的波城村莊有許多景緻奇特的廢墟，其中一座廢棄的城堡在中世紀時期以騎士宮廷文化聞名，宮廷文化的一大特色是有遊唱樂人（minstrel）與行吟詩人（troubadours）向宮廷裡的少女獻唱。

城堡內展示著早期大型兵器的複製品，包括一架投石機（trebuchet），這是一種中世紀的攻城武器，能以拋物線投擲巨石，粉碎180公尺外的城牆。波城（Les Baux）的名稱得自鋁土礦（Bauxite），1821年一名地質學家在這裡發現了這種含鋁礦物。在L'Oustau de Baumanière餐廳，午間套餐要價120歐元，品味套餐則是175歐元，另外也有單點菜單。

旅遊資訊：餐廳網站：www.oustaudebaumaniere.com；波城官網：www.lesbaux-deprovence

餐飲大亨兼主廚**沃夫岡‧帕克**（Wolfgang Puck）生於奧地利，在法國接受廚藝訓練。24歲前往美國，在「Ma Maison」餐廳為好萊塢明星掌廚，後來自己開了「Spago」餐廳，招牌的老饕披薩用煙燻鮭魚和魚子醬當配料，餐廳以這道菜聞名。如今他的餐飲集團旗下已涵蓋15家高級餐廳、80多家同名快餐店，一系列廚具和方便即食產品以及外燴服務。他還是奧斯卡晚宴官方指定的外燴廚師。帕克曾獲知名的詹姆斯‧比爾德獎（James Beard Award）頒發的傑出主廚（兩次）與傑出餐廳獎，他在美國美食頻道的節目《沃夫岡帕克的烹飪課》（Cooking Class with Wolfgang Puck）也贏得兩座日間節目艾美獎。出版過六本食譜書，包括《沃夫岡帕克輕鬆上菜》（Wolfgang Puck Makes It Easy）。帕克支持洛杉磯的關懷服務「送餐到家」（Meals on Wheels，網站：www.mowaa.org），分送食物給長者、病人和行動不便、無法出門的人。

珊卓・歐康納

美國亞利桑那州

我在亞利桑那州東部一座牧牛場長大，到現在我還能清楚地記得那裡的生活景象，那種生活在今天已經很難找到了。那些牛仔一個個都是生動有趣的人物，取了像「娘娘腔吉姆」和「大蟲昆恩」這樣的名字，是20世紀活生生的牛仔。

在美國西南部這一帶，任何有水的地方都會讓人很興奮。我們的牧場向下延伸到希拉河畔（Gila River），河谷中長滿寬葉白楊樹。河水幾乎一年到頭都在地底下流動，只要在沙地往下挖個30公分，洞裡就會注滿水。身為一個生長在州內乾旱地帶的小女孩，我覺得水好神奇。

河谷兩岸的岩壁上留有印第安人的象形文字，再往前走，則有印第安人從前儲存食物的小山洞，架個梯子就能爬上去。這些印第安人是古老的部族，隨季節遷徙，短暫紮營，狩獵動物，然後繼續上路。我們以前常發現箭頭——術語叫做「鏃」（projectile point），但我們都說是箭頭（arrowhead），小的用來獵鳥，大一點的獵兔子。另外我們也找到很多陶片。這些地方對小時候的我意義良多，長大以後，我發現亞利桑那州到處都有這樣的地方。

這個世界真正令人大開眼界的景象之一，是亞利桑那州東北部霍比臺地群（Hopi mesas）上的祭典舞蹈。第二臺地（Second Mesa）小而光禿，峭壁直下到谷底，臺地頂上有村子的古老房屋。霍比人（Hopi）的聚落是北美洲持續有人居住的聚落中最古老的。在那裡，看他們跳祭典舞蹈，我雞皮疙瘩都豎了起來，覺得這裡彷彿不是地球，而是外星球的某個地方。這和你見過或體驗過的事都不一樣，簡直不屬於這個世界。

他們不一定會告訴你舞蹈什麼時候舉行，僅偶爾會透露。祭典多半在破曉時分開始，你必須在黑暗中坐在戶外他們指定的位置，比如某一棟老房子的屋頂上。鼓聲響起，象徵卡奇那（Kachina）的角色隨之現身；卡奇那是霍比人的祖靈，在人與神之間扮演媒介的角色。眼前的印第安人身穿卡奇那的裝束，臉上戴著繪有紅、黃、黑和綠松石色的羽毛面具。他們

哈瓦蘇派保留區內的哈瓦蘇瀑布。

搖動葫蘆做的沙鈴，然後舞蹈就開始了。真的魔力十足。

其他地方是比較私人的。我們家在普雷斯科特（Prescott）西邊、海拔約2100公尺的鐵泉（Iron　Springs）擁有一間小屋。那裡是從鳳凰城北上阿士福克（Ash　Fork）的舊鐵道沿線，第一個海拔夠高、有松樹生長的地方，所以也很涼爽。從前在鳳凰城經商有成的人，都會來這裡為家人蓋一棟小屋，每逢夏天就來住幾個月避暑，因為鳳凰城要到很久以後才開始有冷氣。

舊鐵道最後停止營運，但住宅聚落留了下來。有些木屋已有百年歷史，而我們家則在一座山丘頂上擁有一間小屋，陽臺面向西方，可以越過群山眺望160多公里遠，日落的景色美得令人不敢置信。

那裡實在很特殊，是個古怪得很有特色的小地方。我跟丈夫和兩個兒子每年夏天都會到鐵泉去，一些知交好友在那裡也有避暑小屋，我們會一起找樂子，打撲克牌、爬山、四處探索，順便尋找箭頭。

後來在1988年，我得了乳癌，不得不接受化療，也經歷了癌症病人會

有的種種擔憂。有人建議我，我可以練習觀想，當作療程的一部分，具體想像一個對我深具意義的地方，一個我希望置身其中的地方。我對全然平靜的想像，是繞著鐵泉的山林漫步。途中先看到拇指山（Thumb　Butt，外型一如其名），然後是骷髏谷（Skull　Valley），那裡景色奇險。我會在夜晚入睡時想像自己就那樣走著，沿途盡是不同的遠景。在心中看見這個平和寧靜的地方，是一種幫助身體自我療癒的方式。結果我的身體真的康復了。

卡奇那是霍比人的祖靈，在人與神之間扮演媒介的角色。

而我很喜歡哈瓦蘇峽谷（Havasu　Canyon），則是基於另一個理由，為的是純粹的自然之美。哈瓦蘇峽谷的西南側與大峽谷相接，進入哈瓦蘇派印第安保留區（Havasupai Indian Reservation），要去那裡只能走路或騎馬。我們曾經與部落商定，準備幾匹馬在那裡和我們會合，因為我們正在露營，希望能帶著食物和裝備。

騎馬約13公里走下峽谷，進入部落中心，然後再走3公里，一座36公尺高的雄偉瀑布就突然出現在眼前。瀑布周圍是紅色的岩石，水則是印第安綠松石的顏色（因為水流到這裡的途中挾帶了礦物質）。瀑布下方形成了一座可以游泳的大潭──就在這一片炎熱、乾涸、荒蕪的沙漠之中。這地方美得令人屏息。在沙漠裡，水就是魔法。

情報指南

地點：美國西南部。

背景：霍皮人最古老的村落（第一臺地的瓦皮村，Walpi）在1690年開始有人定居。部落名稱哈瓦蘇派的意思是「藍綠色湖水的子民」。

旅遊資訊：亞利桑那州觀光局：www.arizonaguide.com；霍皮臺地群：www.hopi.nsn.us

珊卓・歐康納（Sandra Day O' Connor）是美國最高法院的首位女性大法官（任職期間為1981-2006），立場中立，在重大案件上往往投下決定性的游離票。畢業於史丹佛大學法學院，先後擔任過亞利桑那州參議員、亞利桑那州上訴法院法官，著有回憶錄《懶骨頭：在美國西南部的牧牛場長大》（Lazy B: Growing Up on a Cattle Ranch in the American Southwest）。2002年入選美國女牛仔名人堂。

約翰・道

蘇丹，杜克

我在1987年第二次蘇丹內戰期間被迫離開村子，淪為「蘇丹流亡男童」的一員。我們徒步穿越非洲下撒哈拉地區，一路受武裝士兵和野生動物追趕，只靠嚼草根、吃泥土維持生命。那時候，旅行永遠都是在逃難，從一個地方逃到另一個地方，沒有一個地方是好的。

2005年，和平協定簽訂，睽違22年後我再次回到了南蘇丹。再度看到自己長大的地方、小時候玩耍的地方，我這輩子從來沒有那麼激動過。我覺得自己終於回家了。

而且，蘇丹不會下雪！我目前住在紐約州的雪城，天氣寒冷，到處都灰灰的，沒有陽光。所以我喜歡杜克縣，這裡終年都有12小時白晝和12小時夜晚，而且沒有冬天！

請假裝我正在我的村子裡拍攝影片給你看：時間是清晨，我看得到各式各樣的鳥類在外遊蕩，四處飛來飛去。牠們正在覓食，挖開泥土找蟲子，啄食樹幹，或者揀食花朵裡的東西。一天之中大約可以看見50種鳥，有鸛、鷹、兩種烏鴉和很多其他鳥類，我知道牠們在非洲丁卡語（Dinka）中的名字，但不知道英文叫什麼。

現在我拍到有人在走動，他們正在給乳牛擠奶，這是很自然的事情。在這塊土地上沒有人會主張東西是他的，沒有人會說：「喂！這是我的地盤，不准亂碰！」你可能擁有你自己家所在的那一小塊地，那沒關係，但除此之外的東西你不能據為己有。在美國，這塊地是這個人的、那塊地又是那個人的。在杜克縣沒有這種事。放牛出去吃草，牠們愛去哪裡就去哪裡。

現在你看到小孩子在跟爺爺奶奶或曾祖父母玩，父母正在田裡工作。這裡採行農牧混合，居民養牛，也種植作物。

長者聚集在樹蔭下，可能正在替兩個起爭執的人裁決誰對誰錯，就像一所大樹下的法院。

這裡的人不戴手表，不會有人說：「我們約在幾點幾分見面。」可能會說：「等太陽升到這個高度，或者那棵大樹的影子走到這個位置的時候，我們要見面。」這裡沒有時間的觀念，人不會淪為時間的奴隸，趕著要在幾點赴約；也不必擔心雜貨店快打烊了，動作要快一點。

你也不必擔心車子要加油，這裡根本沒有汽油！去任何地方都靠雙腳，你要從一個地方到另一個地方去可以用跑的。

孩子不是屬於某個家庭的，而是由整個村子一起帶大。例如任何人看到哪個孩子不守規矩都可以教訓他，等到家長來了，會很高興有人幫忙把問題處理好了。不用擔心孩子被綁架；沒有人會綁架你的孩子。

你唯一要擔心的是動物，例如鬣狗或獅子。但這也不是什麼大問題，動物很怕人類，不會輕易靠近；唯一的問題也就只有動物。反觀在美國，老是得確認大門鎖好了沒有，什麼事都有可能發生在你身上。在杜克縣從來沒有事情需要擔心。

從前我還住在這裡的年代，村子裡沒有學校，小朋友會團坐在一起聽人講故事，然後一群人再猜故事的寓意是什麼。爸爸媽媽和爺爺奶奶也會講民間故事給孩子聽，那算是非正規教育，沒有課堂，也沒有作業。

2005年我回到這裡的時候，很多事情都變了。第一，所有東西都被毀掉，什麼都沒了，少數在那裡的人都是背著家當從肯亞和烏干達回去的。到處都看得到牛皮紙袋，就是那種在美國雜貨店買東西會拿到的紙袋。

我對賭博或觀光一無所知，只知道有這麼一個魔幻而神祕的地方，叫作拉斯維加斯，專業的魔術師都住在那裡。

我看到牲口的數量減少了，有些人家不再像過去一樣擁有綿羊和山羊。人口數量也減少了，因為有些人被殺死了。

但人民正慢慢從肯亞、烏干達、衣索比亞、厄利垂亞、埃及，當然還有北蘇丹，回到南蘇丹。我每年會回杜克縣一個半月，除了探望家人和親戚，也會找找小時候的玩伴。他們有的看起來很蒼老，有的個子很矮（我現在長得很高，有203公分），他們挨餓太久了。有的男生我甚至認不出來，但當我們聊起從前發生的事和後來經歷的種種，我慢慢又能夠認得他們。

南蘇丹小鎮庫達（Kuda）一處市集裡的年輕人。

很多事情都在改變中。舉例來說，有人已經在用貨幣做生意。以前，交易都是以物易物，拿家裡的山羊交換穀子或玉米，但現在大家都在用錢了。

大家也開始穿西式的衣服。有些人需要看手表，明確知道什麼時間要去哪裡。路上有汽車在跑，有店家賣起甜食——在美國叫作糖果——之類的東西，也有人會喝葡萄酒或其他酒精飲料。大家用不同的語言交談，有人說英語，有人說阿拉伯語，其他人說史瓦希里語（Swahili）。他們在其他國家當過難民，所以學會了這些語言。

今天大家不再取用死水，改喝自來水。他們談論政府和稅金，談論找工作、送孩子上學的事，談論現代世界的新奇玩意兒。但女人還是和過去一樣，操持同樣的家務，照顧小孩、取水、煮飯，她們不曾離開家去找工作，儘管有少數大約一成的女人正在設法打破窠臼。

婚禮和過去一樣沒變，只是現在也牽扯錢了。以前的嫁妝只有牲口，送乳牛、山羊和綿羊陪嫁。但現在還要再加上錢。

目睹這一切，我心中五味雜陳。我樂意接受基本的改變：讓孩子去上學、確保居民能接受醫療照顧，以及其他生活條件的改善。我自己也募款

在村子裡蓋了一間診所，這是好事。但有些文化侵蝕的現象正在發生，我不喜歡這種變化，我希望留住蘇丹文化。

我現在看到，因為現代化，我們或許失去了一些美好的事物。我們的同胞可能覺得應該徹底清除舊文化，才能容納現代的每一樣好東西。可是需要有人告訴他們，自己的文化沒有什麼不對。文化維繫了一個人的身分認同，文化讓你受人尊重，也讓你尊重他人。你的文化會成為你的個人色彩。它說明了你是誰。

情報指南

地點：蘇丹位於非洲東北部，杜克縣位於蘇丹的東南部。

背景：第二次蘇丹內戰（1983-2005）奪走了190萬條人命，400萬人被迫逃離家園。「蘇丹流亡男童」（Lost Boys of Sudan）大多來自信奉基督教的南方，因遭受北方的伊斯蘭軍隊攻打而失去雙親，或與家人失散。女孩多遭到強暴、殺害或奴役，但男孩因通常在外牧羊，得以逃脫。他們跋涉到鄰近國家的難民營，最後有數千人被帶往美國安置。蘇丹在全球「失敗國家指數」（Failed States Index，2014年起改稱「脆弱國家指數」，Fragile States Index）排名位居榜首，達夫地區（Darfur）自2003年起即戰禍不斷。蘇丹是非洲最大的國家，人口1100萬人，但每10萬人才有一名醫生。

旅遊資訊：http://sudan.net

第二次蘇丹內戰期間，**約翰·道**（John Dau）和其他「流亡男童」逃離家園，踏上為時11年、路程超過1600公里的逃難之路。他回憶到，途中有一度「叛軍朝我們開槍，大家情急之下跳入大量鱷魚出沒的水域，好幾千個男童被吃掉、淹死、射殺或逮捕」。約翰在肯亞的難民營開始接受教育，他用棍子在沙土上學寫字母。後來美國一所教會出資援助蘇丹難民營，他才被帶到紐約州雪城。「我第一次逛超市的時候，不敢相信居然有一整排走道的食物是專給貓狗吃的。」他說，「在我的家鄉，連人都沒得吃。」他移居美國、適應新文化的故事，拍成了2006年日舞影展獲獎紀錄片《上帝不再眷顧我們》（God Grew Tired On Us），國家地理學會也出版了一本同名書籍。如今約翰已在奧農多加社區大學取得副學士學位，在雪城大學取得學士學位。他成立約翰·道蘇丹基金會（John Dau Sudan Foundation，網址：www.johndaufoundation.org），在南蘇丹創設診療與支援計畫。基金會所屬的「杜克流亡男童診所」（Duk Lost Boys Clinic）在2007年開業；以前村人萬一生病，要靠別人扛著或自己走上120公里，才能抵達最近的醫療機構。

愛麗絲・華特斯

美國紐澤西州查坦，我父母的勝利菜園

我這一生的事業，始於母親在二戰剛結束那時打造的「勝利菜園」。春天裡，百花齊放，她會把我的嬰兒車停在蘋果樹下，任由白色的蘋果花如雪片一般在我周遭飄落，積累在嬰兒車的蚊帳上。那是一片相當大的菜園，面積大約0.1公頃。查坦在紐澤西州，距離紐瓦克只有27公里，但感覺起來很有鄉村氣息，樹木環繞著我們的土地，一端有小溪潺潺流過。我記得晚餐前媽媽總是在花園裡，她知道每一種花和每一棵樹的名字，等我長大一點也學會了那些名字。你可以說，這是我早年所接受的教育最核心的課程。

我也記得爸爸會在花園裡鋤地，他老是想使喚他的四個孩子去拔雜草——好一支奴工部隊！但我們的確會幫忙。隨著季節的更迭，菜園裡的勞動教會了我們自然世界的循環，我們也了解到：一個健康的菜園是怎麼讓我們從中受惠。

不止如此，菜園裡沒有任何抽象難懂的事。一年四時，我們都吃菜園裡的作物：蘆筍和胡椒、蘋果和大黃。很多年後我爸告訴我，每次我這小女孩不見人影的時候，他都會發現我在草莓田裡頂著太陽大吃草莓。有一次，媽媽為了讓我參加當地的「花園皇后」選美比賽，還替我盛裝打扮——穿上一件蘆筍裙和一件萵苣葉上

> 之後，
> 當車庫大門一打開，
> 就表示有偶戲可以看了。
> 什麼樣的人都會跑來。

衣，手環是小紅蘿蔔做的，所有材料都出自我們自家的土地，然後全部用別針別在我的泳衣上。我還有一頂草莓王冠，跟胡椒串成的小腳鍊。

我媽非常在乎我們的健康，我們餐餐都吃新鮮蔬菜和黑麵包組成的豐盛大餐，甜點只有新鮮水果。不過她的廚藝不算很好，她對下廚沒有半點興趣，所以只有家裡的番茄和玉米讓我稍稍明白，食物有多好吃取決於它有多新鮮。我們摘下來的玉米，剝掉鬚後就直接扔進沸水裡煮，番茄也只

秋天一到，菜園收穫滿滿。

是用刀從藤蔓上切下來，但那滋味沒有任何東西能比得上。至於其他的食材，例如蘆筍和胡椒，我不認為我媽真的知道該怎麼料理。

　　也因此，我始終沒意識到絕妙風味和「現摘現採」之間更明確的關聯。一直要到19歲那一年，我去了法國，在布列塔尼半島吃了一頓飯，廚師端出杏仁鱒魚、蜜瓜醃火腿和覆盆莓塔。鱒魚正是從房舍下方的溪流捕撈來的；火腿是他們自家醃的；覆盆莓則是後院摘的。那頓飯之所以美味，別無其他原因——正是因為料理都是就地取材。

　　到了1971年，我開了潘尼斯之家餐廳（Chez Panisse），心裡很清楚只有本地的農場和菜園能提供我想要的味道。我從在自家後院種萵苣開始做起，每天早上，餐廳會派人來採收萵苣帶回廚房。久而久之，我後院的菜園愈來愈大，可信任的地方小農也愈來愈多，直到最後我們建立起一個網絡，農人在照顧土地的同時，一樣能夠栽種高品質蔬果、賺錢養家。

　　一直到今天，我生命中許多菜園帶給了我無限的喜悅。我認為每個人的生活中都應該有一座菜園，尤其是小孩子。菜園教導我們自然的循環：

如何使土壤肥沃、小蟲子的天職、照時令耕種的重要、作物如何成長豐熟、何時應當收穫。菜園也教導我們，地球上最健康的食物——那些我們都知道應該多吃的新鮮蔬果——事實上也是最美味的，只要你用對方法栽培、簡單烹調、趁新鮮時享用。更棒的是，當蔬果廚餘回到菜園，進一步化為土地的養分時，我們也參與了大自然的循環。

每個孩子都應該認識並體驗這中間所有過程，而且不只是為了美而已。這些知識有如一把鑰匙，可以開啟我們與食物、土地之間，健康、營養——還有最棒的是——美味的關係。

情報指南

地點：查坦（Chatham）位於紐澤西州摩里斯縣（Morris County）。布列塔尼地區（Brittany）是法國西北部一個半島。

背景：二次世界大戰期間，因為軍隊需要糧食供應，美國民眾在家栽種「勝利菜園」以減輕食物供給的壓力。都市連同鄉村，合計約有2000萬名美國人參與種菜。許多大企業如國際收割機公司（International Harvester）和赫斯特集團（Hearst）（《Good Housekeeping》雜誌）都發行公共服務手冊，教導民眾基本的園藝知識。照顧勝利菜園不是一般家務事，而是國民的責任，是家族或社區齊心努力的目標，在困頓的年代振奮了士氣。

旅遊資訊：紐澤西：www.state.nj.us/travel；法國：http://us.franceguide.com

美國最具影響力的廚師**愛麗絲・華特斯**（Alice Waters），1971年在自己位於加州柏克萊的潘尼斯之家餐廳引進本土有機飲食，進而掀起一場餐飲革命。由於帶動美國飲食風貌的改變，潘尼斯之家在2001年獲《Gourmet》雜誌評選為全美最佳餐廳。華特斯鼓吹永續農場和牧場超過三十年，並透過「潘尼斯之家基金會」（Chez Panisse Foundation，網站：www.chezpanissefoundation.org）在各級公立學校推廣她的理念。基金會在加州柏克萊的馬丁路德中學實施「可食校園」（Edible Schoolyard）計畫，讓學生種菜、收成、烹調新鮮食材，當成正規課程的一部分。華特斯是「耶魯永續食物計畫」（Yale Sustainable Food Project）的創辦人，國際慢食協會（Slow Food International）的副會長。2004年榮獲美國自然資源保護委員會頒發「自然動力」獎；2008年與聯合國前秘書長安南（Kofi Annan）共同獲頒哈佛全球環境公民獎。

達賴喇嘛

西藏拉薩，布達拉宮與羅布林卡

布達拉宮據說是全世界數一數二的大建築群，即使在裡面生活多年，也無法盡窺其間奧祕。布達拉宮盤踞整座山頭，本身就有如一座城市，最初是1300年前一位藏王靜修用的離宮，後來在公元17世紀由第五世達賴喇嘛大幅擴建。

宮殿的中央建築容納了用來進行佛事儀典的多間大殿、約35間雕刻精細、繪畫繁多的側殿、四間靜修室，以及七位達賴喇嘛的靈塔殿，各約9公尺高，鑲滿了純金與寶石。

我個人的起居空間位在辦公室樓上，在最頂樓，比全城高出120多公尺，有四個房間，我最常使用的一間面積大約2.3平方公尺，牆上布滿了繪畫，描繪第五世達賴喇嘛的生平，畫得很細，每個人像都不到2.5公分高。每當讀書累了，我常常會坐在這裡，瀏覽四周這一片繁複精細的壁畫。

但除了供作辦公、寺院、學校、住所使用外，布達拉宮也是一座巨大的儲藏庫，許多房間收藏了數以千計珍貴的經卷，有些已經有千年之久；還有幾間保險庫存放著大約一千年前最早期藏王的金冠、過往來自中國及蒙古君王的豐厚贈禮，以及繼承藏王地位的歷代達賴喇嘛收藏的珍寶。宮內也還有西藏歷史上所有武器和鎧甲。藏經閣內有7000部非常龐大的典籍，記錄著西藏的所有文化和信仰，有的據說有30幾公斤重，有些是一千年前寫在從印度引進的貝葉棕櫚樹葉上。還有2000部光彩奪目的大藏經，用磨成粉的金、銀、銅、鐵、海螺殼、綠松石與珊瑚製成的墨汁寫成，每一行的墨色都不一樣。

到了春天，我會搬到羅布林卡（Norbulingka），所有拉薩民眾都會出來觀看我們移駕的隊伍。我每次都很高興能去羅布林卡，布達拉宮雖然使我為西藏的文化與工藝傳統為榮，但羅布林卡比較像一個家。羅布林卡在藏語的意思是「寶貝園林」，廣大而美麗的圍牆內，其實是一系列精巧的小宮殿和小佛堂，最早18世紀由第七世達賴喇嘛開始興建，後來繼任的達賴喇嘛又增建了各自的寢宮。我自己也在這裡蓋了一座。創建者當年選

拉薩郊外，羅布林卡夏宮的部分院落。

擇了一塊特別肥沃的土地。在羅布林卡的菜園裡，我們曾經種出一棵9公斤重的菜頭，高麗菜也大到雙手無法環抱。園子裡還有楊樹、柳樹、柏樹，以及各式各樣的花卉和果樹：蘋果、梨子、桃子、胡桃和杏桃。我住在那裡的時候又引進了李子和櫻桃。

在那裡，課餘我可以在花叢和果園間散步或跑步，與孔雀和溫馴的麝鹿為伴。在那裡我會到湖邊戲水，兩次差點把自己淹死。同樣在那裡，也是在湖邊，我經常去餵魚，魚兒聽見我的腳步聲就會殷殷期盼地浮上水面。我現在不知道布達拉宮的歷史珍寶後來怎麼樣了。每思及此，我有時候不禁會想，我那些魚兒第一次聽見中國軍隊的靴子踏進羅布林卡的腳步聲，會不會也傻傻地浮到水面上等待？如果是的話，大概已經被吃下肚了。

在這個軍事力量壓倒一切的年代，天下男男女女只能活在希望之中。有福氣擁有平安的家的人，會希望得以保住家園，看著孩子快樂成長；而像我們一樣失去家園的人，對希望與信念的需求會更加強烈。說到底，普天下人希望的，無非是心靈的平靜。我的希望寄託在藏人的勇氣，以及依

然存在於人類心中對真理與正義的愛之中；我的信念則寄託在佛祖的慈悲之中。

情報指南

地點：西藏位於西藏高原，為地表海拔最高的地區，涵蓋了大部分的喜馬拉雅山脈，聖母峰就矗立在西藏與尼泊爾的邊界。西藏首都拉薩海拔3650公尺，在全世界地勢最高的城市中名列前茅。布達拉宮和羅布林卡都位於拉薩。

背景：西藏自公元7世紀起就是獨立王國，1949年遭中華人民共和國入侵。十年後，中國宣稱擁有西藏主權，但西藏流亡政府在印度達木沙拉駁斥了此一說法。中國破壞或摧毀了西藏大多數重要建築，包括6500座寺院，且殺害或監禁了成千上萬名喇嘛和女尼。布達拉宮的珍寶包含一座三層樓高的浮屠，表面包覆4噸重的黃金，鑲著半寶石。1997年，導演馬丁・史柯西斯（Martin Scorsese）拍攝了電影《達賴的一生》（Kundun），講述西藏領導人的故事。Kundun一字是「有求即來」的意思，也是藏人對達賴喇嘛的稱呼。

旅遊資訊：達賴喇嘛：www.dalailama.com；國際聲援西藏運動：www.savetibet.org

第十四世**達賴**喇嘛法名丹增嘉措，1935年出生在一戶平凡的農家，兩歲時被認定是上一世達賴喇嘛的轉世靈童，1950年正式繼任達賴喇嘛。1959年，他被迫逃離西藏，率西藏流亡政府抵達印度達木沙拉（Dharamsala），在當地倡議西藏民族自決的權利，推廣保存西藏文化。他是歷來第一位走訪西方的達賴喇嘛，1989年獲得諾貝爾和平獎。

羅伯・蒙岱維

喬治亞共和國

葡萄酒是與異文化交流時很好的媒介。我旅行過世界各地，每當遇到懂得品味生活，享受一杯紅酒、美食、音樂的人，通常也等於找到了一個溫暖大方的朋友。

例如有一次，我太太和我去喬治亞旅行——不是美國的「桃州」喬治亞州，而是當年蘇聯轄下的喬治亞共和國。該地區是蘇聯的穀倉，農產豐饒，可能也是蘇聯全境難得有個地方，能見到市場架上擺滿蔬果和肉類，沒有人需要排隊領糧票。

在喬治亞首都提比里西（Tbilisi），我們走進一家小葡萄酒店。店老闆一發現我也是同行的，立刻堅持要送我一整箱喬治亞紅酒。我們在這裡遇到的每個人基本上都是這麼慷慨。

提比里西風景。

自然地，我也想設法回報他的善意。我有一枚繪有美國國旗和蘇聯紅旗交會的胸針，於是我把它送給店老闆作紀念。接過胸針之後，他開始前凹後折，使勁想把蘇聯的那一半折斷。如同現在全世界所知道的，喬治亞民眾當時一心只希望脫離蘇聯，而我這位新朋友表達心聲的方式，比話語還有說服力。我和他之間透過葡萄酒的潤滑後，也打開了國際間相互理解的大門。

情報指南

地點：喬治亞地處黑海與裏海之間，位在歐洲與亞洲的交叉口。

背景：喬治亞一度隸屬蘇聯，現為民主共和國，國土面積與瑞士相當。考古學家曾在此發掘出公元前5000年釀酒的證據，喬治亞也經常被稱為葡萄酒的誕生地，該國現今生產500種不同的葡萄酒。

旅遊資訊：www.tourism.gov.ge

已故的釀酒師**羅伯‧蒙岱維**（Robert Mondavi）經營羅伯‧蒙岱維酒莊，結合先進技術和行銷頭腦，把納帕谷（Napa Valley）出產的葡萄酒推向世界舞台。最特別的是他依據葡萄品種而非一般分類來標示葡萄酒。蒙岱維生前入選釀酒師名人堂與加州名人堂，創辦了位在美國加州納帕的葡萄酒美食藝術中心「Copia」，且是該中心主要贊助者。

羅德尼・易

印尼，峇里島

我在峇里島主持過很多瑜珈靜修營，總覺得，我鑽研的靈性教誨在那裡似乎是活生生的事，人與靈性世界的連結不只是信仰，也是日常生活的一部分。就拿峇里島的皮影戲來說吧，很多人認為那是一種表演或娛樂的形式，但事實上，它講述的故事都源自古印度的《摩訶婆羅多》，這是世界最長的史詩，內容闡述古印度的宗教與哲學，包含了很多故事。

在喜慶場合，皮影戲會在涼亭裡開演，有時一演就是一整晚。一張絲質的背景布幕從亭子頂垂掛下來，操作皮偶的師傅點亮裝了油的椰子殼，擺在適當位置，讓火光把影子投射在布幕上。我看到的那位操偶師，他所有的皮偶都是自己做的，形狀扁平，肘部、髖部和肩膀有關節，師傅利用細木棍操縱皮偶活動。他有將近150尊出自《摩訶婆羅多》的人物，並親自演出所有角色，他最多可以發出100種不同的嗓音。他表演的同時，有一支木琴樂隊在一旁伴奏，操偶師則用鞋跟擊鼓，維持節奏。你可以看得出來操偶師會進入一種出神的狀態。

皮影戲講的雖然是熟悉的故事，但演出時操偶師會成為一種管道，讓神靈的教誨透過他傳遞。他在神靈的世界與具象的世界之間架起了橋梁。用來投影的絲布，猶如可見與不可見的世界之間的一道薄幕。在峇里島隨處都能體驗到這樣的關聯性。

> 對峇里島人而言，
> 宗教奉獻與日常生活
> 並不是分開的兩件事。
> 在這裡不論市區的街頭巷尾
> 還是郊外的僻徑土路，
> 都能看到祭壇和廟宇。

有一次，我在一個叫孟杜克（Munduk）的小村子主持一場瑜珈靜修營，有一位瑜珈行者下山來與學員講話，他告訴我的很多事情，日後仍常應驗在我身上。特別是這一點，他說我應該在晚上而不是早上進行冥想。

當天夜裡，我住的小木屋的窗板忽然被風吹開，那聲音聽起來好像有

印尼的哇揚偶戲（Wayang Puppet Theater）是聯合國教科文組織指定的文化遺產。

人在營地附近快速翻觔斗。只是風而已——可是，不管那是什麼，我完全被吵醒了。我心想：我才不要現在冥想，我明天還得早起教課。窗板這時再次關上，簡直像是我做了一場夢。

最後我下定決心，好吧，現在起來冥想也沒什麼壞處——我才剛一開始冥想，窗板又再度被吹開，我依稀看到一個男子的幻影。我爬上附近一座小山頂，坐下來冥想了兩個小時，然後回去睡覺。那是很奇怪又令人費解的一次經驗，一個我大概再也不會見到的人給了我一些有用的零碎訊息。

有趣的是，當晚我聽見的風聲，好像有人在翻觔斗的那個聲音，我後來又聽到好幾次。不管我人在哪裡都一樣，不管我回到峇里島或是在別的地方，它都會出現。那種感覺很奇妙，它不時提醒我，我確實受限於自己對於哪些事可能、哪些事不可能的認知，對於宇宙中會發生哪些驚人現象的認知。

我認識一位住在田納西州的瑜珈老師，她75歲了，每一次見面她總會

說：「你知道嗎，我覺得瑜珈有效，因為我好像又更加心懷感激了一點。」

對峇里島人而言，宗教奉獻與日常生活並不是分開的兩件事。在這裡不論市區的街頭巷尾還是郊外的僻徑土路，都能看到祭壇和廟宇。每戶人家都有一個特別的角落供奉著神壇，供平日祝禱祭拜。婦女獻上供品，用棕櫚葉編成小籃子，在裡面裝滿鮮豔繽紛的花瓣，然後焚香。論感官享受，哪裡也比不上峇里島，但峇里島也同樣是個徹底崇尚性靈的地方。

身為修習瑜珈的人，我覺得人的身體是性靈成長的載具。我們經驗到的一切都會通過我們的五感，因此身體是我們與外在世界與內在世界的接觸點。身體好比皮影戲中的那一面絲布，連結起看得見與看不見的兩個世界。峇里島也是如此。

情報指南

地點：峇里島是印尼小巽他群島（Lesser Sunda Islands）中的一座島，就在爪哇島東方。

背景：峇里島居民幾乎全數信仰印度教，並創造了鮮活的藝術、音樂與舞蹈。《摩訶婆羅多》共有180萬字、7萬4000行，長度是古希臘史詩《伊里亞德》和《奧德賽》加起來的十倍。詩中透過王子、魔鬼、諸神與征戰的神話故事，描述印度的宗教、哲學與百姓生活。傳說中，從前村人為了躲避螞蟻入侵，而來到孟杜克這個山村定居。

旅遊資訊：印尼觀光部：http://my-indonesia.info

全美家喻戶曉、超高人氣的瑜珈老師**羅德尼·易**（Rodney Yee）在世界各地主持教學工作坊和靜修營。他結合艾楊格瑜珈（Iyengar Yoga）與自創風格，出版了多本教學書籍，例如《趨向和諧》（Moving Toward Balance），發行超過25張教學DVD。美國知名談話節目「歐普拉秀」和CNN新聞頻道都曾專訪過他。

蘭斯・波頓

美國內華達州，拉斯維加斯

我在表演魔術的時候，會告訴觀眾：「我不是拉斯維加斯本地人。我出生在肯塔基州，我在那裡很有名，因為只有我會穿燕尾服。」小時候我都在肯塔基州拉塞爾斯普林斯（Russell Springs）我爺爺的農場度過夏天。他家裡沒有自來水，必須提著水桶去取泉水回家。農場裡還有一間茅房，是古早年代的產物。

肯塔基州出生的孩子，卻希望長大以後當魔術師，這是很不尋常的生涯選擇。但我從五歲開始就想當魔術師了。12歲那年，我在《梅夫・葛里芬秀》（Merv Griffin Show）節目上看到「白老虎兄弟」齊格菲與羅伊（Siegfried & Roy）在拉斯維加斯表演。主持人梅夫一年會去拉斯維加斯

從好萊塢星球酒店（Planet Hollywood Hotel）頂樓眺望落日下的拉斯維加斯。

錄一次節目，所以我也看得到1970年代其他在那裡表演的魔術師。我對賭博或觀光一無所知，只知道有這麼一個魔幻而神祕的地方，叫作拉斯維加斯，專業的魔術師都住在那裡，我這個小毛頭自然而然也想搬過去。

我21歲第一次去賭城，那時候我剛搬到洛杉磯。我開著一輛破車離開肯塔基州，車子散熱器漏水，車上只有我、一套燕尾服和七隻白鴿。當時我受邀在好萊塢魔術城堡（Magic Castle）酒店舉辦的魔術秀上表演，那是我表演事業的重大突破，不到一週，我就上了強尼‧卡森（Johnny Carson）主持的《今夜秀》（The Tonight Show）節目。

這之後我有兩星期的空檔，沒有任何演出。我朋友強尼‧湯普森（Johnny Thompson，綽號「偉大的湯姆森」，The Great Tomsoni）告訴我，他打算開車去賭城，他製作的一齣魔術秀要在那裡拍成電視節目。他租來一輛搬家貨車，裝滿了所有需要載去賭城的魔術道具。

我們出發穿越沙漠，途中輪流換手開車，到了終於下高速公路、開上賭城大道時，是我在駕駛座上。滿街通明的燈火看得我瞠目結舌，我忍不住盯著各家飯店的華蓋不放，想看看魔術師都在什麼地方工作。我完全沒在看路，到達阿拉丁酒店（Aladdin Hotel）時，甚至把貨車直直開上了人行道。一旁的強尼看著我說：「年輕人，還是我來開車吧。」

但故事還是有好的發展，不到四個月，我就在賭城的熱帶酒店（Tropicana Hotel）打開名號。那年是1982年，那是我的第一份工作。我們一週七天每晚表演兩場，我連續做了兩年，沒有一天請假。

> 我對賭博或觀光一無所知，
> 只知道有這麼一個
> 魔幻而神祕的地方，
> 叫作拉斯維加斯，
> 專業的魔術師都住在那裡。

賭城熄燈打烊後，有兩家店常有表演者在演出後會去逗留。其中一家是在賭城大道南端的義大利餐館：私釀者小酒館（Bootlegger Bistro）。店裡常見到熟人，有舞者、歌手、喜劇演員。我還在這裡見過喜劇拍檔史莫瑟兄弟（Smothers Brothers）和歌手克林特‧荷姆斯（Clint Holmes）。餐館老闆蘿倫‧杭特（Lorraine Hunt）本身是一名駐唱歌手，不久前她還是內華達州的副州長。這種事只會發生在賭城！

賭城也有一個魔術社團，每週三晚上聚會，持續了40年，最近的聚會地點是在賭城大道旁的浪潮酒吧（Boomer's）。透過這樣的社交場合可以認識其他魔術師、交流技巧、討論魔術。每次一走進去，就會看到一群人圍在角落玩牌戲，很有趣。

但對我來說，賭城最棒的一點是：在其他地方演出之後，各路藝人多半必須揹起包袱，往下個演出場地移動，靠著行李箱過活。但是在賭城，觀眾自己會來看表演。表演者因此得以過一個正常──姑且算正常啦──的生活。你可以開車上班，把工作做好，然後回家睡自己的床。

我在附近的亨德孫（Henderson）蓋了一間房子，緊鄰荒野，房子後面就是沙漠，從前門可以望見拉斯維加斯市區的燈火，剛好在一個舒適的中間地帶。當然，我給自己的房子設計了暗門和祕密通道。我依然是當年那個一心想當魔術師、永遠不想長大的小孩。

情報指南

地點：拉斯維加斯位於內華達州南部，莫哈維沙漠（Mojavi Desert）的盆地上。
背景：「歡迎蒞臨絢麗拉斯維加斯」（Welcome to Fabulous Las Vegas）的路牌設立於1959年，如今名聞全球，圖案設計從未註冊版權，出現在無數的拉斯維加斯紀念品上。拉斯維加斯是非正式的世界魔術之都，在這裡工作的魔術師遠多過其他城市。
旅遊資訊：www.visitlasvegas.com

蘭斯‧波頓（Lance Burton）在拉斯維加斯表演超過25年，在蒙地卡羅賭場飯店擁有個人專屬劇場，每晚全時段表演魔術。他20歲就獲得國際魔術師協會頒發傑出金牌獎，兩年後又成為國際魔術組織聯盟（FISM）世界魔術大會史上最年輕的冠軍得主，且是第一個美國人。他在慈善方面的貢獻備受好評，尤其支持共濟會團體「聖殿人」（Shirners，網址：www.shrinershq.org）。

小傑瑞·卡馬利洛·鄧恩

印度孟買，拉傑·卡普爾電影製片廠

在1970年以一介流浪青年的模樣，背著背包來到印度。我漫無目標地遊走，借宿過聖人冥想的寺廟，也睡過老虎在月光下咆哮的叢林。

我也在孟買（當時還叫做Bombay，現在已經根據馬拉地語改為Mumbai）發現了印度華麗耀眼的一面，那就是寶萊塢，印度語電影工業，世界上數一數二龐大的電影夢工廠。我在史戴佛旅館（Hotel Stiffles）找到一個便宜的房間（每晚60美分，須自備鋪蓋），沒想到那裡竟然也是非正式的招募中心，片廠會在這裡網羅年輕的外國旅人來當臨時演員。

這間破爛的老鼠窩距離豪華的泰姬瑪哈飯店（Taj Mahal Hotel）只有一個街廓，卻是天壤之別。會住在史戴佛的都是一些口袋見底的摳門旅人，遠從歐洲、美國和澳洲來到這個嬉皮樂園，成天懶洋洋地待在顫巍巍的陽臺上欣賞街景，不時喝一口芬達汽水。每到黃昏，夕陽會照在棕櫚樹葉的表面，化綠葉為金黃。史戴佛旅館自有一股破敗的熱帶魅力，彷彿是作家毛姆的故事中走出來的場景。

我由衷期待來一場賽璐珞片冒險，於是簽下了臨時演員的合約。隔天清早，我在旅館外面等候，這裡的路邊攤販有的把茶倒進髒汙的杯子，有的叫賣沾了蒼蠅大便的水果。不久，一名片廠助理出現了，他纏著一條紅頭巾，招呼我坐進計程車。我們在馬路上呼嘯而過，驚散了一群身穿鮮豔紗麗的女人，彷彿衝散了一束派對氣球。

半小時後，我們開進R.K.影業的雕花大門，這是電影巨星兼導演拉傑·卡普爾成立的片廠，他剛進電影圈時是個場記員，11歲就拍了第一部電影。這間以他為名的片廠有如一座幻想樂園，布景從宮殿到夜總會都有。

第一站：造型部門。兩個跟我一樣被雇來當臨演的歐洲女孩分派到了

後宮佳麗的服裝，看起來很像高中生製作的印度劇淘汰的戲服。我分到的角色是首席樂師，拿到一件黃色的束腰長袍和一把道具曼陀林。

我們走進攝影棚，棚內的大君宮殿中庭是用木板和石膏搭建而成，令我聯想到一塊生日蛋糕，表面有粉紅色玫瑰糖花和雪白的糖霜擠花。紙糊的梁柱間張掛著薰衣草紫色的雪紡絲綢，但一到攝影機區域上方就消失了，露出光禿禿的木架。看在第一世界的西方人眼裡，這個布景簡直克難到讓人啞然失笑，但我很快就發現，在印度，一部賣座電影能賺3000萬美元，製片可以一路笑著走進銀行。

一名場務告訴我，寶萊塢電影幾乎都是歌舞片，常常取材自印度神話或古典戲劇，宣揚傳統印度的價值觀。我看過幾部寶萊塢電影，但之前都不知道，這些價值觀原來還可以體現在夜總會舞蹈、肉搏打鬥和高速賽車啊。不過我才剛來到這個國家，不懂的事情多得很。

忽然一股引頸期待的氣氛橫掃攝影棚，明星來了，是當紅的舞者海倫。英緬印混血的她，淡褐膚色，面容姣好。她受過印度卡達舞（Kathak）的訓練，接連在多部電影中亮相，通常都飾演蛇蠍美人或酒館舞孃。她本人看起來很美，亮晶晶的緞帶從她的腰際垂落，綴滿亮片的短衣只勉強遮住上半身。

一名副導向臨時演員簡短講解每個人的角色，我們這些演員還不至於像希區‧考克說的，被當成「牛隻」在對待，畢竟牛在印度是很神聖的。我們比較像蒼蠅，我和其他樂師成員被告知要一窩蜂走上一張東方地毯，然後盤腿坐下。我注意到地毯是壓克力纖維做的。

> 印度讓我第一次見識到何謂異國：一個我只在做夢時見過的世界，充滿了只會出現在故事書上的冒險與遙遠奇觀。

「現在露出開朗的笑容！」副導指導我們做出生動的表情，並隨著節拍點頭。接下來這一幕會配上一段預錄好的音軌。在寶萊塢電影裡，配樂插曲都由「代唱歌手」負責演唱，銀幕上的演員只要唇型同步就好。我需要對嘴的歌詞只有兩個音節：「費一拉，費一拉！」（好吧，至少我的戲份有出聲。）

音樂透過擴音器劈劈啪啪響起，隨即衝高到震耳欲聾的音量，「Action！」導演大吼。海倫穿著一身巧妙遮掩的流蘇舞衣，轉著圈走入場

寶萊塢，坐在中間的是22歲那年的作者。

景。她揮舞雙臂、腰肢款擺，一手拿著長紗巾滴溜溜旋轉，我們這幾個樂師則假裝演奏樂器。她的眼神閃爍著撩人的許諾。興奮感愈堆愈高，接著突然之間，海倫停在原地，攝影機拉近，特寫她一隻赤裸的腳，拍下腳掌的旋轉擺弄。再慢慢地——噢，真的很慢——鏡頭往上擺，拍她的小腿，再到膝蓋。

　　然後，攝影機沿著她勻稱的腿部曲線向上移動，就在最養眼的畫面即將出現，所有男性電影觀眾眼睛都快掉出來的時候，鏡頭突然聚焦在中景，然後硬生生定在……我臉上。我俏皮地歪著頭，唱出合唱的歌詞：「費—拉！」我雙眼圓睜的表情之生動，簡直就像卡通人物一樣。

我演出這場戲領到了40盧比，大約4塊美金。

但就算是這麼一點微薄的收入，對一個打算環遊世界一年、半途已瀕臨破產的流浪漢來說也已經很好了。而且反正我真正的報酬在於發現了過去從來不知道的生活斷面：那過於浮誇、但又具奇特藝術性的寶萊塢。透過寶萊塢這個鏡片，我看見了印度新穎的一面，對我來說，那是一場精采的冒險。同時我也明白了，每星期在印度各地陰暗的電影院內，寶萊塢電影提供了數億觀眾珍貴的機會，有短短幾個鐘頭可以暫時逃離暑氣和貧窮。

我慢慢相信，只有在你毫無規畫地旅行、對每一個在你眼前展開的當下保持開放態度的時候，類似這樣的發現才會找上你。探索印度期間，我也曾有幸在喀什米爾一處繁花似錦的湖邊騎馬、探訪一座大理石牆上鑲有七彩珠寶的大君宮殿、在一條河裡與大象一起消暑涼快，並見到其他不在排行榜上的奇觀。

我當年只不過22歲，印度讓我第一次見識到何謂異國：一個我只在做夢時見過的世界，充滿了只會出現在故事書上的冒險與遙遠奇觀。我在印度的時光演起來有如一部寶萊塢電影，超乎日常生活的想像，且色彩繽紛。40年後，我依然深深感激在那段旅程中學到的一件事：有時候人就該義無反顧地縱身一跳，喊一聲Action！看看會發生什麼事。

情報指南

地點：孟買位於印度的西海岸。

背景：孟買是全世界人口最多的城市之一（1360萬人）。寶萊塢通常一年製作超過1000部電影，每年有35億人次的觀影人口。好的演員或舞者稱為paisa vasool，意思是值回票價。觀眾花錢買票，就期待獲得充分的娛樂，所以一部電影可能有整整三小時的歌曲、舞蹈、愛情戲和動作戲。海倫本名潔拉格‧理查森‧汗（Jairag Richard-son Kjan），現已退休，演出過無數撩人的舞蹈橋段，暴露的服裝底下常常穿了膚色緊身衣。代唱歌手拉妲‧曼蓋施卡（Lata Mangeshkar）名列金氏世界紀錄，錄過的歌曲數量是全世界最多的，她在1948到1987年間錄製了大約3萬首歌。

旅遊資訊：www.tourismininindia.com

小傑瑞‧卡馬利洛‧鄧恩（Jerry Camarillo Dunn, Jr.）是本書作者，生平介紹請見書末。

謝誌

關於這本書，我最常被問到一個問題是：你怎麼有辦法聯絡到這麼多名人？簡單的回答是：一、盡量避開公關和他們助理的助理；二、找到和真人直接聯繫的管道。很多人幫助過我。

由衷感謝約翰和瑪莉詠·安德森、塞吉歐·阿拉貢斯、佩拉·巴塔拉、李納多·布魯特克、巴納比·康拉德、比爾·庫圖里、金·狄斯勒、瑪莉·洛兒·費瑞，還有西恩·唐納文、艾迪·費瑞、奧莉薇亞·費瑞、藤田馬提、莎拉·韓德勒、大衛·辛可、吉姆·蘭菲斯特、泰德·萊文、聖塔芭芭拉作家協會的瑪夏·麥爾、茱蒂·孟齊、艾蓮娜·納亞、蘇珊·尼爾森、史蒂芬妮·歐尼爾、西西莉亞·歐提茲、塔奇·波格、蒙特·舒茲、萊昂·韋伯斯特、J.B.·懷特和賴瑞·易。

感謝泰德·丹森同意當第一位參與受訪的名人。

當然也有很多邀約是沒有結果的。我寄出數百封邀請函，連我不期待會回覆的人也寄了。其中有一封婉拒函寫在壓印了「白金漢宮」字樣的厚磅信紙上，開頭寫道：「女王陛下吩咐我對您的來信表示謝意……。」

眾多與本書受訪者共事的人也幫了很多忙，使訪談與通信等事宜得以順利進行，我欠以下所有人一份恩情：韋恩·伯納斯、瑪姬·布恩、珍妮佛·布拉克斯梅爾、喬伊絲·席勒、瑪麗·貝斯·多蘭、凱西·杜克斯、麥克·唐恩、朗妲·格蘭特、琳恩·哈爾、安·席勒曼、克里斯汀·瓊斯、塔琳·卡法揚、艾琳·庫斯明、米亞·莫姆、貝芙莉·蒙哥馬利、葛登·努南、珍妮佛·奧森、凱若琳·蘭格、薇洛妮卡·羅美洛、派茲·林恩·羅素、丹妮兒·尚、珍·席佛斯、凱倫·斯萊、茱蒂·史密斯、蕾貝卡·厄文、史賓塞、珊卓拉·史奎爾，以及丹增·塔克哈。

在國家地理學會方面，很榮幸能與編輯伊莉莎白·紐浩斯和卡洛琳·希奇合作。謝謝艾格妮絲·塔巴細心解決法律方面的疑難雜症，以及潘妮·達奇斯在宣傳上的努力。

瑪莉，我美麗又有才華的妻子，提供我不少深入的建議，以她無與倫比的編輯功力審閱過每個章節，並且不斷鼓勵我，特別是在剛起步的階段，那時候我很懷疑會有誰願意受訪。吾愛，我拜倒在你腳下（不只是因為被狗絆倒而已哦）。

文字與圖片出處

本書作者**小傑瑞·卡馬利洛·鄧恩**（Jerry Camarillo Dunn, Jr.）曾在兩部寶萊塢電影露臉（詳見第264到265頁），其中一部有個響噹噹的片名：《國際大騙子》（International Crook）。他的著作包括《國家地理旅行家：舊金山》和《俚語專家：善用俚語》（Idiom Savant: Slang As It Is Slung），作品三度獲美國旅遊作家協會頒發年度最佳旅行文學類獎（Lowell Thomas Award）。現在他與妻子瑪莉和兩個兒子葛拉漢、洛克，定居在南加州的一座小山谷，他們對於他的寶萊塢演藝事業都不當一回事，就連說了可以跟他要簽名也沒用。

譯者簡介
韓絜光　臺大外文系畢業，專職人文科普字幕與書籍翻譯，喜歡人類學、足球和殭屍末日電影。譯作散見於Discovery探索頻道與TLC旅遊生活頻道，另譯有《捕捉靈光：國家地理攝影藝術經典》等書。曾旅居日本，最喜歡的地方是大阪北部的箕面小鎮，每天都要跟超市門口的大胖貓打招呼。